► 本书由教育部人文社科项目"中国海外木材资源获取的风险测度—
（编号：13YJC790038）资助，是该项目的部分研究成果。

中国农林产业及木材海外资源获取与风险控制

郝 凯 尚会英 刁 钢／著

知识产权出版社
全国百佳图书出版单位

图书在版编目（CIP）数据

中国农林产业及木材海外资源获取与风险控制/郝凯，尚会英，刁钢著. —北京：知识产权出版社，2019.10

ISBN 978 - 7 - 5130 - 6515 - 3

Ⅰ.①中… Ⅱ.①郝… ②尚… ③刁… Ⅲ.①林业经济—跨国经营—产业发展—风险管理—研究—中国 Ⅳ.①F326.23

中国版本图书馆 CIP 数据核字（2019）第 210542 号

内容提要

本书从理论基础、发展现状、动因机制、产业选择、区位选择、投资模式等角度对农林与木材产业获取海外资源问题进行了全面探讨，并深入分析了其中的风险评价、管理和优化控制问题，构建了一套完整的海外资源获取战略框架。在此基础上，针对相关管理制度和支持政策提出了对策建议。

责任编辑：江宜玲	**责任校对**：谷　洋
封面设计：张　冀	**责任印制**：刘译文

中国农林产业及木材海外资源获取与风险控制

郝　凯　尚会英　刁　钢　著

出版发行：知识产权出版社 有限责任公司	网　　址：http：//www.ipph.cn
社　　址：北京市海淀区气象路 50 号院	邮　　编：100081
责编电话：010 - 82000860 转 8339	责编邮箱：jiangyiling@cnipr.com
发行电话：010 - 82000860 转 8101/8102	发行传真：010 - 82000893/82005070/82000270
印　　刷：北京嘉恒彩色印刷有限责任公司	经　　销：各大网上书店、新华书店及相关专业书店
开　　本：720mm×1000mm　1/16	印　　张：15
版　　次：2019 年 10 月第 1 版	印　　次：2019 年 10 月第 1 次印刷
字　　数：244 千字	定　　价：68.00 元
ISBN 978-7-5130-6515-3	

目　录

第一章　导　论

1.1　研究背景

当前，世界经济已经进入一个以全球化为显著特征的新时期，跨国商品与服务不断增加，国际资本流动规模日益扩大，通过直接投资实现企业跨国经营，日益扮演着重要的角色，成为各国融入全球经济体系的关键。跨国公司的兴起是第二次世界大战以后经济全球化的最主要特征，全世界由企业跨国生产所引起的对外直接投资一直迅速增长。根据联合国《世界投资报告》的分析，目前全球跨国公司的销售收入占世界国内生产总值的近50%，控制着世界商品和服务贸易额的85%以上，还控制着国际工艺研究开发和技术转让的80%左右和世界对外直接投资的90%以上。在此背景下，一个国家的经济实力和国际竞争力集中体现在本国的大企业和跨国公司的竞争力上。同时，世界银行年度报告也指出："最有资格在全球化所提供的新机遇中获益的是那些成功地改变其政策和结构，以支持外向型经济增长的国家。"随着经济全球化和资本国际化趋势的日益加强，新的跨国投资浪潮正方兴未艾，积极鼓励本国企业开展对外投资已经成为许多国家经济发展战略中的一个重要组成部分。跨国公司是外向型经济发展的客观要求，也是外向型经济发展的必然结果。无论是发达国家还是发展中国家，在对外开放中从发展和扩大对外贸易到进行对外直接投资发展跨国生产和经营，这既是发展本国经济的必然选择，也是参与国际竞争与合作的重要方式。

近年来，随着中国经济的高速增长，中国企业"走出去"实施跨国经营的条件日益成熟。2000 年，中国提出"走出去"战略，鼓励有条件的企业"走出去"参与国际经济合作与竞争，并制定和实施了一系列的优惠和鼓励性政策，有力地支持了中国企业的对外直接投资。党的十八大以来，中国高度重视对外投资工作，鼓励企业利用国际国内两个市场、两种资源，发展更高层次的开放型经济。2013 年，中国提出"一带一路"倡议，鼓励资本、技术、产品、服务和文化"走出去"，对外投资进入全新的发展阶段。

2010 年以来，我国对外直接投资进入较快发展阶段，国内一些大型企业集团主动走向海外，更大规模地参与世界经济的竞争与合作，成为我国重要的跨国企业。2013 年，我国对外直接投资流量超越千亿美元；2015 年对外投资额首次超过利用外资额；2016 年达到 1961 亿美元，跃升至全球第 2 位。

目前，中国企业的对外直接投资分布在世界上的 190 个国家和地区，相对集中在加拿大、美国、澳大利亚、墨西哥、俄罗斯、泰国、南非、印度尼西亚等。近年来，中国企业对"一带一路"沿线国家的投资合作成为新的亮点。短短二十多年时间，中国对外直接投资的发展速度令人吃惊，投资战略日益明确，投资规模逐年扩大，投资主体趋于多元化，投资领域和地区不断扩展，投资方式呈现多元化趋势。目前，中国的对外直接投资已粗具规模，中国已成为发展中国家中重要的对外投资大国，成为主动参与经济全球化的重要力量。这标志着中国经济国际化的重大发展，中国参与经济全球化的程度进一步加深。

目前，世界农林产业生产已进入全球性配置阶段。面对日益严重的国内资源瓶颈和农民就业、收入压力，发展现代农林产业不能仅靠走传统发展道路，还必须走与国际农林市场衔接、参与国际经济大循环、实现中外资源共享、优势互补的外向型发展之路。因此，实施农林产业的"走出去"发展战略、拓展农林产业发展新空间，已成为我国发展现代农林产业的当务之急。目前，我国农林产业"走出去"战略的实施已经有了一定基础，国际合作与交流的形式和内容日益丰富。据统计，我国已经与五大洲 30 多个国家建立了农林合作关系，领域涵盖农林牧副渔。目前我国在西非、印度尼西亚、缅甸、斯里兰卡、斐济和阿根廷等 30 多个国家的专属经济区以及太平洋、大西洋、印度洋等几大洋的公海陆续开发了海洋渔业资源；在俄罗斯、菲律宾和中亚，有关国家相继建设了大豆、玉米等种植基地；在东南亚和拉美等地区先后建设了粮食、橡胶、热带水果、剑麻等稀缺资源开发基地；还在菲律宾、柬埔寨、印度尼西亚、马来西亚等国建立了农业技术示范中心或基地。农林产业"走出去"呈现出多地区、多领域、多形式的局面,进一步扩大农林产业"走出去"已经具备了很好的基础和条件。然而,由于国际竞争日益加强、国外环境瞬息万变和我国相关政策的滞后,农林产业"走出去"还面临很多不利因素,制约了发展速度。深入分析这些不利因素对于制定适宜的政策、促进农林产业"走出去"战略的顺利实施非常必要。

1.2 研究意义

1.2.1 研究的理论意义

本书的研究对象是中国农林产业的跨国投资规律。从特殊性所能反映的普遍性来看,它代表了发展中国家非发达产业的国际化问题。其普遍性的实质在于它是中国作为一个发展中国家和非资本过剩型国家,以及农林产业作为一个非发达产业和弱质产业的跨国投资问题。从目前的研究现状来看,不论在理论研究,还是在实践研究层面,对发达国家发达产业的跨国投资规律探讨较多,而对发展中国家的不发达产业的跨国投资研究较少,因此本书的研究具有较强的理论意义。

1.2.2 研究的现实意义

当今世界正面临经济国际化、全球化的浪潮,无论是发达国家还是发展中国家都在加速提高本国的竞争力。农林产业尽管在我国属于较不发达的产业,但随着我国加入 WTO 后世界农林产品的进一步开放,我国农林产业同样面临世界同类企业的竞争,同样也需要利用好国内外两种资源,练好国内外两种本领,农林产业也需要竞争发展为国际性产业和企业。而本研究拟围绕促进我国农林产业跨国发展为主题,对农林产业跨国发展的必然性和主体、行业、区位及跨国经营方式进行探讨,并对保障农林产业跨国发展的企业制度、国家政策进行研究,可以说研究有较强的适用性,针对这些问题的回答无疑对指导我国农林产业跨国发展具有积极作用。

1.3　研究范围和主要概念

1.3.1　研究范围

企业的跨国投资涉及许多问题，本书主要针对我国农林产业对外直接投资行为，从宏观的角度对其跨国投资中的产业选择、区位选择、投资风险、风险管理与控制、投资模式和政府政策等战略进行研究。

1.3.2　有关说明

第一，研究角度说明。按西方经济学及管理学理论，企业战略可以是一个涉及企业具体行为的微观概念，也可以是一个涵盖行业层面的宏观概念。本书将农林企业作为一类组织，研究一般意义上的农林企业的跨国经营战略，因此本书实际上是从宏观及中观的角度研究农林企业"走出去"，而忽略企业的个体差异和具体行为。

第二，实证研究对象说明。为了使研究更加贴合实际，本书拟运用相关统计数据对农林企业"走出去"的行为进行实证检验，并对农林企业的跨国经营行为进行综合分析。因此，本书拟选择近年来在跨国经营中取得一定成果、具有典型代表性的农林企业作为分析的对象。

第三，使用数据说明。本书用于实证研究的部分数据来自《中国统计年鉴》《中国农业年鉴》以及联合国粮农组织（FAO）等出版发行的各种相关统计资料和联合国粮农组织网（www.fao.org）的相关资料。

1.4　关于研究现状的评价

（1）从目前国内外对企业"走出去"和跨国经营研究的总体现状来看，大部分研究都集中在对发达国家的企业和产业的分析之上，而对发展中国家的企业的跨国行为研究较少。

（2）主流观点认为企业"走出去"进行跨国经营的动因和基础主要建立

在其所具有的所有权优势之上，这一点导致学者们在寻求发展中国家企业
"走出去"的动因和条件时，也遵循了这一思路。因此，现有的成果对没有所
有权优势的企业及产业从事跨国投资经营的行为探讨较少。

（3）目前大多数研究都集中于制造业企业的跨国投资行为，但对于制造
业以外的产业，尤其是以农林为代表的不发达产业的分析涉足较少。

（4）综合目前国内已有的关于中国企业对外直接投资研究的主要结果可
发现，这些研究基本上以西方经典 FDI 理论为基础，建立在纯粹的数据计算和
逻辑推理之上，缺少对跨国直接投资企业基本情况的实证调研分析，与现实情
况仍有一定的差距，所以对中国企业实施"走出去"战略所遇到的区位选择、
路径步骤、投资方式等现实问题指导性不强。

1.5　研究目标与研究方法

1.5.1　研究目标

（1）一般目标

将中国农林产业作为发展中国家弱质产业的代表主体，研究其对外直接投
资的动因和行为，为中国农林企业"走出去"直接投资设计战略框架。

（2）具体目标

① 发展中国家企业对外直接投资的动因如何？农林产业作为一项弱质产
业，其对外直接投资是否具有必然性？中国农林产业"走出去"的动因如何？

② 中国农林产业"走出去"投资的具体产业和产品应如何选择？

③ 中国农林产业"走出去"的投资流向和区位分布应如何设计？

④ 中国农林产业"走出去"的投资风险应如何管理？

⑤ 不同类型的农林产业"走出去"应选择怎样的投资模式？

⑥ 为促进农林产业"走出去"，政府政策和制度安排应如何调整？

1.5.2　拟解决的关键问题

本书所涉及的问题较多，但以下三个问题将是研究的难点也是本书拟解决

的关键问题。

第一，分析中国农林产业"走出去"的动因，这是研究农林产业为什么"走出去"的问题。已有跨国投资理论对发展中国家及弱质产业的跨国投资分析比较薄弱，在此背景下，为中国农林产业"走出去"寻求理论依据将是一项具有挑战性的工作。

第二，选择和设计中国农林产业"走出去"的战略框架，这是研究农林产业应如何"走出去"的问题。此框架可分为产业选择、区位选择和风险管理模式选择等几个方面。目前应用统计和经济学工具分析制造业"走出去"的研究较为常见，但研究农林产业"走出去"的却非常少，因而可资引用的经验及数据并不充分，构成了本研究的难点。

第三，分析中国农林产业"走出去"获取海外资源的风险管理和控制。对于企业对外直接投资来说，最关键也是最重要的问题就是风险问题。如何识别风险？如何对风险进行预警？如何防范风险？如何对风险进行事中处理？如何进行风险发生后的救济和重建？这些对于一般的对外直接投资企业和项目都是至关重要的，也是其投资的难点。而对于想要获取海外资源的农林企业对外直接投资而言，其所面临的风险将比一般制造类企业更多更大。因此对于中国农林产业对外投资而言，风险管理和控制尤为重要，这一部分将是本书的重点和难点所在。

第四，分析促进中国农林产业"走出去"的宏观制度保障，在借鉴国外政府支持体系经验的基础上，找出中国现有制度环境的不足，并有针对性地提出形成有效制度环境的对策建议。

1.5.3　研究方法

全书的研究具体将采用如下两种方法。

（1）因子分析法与层次分析法

本书将在梳理农林产业对外投资对产业结构优化的传导效应的基础上，运用因子分析法提炼出影响农林产业对外投资产业选择的主要因素，并据此提出评价指标体系。其中，较为重要的指标有：产业成长度指标、贸易竞争指数（TC指数）和显示性比较优势指数（RCA指数）。

$$TC 指数 = (出口 - 进口)/(出口 + 进口)$$

RCA 指数 =（某国某产品出口总额/该产品世界出口总额）/

（该国全部产品出口总额/世界产品出口总额）

（2）经济计量分析方法

本书在研究中国农林产业对外投资的区域分布时，将选取与中国贸易投资关系密切的国家为样本，采用计量经济学模型，分析国家之间的国际直接投资流量与经济变量之间存在的相关系数。例如，本书将采用计量经济学模型研究揭示国际直接投资区位分布的规律。本书拟采用引力计量模型来研究此问题，模型原型如下：

$$\ln(FDI_{ij}) = C_0 + C_1\ln(GDP_i) + C_2\ln(GDP_j) + C_3\ln(d_{ij}) + u_{ij}$$

式中：FDI_{ij} 为两国国际直接投资额；GDP_i 为 i 国国内生产总值；GDP_j 为 j 国国内生产总值；d_{ij} 为两国之间的距离；u_{ij} 为随机扰动。

本书拟对上述方程进行修改，使之适应农业直接投资的区位选择。

1.6 内容结构

1.6.1 技术路线

本书的分析过程分为提出问题、分析问题和解决问题三个阶段，技术路线如图 1 - 1 所示。

第一步，主要回答中国农林产业为什么"走出去"和能否"走出去"的问题。在理论分析和国际借鉴的基础上，通过对农林产业"走出去"的宏观意义和动因的探讨，揭示农林产业"走出去"的必然性，从而形成本书的研究假说，即中国农林产业应该"走出去"，也有能力"走出去"。

第二步，主要回答中国农林产业怎样"走出去"的问题。此部分的主要工作是设计中国农林产业"走出去"的战略框架，包括产业选择战略、区位选择战略、风险管理战略、投资模式战略与宏观制度保障战略。运用计量分析工具对影响农林产业"走出去"战略的因素进行分析和检验，并在对比国外经验和已有模式的基础上指出中国农林产业"走出去"的未来发展路径。

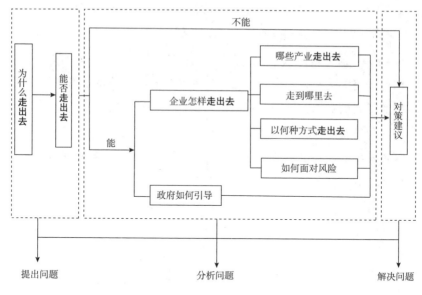

图 1-1　技术路线

第三步，在以上研究结果的基础上，总结全书的主要观点与结论，揭示其政策含义；并在此基础上探讨目前形势下加强和改进中国农林产业"走出去"战略和宏观制度的策略与措施。

1.6.2　研究内容

基于以上研究目标，本书将按四个部分进行研究，具体研究框架见图 1-2。

（1）研究的理论基础与国际借鉴

首先对企业"走出去"行为进行理论研究，指出"走出去"的经济含义即为跨国直接投资。然后，通过回顾有关企业跨国投资的经典理论，特别是发展中国家企业跨国投资的理论，揭示企业从事跨国直接投资的动因和条件，为研究中国农林产业的跨国投资奠定理论基础。此外，对当今国际上农林产业跨国投资的历程与现状进行总结，为探索中国农林产业对外投资之路提供实践背景。

（2）中国农林产业"走出去"的必然性分析

这一部分主要回答中国农林产业"走出去"的必要性与可能性问题，通过分析得出中国农林产业跨国经营既是必要的，也是可能的这一结论，从而验证第一部分提出的假说。

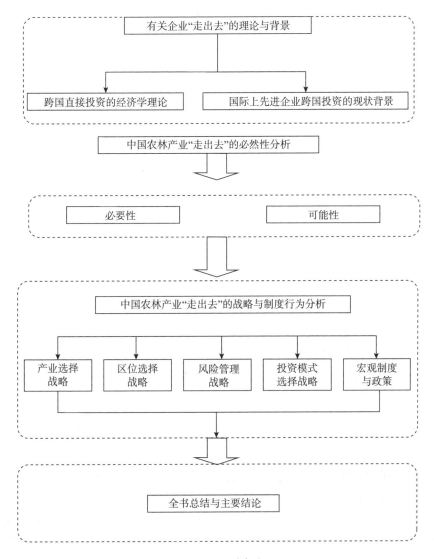

图1-2 研究框架

在资源全球性配置的背景下，针对中国农林产业对外投资命题的特殊性，从规范与实证两个角度出发，把中国农林产业对外投资的宏观动因和微观动因结合起来进行研究，并对投资行为所带来的福利效果进行分析，从而为中国农林产业对外投资找到理论支持并提供理论解释。

（3）中国农林产业"走出去"的战略选择

这一部分主要从战略行为的角度回答农林产业"走出去"应"怎样做"

的问题，也是本书的核心与焦点。

首先探讨农林产业"走出去"的产业选择。通过参考国外已有的对外投资产业选择基准，结合中国农林产业发展的需要与实际条件，确定中国农林产业对外投资的产业与产品选择基准，其中包括边际产业基准、比较优势基准、产业关联基准等。在此基础之上，运用因子分析法或层次分析法建立中国农林产业对外直接投资的产业选择框架模型，并据此对农林产业中的主要产业和产品进行考察，最终确定农林产业"走出去"的产业与产品范围。

其次，探讨农林产业"走出去"的区位选择。通过对各种投资区位选择方法的比较与评价，最终确定使用投资引力模型作为区位研究的主要方法和工具，并采用计量经济学方法建立国际投资区位分布的引力模型，并据此确定中国农林产业"走出去"的区位分布影响因素。

再次，探讨农林产业"走出去"的风险管理。农林产业跨国直接投资面临很大的投资风险，本书拟从风险的含义和类别入手，探讨农业企业对外投资的风险识别、风险评价和风险控制战略，最终通过风险预警和风险防范把不确定的风险因素变成一定程度上可控的变量。

最后，探讨农林产业"走出去"的投资模式选择。通过对国际经验的回顾总结农林产业跨国经营的基本模式，在此基础上结合中国跨国经营的农林产业的基本模型与各自特点，对不同类型企业"走出去"的模式进行设计，并给出模式实施的具体建议。

（4）中国农林企业"走出去"的宏观制度保障

这一部分主要解决促进农林产业"走出去"的政府制度与政策选择问题。

首先对外国农林产业对外投资的促进制度进行考察，从国际经验中寻找参照以资借鉴，然后结合中国现有体制和政策的缺陷，针对相关宏观管理制度和支持政策的改革与创新提出对策建议。

（5）结论与讨论

这一部分是对前面的分析和研究进行的总结与概括，并对研究中的有关问题进行讨论。

首先根据上面三部分的研究结果总结全书的主要观点与结论，揭示其政策含义，并在此基础上探讨目前形势下加强和改进我国农林产业"走出去"的策略和措施。最后是对研究中有关问题的讨论以及探讨进一步研究的方向。

1.7 创新点

本研究的特色是在目前中国农林产业对外投资尚处于尝试的阶段中，对其跨国经营行为从宏观角度进行前瞻性探讨与分析，通过研究揭示影响农林产业跨国直接投资的重要因素，提出未来农林产业跨国经营的战略方向，为引导农林产业"走出去"，促进资源利用和经济进步提供相应的政策选择和决策参考。

本研究将试图在以下几个方面进行创新：

（1）现有的企业跨国投资理论大多建立在对发达国家具有垄断优势的产业研究的基础之上，对于发展中国家的弱质产业研究较少。因此，研究农林产业对外投资的动因，为农林产业"走出去"行为提供理论依据，具有一定创新性。

（2）在"走出去"战略研究中，目前关于制造业企业"走出去"的研究比较丰富，但对农林产业"走出去"行为进行研究的成果较少，因此运用经济学和统计学方法研究农林产业的"走出去"战略具有一定创新性。

第二章 农林产业海外资源获取的经济学理论

本章作为整体研究的出发点，将为后面具体研究的展开打下基础。本章主要解决的问题有二：

第一，界定本书研究对象的基本含义，主要是把一般意义的"走出去"和农林产业"走出去"的内涵与外延加以明确，从而确定本书的研究边界与范围。

第二，综述已有的跨国投资理论。通过回顾有关企业跨国投资的经典理论，特别是发展中国家企业跨国投资的理论，揭示企业从事跨国直接投资的动因和条件，为研究中国农林产业的跨国投资奠定理论基础。

因此，本章将首先从"走出去"行为的理论界定出发，进而回顾经典的西方跨国直接投资理论。在此基础上，重点讨论发展中国家的跨国直接投资理论。最后，将对农林产业"走出去"的理论特殊性进行讨论。

2.1 "走出去"行为的理论界定

目前，企业"走出去"作为一项国家战略，已在我国得到广泛实施。下面本书将从"走出去"的概念来源、"走出去"概念的内涵以及农业企业"走出去"的含义等方面来阐述本书的研究对象。

2.1.1 "走出去"的概念来源

企业"走出去"并不是一个严格的经济学概念，在国际上并没有一个与之相对应的英文词组。可以说，它只是在中文里出现的一个非正式说法，此概念来源于中国政府的官方文件。在 1992 年党的十四大上，江泽民在其所做的《加快改革开放和现代化建设步伐，夺取有中国特色社会主义事业的更大胜利》的报告中首次提出了"走出去"战略的指导思想。报告指出："进一步扩大对外开放，更多更好地利用国外资金、资源、技术和管理经验""积极扩大我国企业的对外投资和跨国经营"。然而，"引进来"仍然是当时中国对外开放的主旋律，"走出去"并未成为主流。

1997 年党的十五大上，"走出去"战略第一次被明确提了出来，江泽民在《高举邓小平理论伟大旗帜，把建设有中国特色社会主义事业全面推向二十一世纪》报告中提出："鼓励能够发挥我国比较优势的对外投资，更好地利用国内国外两个市场、两种资源。"自此，"走出去"正式成为中国经济的发展战略。

之后，党的十六大报告对"走出去"概念做了进一步的解释："实施'走出去'战略是对外开放新阶段的重大举措。鼓励和支持有比较优势的各种所有制企业对外投资，带动商品和劳务出口，形成一批有实力的跨国企业和著名品牌，积极参与区域经济交流和合作。"

此后，党的十七大报告在"拓展对外开放广度和深度，提高开放型经济水平"中明确指出："坚持对外开放的基本国策，把'引进来'和'走出去'更好结合起来……创新对外投资及合作方式，支持企业在研发、生产、销售等方面开展国际化经营，加快培育我国的跨国公司和国际知名品牌。积极开展国际资源互利合作。"

可以看出，"走出去"作为一种国家对外经济战略已经越来越具体和明确化了。

2.1.2 "走出去"的内涵

国内学者对"走出去"的内涵基本形成了一致的认识，即广义的"走出去"包括企业的对外投资、对外贸易和各种形式的对外经贸合作行为，而狭义的"走出去"仅指企业的对外投资行为，主要是指对外直接投资。对外直接投资有时也被称为"境外投资""国外投资""对外投资""国际投资"等，几个名称在统计数据中也有混用的现象。"对外直接投资"是比较学术化的名称，是从区别于"间接投资"的角度出发的。在论及世界范围内的投资时，则笼统称为"国际直接投资"；而从某一国家的角度出发时，对输出国称为"对外直接投资"，对输入国则称为"外商直接投资"等。

为了使研究更加具体，本书拟采用"走出去"的狭义概念，即指企业从事对外直接投资的跨国经营的活动和行为。

2.1.3 农林产业"走出去"的含义

从本质上来看，农林产业"走出去"的含义与一般产业"走出去"的含义基本一致。陈前恒、张黎华等（2009）认为农林产业"走出去"也分为两个层次，即广义上的农林产业"走出去"包括农林产业对外合作、对外援助、产品出口、直接投资等内容。狭义上，农林产业"走出去"是指我国企业以营利为目的，采取资本、技术、产品和劳务输出等方式，在国外进行直接投资的农林生产和经营活动。本书所研究的农林产业"走出去"侧重狭义上的概念。本书侧重于研究农林产业的跨国投资行为，因此将农林产业"走出去"界定为农业企业走出国门，对东道国及地区进行对外直接投资的行为，也就是采用"走出去"的狭义概念。

而且，从对外直接投资的动机上说，对外直接投资有追求外国市场的，有寻求国外自然资源的，有寻求战略资产的，也有寻求效率提升的。本书的研究对象主要聚焦于寻求外国农林自然资源的中国对外直接投资，也即本书主要研究资源寻求型的农林产业对外直接投资的行为。

2.2 西方经典的跨国直接投资理论

"二战"以后，跨国公司成为国际贸易的引擎。学术界根据研究对象的不同形成了关于发达国家和发展中国家的对外投资理论。其中西方跨国投资理论起步较早，并且相对成熟，涉及企业对外投资的动机、类型、运营、绩效以及国际化中的特征等范畴，为该领域的研究提供了系统的分析框架，表2－1对西方经典的跨国投资理论的发展做出了总结。

表 2－1 跨国投资理论的发展❶

	投资动机	投资类型	国际化特征	经营绩效	运营阶段
研究重点	对外投资的目的	对外投资的类型	国际化程度的度量	对外投资的效果	对外投资的步骤
对外投资的假设	市场不完全性、垄断优势、全球运营网络自身	市场形态、投资动机不同、投资类型不同	财务绩效、结构特性与国际化程度相关性	国际化程度与财务绩效、公司市值相等	随时间而变化
研究途径	静态	短期、静态	中长期、动态	中短期、动态	长期动态
理论基础	交易费用理论、社会网络理论	要素禀赋理论、托宾 Q 理论、行为科学理论	财务理论、行为科学理论	财务理论、投资理论、知识管理理论	生命周期理论
主要贡献者	Hymer Kindleberger，1976；Buckley，Casson，1976；Dunning，1974，1985，1988	Helpman，1984；Markusen，1984，2002； Ekholm，Forslid，Markusen，2003	Sullivan，1994；Burgman，1996	Mundell，1957；Markuson，1983，1995；Allen，Pantzalis，1996	Vernon，1996；Bartlett，Ghoshal，1997； Kojima，1973，1978

经典的跨国直接投资理论起源于西方，是伴随着西方跨国公司发展的实践发展起来的，其研究对象以西方发达国家的跨国公司为主。跨国直接投资理论的核心问题，是解释跨国直接投资发生的原因、机制和后果等内容。现将其中的主要理论综述如下。

2.2.1 垄断优势理论

垄断优势理论是由 Hymer（1960）在解释跨国公司 FDI 时首先提出来的。Hymer 认为跨国公司进行海外直接投资的主要目的是利用其所拥有的垄断优势。这种垄断优势可能来源于市场份额、营销能力、技术优势、规模经济、获得资本等。Hymer 的这一理论由 Kindleberger 和 Caves 做了进一步的发展。Kindleberger（1969）认为：为了同国内公司竞争，跨国公司必须对其优势实

---

❶ 班博. 中国企业对外直接投资的经营绩效及市场价值研究［D］. 济南：山东大学，2008：64.

行资本化，这些优势来源于产品市场的不完全、要素市场的不完全、规模经济以及政府对市场进入的限制。Caves（1971）认为：为了与东道国公司竞争，跨国公司必须将其公司特定优势进行内部化。内部化使跨国公司能够在不承担与正常交易相关的额外成本的条件下，最大化其公司的特定能力。

2.2.2 产品周期理论

"产品周期理论"也称为"产品生命周期理论"，由 Vernon（1966）提出。他认为产品创新及其制造经历了三个不同的阶段。第一阶段为产品创新阶段，产品是非标准化的并且需要知识密集型投入品，如研究、开发和设计。在这个阶段虽然生产者享有的垄断优势和低价格弹性能补偿生产的高成本，但是生产仍然是昂贵的。第二阶段为产品成熟阶段，产品日益标准化。对设计的适应性和生产增加的需要，引起对高度熟练劳动的需求减少。竞争的增加和向下的价格压力迫使公司要么向国外制造者出让市场份额，要么通过海外投资份额利用其他区位的便宜投入品维持其市场。最后阶段是产品标准化阶段。当边际利润变薄、竞争加剧，生产转移到拥有最便宜非熟练劳动力的国家，其产品再进口到创新国家。Vernon（1979）对其模型进行了改善，他将跨国公司的发展过程概括为三个阶段：创新期的寡头垄断主要在国内市场；成熟期的寡头垄断是对主要竞争者做出反应的战略；衰亡期的寡头垄断是将生产区位决策建立在生产成本的地域差异上的行为。Cantwell（1995）认为 Vernon 模型在今天仍然有效，但需要扩展到包括跨国公司的网络，这一网络对全球几个区位的技能和资源进行资本化。生命周期理论已被应用在源于产业调整、就业变动和非大都市的工业化的产业区位变迁研究中。

2.2.3 内部化理论

内部化理论是在产业组织的交易成本学派理论的启发下，由英国 Buckley 和 Casson（1976）提出来的。与 Hymer 的观点相似，内部化理论也将市场不完全作为分析研究的基本前提，但此处的市场不完全不再强调产品特性、规模经济、市场障碍等，而是指因为市场不完全因素的存在而导致企业参与市场交易的成本上升。内部化理论是侧重市场交易与企业内部交易机制的关系来阐述战后对外直接投资及跨国公司发展动因的，市场不完全和交易成本促使企业进行内部化，通过建立企业内部市场来取代外部市场。Buckley 和 Casson 认为：直接投资的实质不在于资本的转移，而是基于所有权之上的企业管理与控制权的扩张，其结果是企业管理机制替代市场机制来协调企业各项活动和进行资源配置。显然内部化也必须付出代价，但只要国际外部市场的交易成本超过对外直接投资的内部化成本，则企业就有可从事对外直接投资或跨国经营的内部化优势。

2.2.4　国际生产折中理论

国际生产折中理论是西方经典的跨国投资理论的集大成者，由 Dunning（1977，1980）提出。Dunning 认为：只有当公司在国际生产经营中同时拥有所有权优势、内部化优势和区位优势时，它才能进行跨国直接投资。其中，所有权优势，可以由公司自身创造，也可以从外部机构购买，但必须获得使用权（Dunning，1980）。这种所有权特定资产可以表现为知识产权、规模和范围经济、公司基于技术和知识的特性等形式。内部化优势是由公司自身通过生产经营将其所有权优势内部化而得到的收益。公司内部化的主要动机是最小化市场风险和不确定性，消除实施正常协议的交易成本（Dunning，1980）。虽然内部化对不同的公司意味着不同的机遇，但内部化能使公司获得效率和规模经济。具体而言，市场寻求型跨国公司的内部化减少了信息和交易成本，在国外环境保护了知识产权（Dunning，1993）。效率寻求型跨国公司的内部化的重要性源于共同的治理和垂直一体化及横向多样化的经济效应。对于战略资产寻求型的跨国公司而言，其内部化的主要优势在于减少正常交易内在的风险。区位优势是海外区位所提供的使得该区域的市场比国内市场和其他海外市场利润更丰厚的优势。这些区位特定要素是高度不可移动的，而且其使用对所有公司开放，而不管公司的规模和国籍。区位特定优势包括自然资源及相关的基础设施、税收激励、物质和劳动成本、市场规模和特性、政府政策、生产专业化和集中度等（Dunning，1993）。然而，Dunning 的 OLI 模型由于没有将三种优势的关系进行足够分析而受到批评，特别是没有明确区分所有权优势和内部化优势（Itaki，1991）。然而，国际生产折中理论仍然是迄今为止解释跨国公司直接投资决策最完备的理论。

2.2.5 边际产业扩张论

日本经济学家 Kojima（1977）在其著作《对外直接投资论》中提出了著名的边际产业扩张论。他一反西方经典理论以发达国家的企业跨国活动为研究对象的传统，提出了以日本为代表的后发国家的直接投资模式。Kojima 以 20世纪 50—70 年代日本对外直接投资为考察对象，把国际贸易理论中的赫克歇尔—俄林的资源禀赋差异导致比较成本差异的原理用于分析日本对外直接投资，提出一国的 FDI 应该从本国已经处于或即将处于比较劣势而与东道国相比具有比较优势的产业依次进行。在该理论中，比较劣势的产业指已经或即将丧失比较优势的产业，这种比较劣势产业也称边际产业。投资母国应按本国边际产业顺序进行对外直接投资。投资母国通过对外直接投资把原来国内的比较劣势产业转移到别的国家并转换成为东道国的比较优势，而东道国利用这些比较优势产业扩大生产，扩大出口。按边际产业顺序进行对外直接投资而保留本国比较优势产业扩大出口，既可实现产业国际性转移，又可促进贸易发展。因此，边际产业扩张论所倡导的投资是一种顺贸易导向的投资。

2.3 发展中国家的跨国直接投资理论

西方跨国投资理论主要以工业和服务业的跨国公司作为研究对象，其理论对农业企业对外投资有指导意义，但不能解释农业的特殊性。这些研究多集中于发达国家，发达国家的工业化程度、技术水平和组织能力都是发展中国家所不能比的，发展中国家的农业企业很难具有发达国家企业的优势，使得发展中国家农业企业缺乏对外投资的理论支持。中国是高速发展的经济大国，农业不仅是国民经济中的一个重要部门，更是关系到国家安全的重要产业，对维持经济发展有着相当的特殊性和重要性。

20 世纪 70 年代以来，发展中国家经济的迅猛增长带动了对外投资的快速增长，以此为基础形成了发展中国家对外投资理论体系。该体系大体形成了两个主要的研究方向：第一，从技术演进角度分析发展中国家 FDI 竞争优势的形成；第二，以折中范式为基础产生了学习型和策略 FDI 理论。发展中国家相对弱小的跨国企业与发达国家的跨国企业之间存在怎样的区别？这些区别又如何影响了企业的经营？从 20 世纪 80 年代开始，发展中国家企业的独特性特征开始为研究者所关注，从此发展中国家 FDI 理论不再只是垄断优势理论的一个延伸，而成为一个独立的研究领域。

2.3.1　小规模技术优势理论

美国经济学家 Wells（1977，1983）是研究发展中国家对外直接投资理论的开山鼻祖。他在 1977 年和 1983 年分别发表论文和专著，阐述了以发展中国家对外直接投资为对象的小规模技术优势理论。他认为发展中国家企业的技术优势是一种反映投资企业母国小规模市场特点的特殊优势，而母国市场规模与发展中国家东道国市场规模的相似性，确保了这种特殊技术在对发展中国家东道国投资过程中形成比较优势。Wells 认为发展中国家跨国企业的比较优势主要来自以下几个方面。

首先，发展中国家跨国企业拥有为小市场需求服务的小规模生产技术。Wells 分析了发展中国家和地区的国内市场对许多商品的市场规模有限的特点，他把这称为小规模市场。如果发展中国家企业从发达国家引进制造技术，相对于狭小的国内市场，引进的技术往往生产能力太大。面对国内狭小的市场规模，发展中国家和地区企业往往对引进的技术进行改造，使之适合小规模生产的需要。可以通过以下几种途径降低引进技术的生产规模：为了使用大规模生产的设备，只使用较少的设备以满足小规模生产的需要；为了降低生产规模，采用批量生产的方式代替大规模生产；为了降低生产规模，采用专门设计的机器，或选用具有多种用途的机器设备，或更多地用劳动力替代机器。发展中国家和地区在对外直接投资中输出的技术大多具有上述特点，即小规模技术。Wells 认为小规模技术最突出的特点是劳动密集型、灵活等。

其次，发展中国家跨国企业有生产特殊产品的优势。例如，如果发展中国家跨国企业以东道国中的本国侨民为消费对象，生产的特殊产品就是反映母国消费者偏好同时也是分布在其他国家的侨民偏好的产品。因此，以该种优势进行对外投资的发展中国家企业可以以此向其他国家进行投资。比如，韩国企业在印度和中国投资开办的韩国餐馆，俄罗斯在欧洲投资生产俄式甜点和面包的企业。总之可以概括为：以遍布世界各地的侨民为产品消费对象，以传统民族商品为主要产品进行对外直接投资。

再次，发展中国家跨国企业往往采用低成本营销战略。发达国家企业通常在其内部化的公司中安排垂直一体化生产来满足公司对特殊原材料的需求，从而确保产品质量和品牌，其竞争策略采取的是差异化的竞争方式。与之相比，发展中国家和地区企业对外直接投资的低管理费用和原材料采购的当地化也是其优势所在。Wells 通过调查发现，发展中国家对外投资企业的管理人员和技术人员的薪金收入远远低于发达国家同类企业的水平。为了解决和降低原材料进口成本，他们往往采用在当地采购原材料的策略，通过在当地采购来满足生产需要，因而发展中国家和地区便具有了发达国家跨国公司所不具有的特殊优势。

2.3.2　技术创新升级理论

英国学者 Cantwell 和 Tolentino（1987，1990）主要从技术累积论出发解释发展中国家和地区的对外投资行为。他们提出了两个基本问题：一是发展中国家产业结构的升级说明了发展中国家企业技术能力的稳定提高和扩大，它是一个不断积累的结果；二是发展中国家企业技术能力的提高与他们对外直接投资的增长直接相关。一般来说，发达国家靠大量的研究和开发投入，掌握好开发尖端的高科技，引导技术发展的潮流；发展中国家则没有很强的研究开发能力，主要利用特有的"学习经验"和组织能力掌握和开发生产技术。这种以技术积累为基础的发展阶段论，比较全面地解释了 20 世纪 80 年代以后发展中国家和地区，特别是亚洲新兴国家和地区对外直接投资的现象，表明发展中国家的企业从事对外直接投资是在利用外资、技术以及积累经验的基础上，利用自身的生产要素创造某些优势，从而提高竞争力和增强综合优势来实现的。

Cantwell 和 Tolentino 认为：如果发展中国家和地区只利用自身已有优势进行对外投资，还只是"顺梯度投资"的投资方式，如果想真正实现赶超战略，就必须有所突破，采取适当的方式大力发展"逆梯度投资"的投资方式，主动获得世界最新技术，促进国内高技术产业的发展。在开放经济和生产要素跨国流动的条件下，发展中国家和地区有可能通过有意识的战略选择来配置稀缺资源，创造比较优势。在对外直接投资中，利用东道国的要素资源和市场空间，享受东道国政府给予的优惠待遇等，这在客观上增加了跨国企业相对于国内企业的竞争优势。因此，当发展中国家和地区在某些产业有较强实力时，可以针对继续发展的短缺要素从事海外投资，即以提升产业结构为目标的对外投资。通过对外投资建立起以本国企业为主的技术密集型国际生产体系，使之形成对国内产业结构升级的直接牵引，从而提升国内产业结构的层次。

2.3.3　技术地方化理论

英国经济学家 Lall（1983）提出了与 Wells 类似的理论，他在其著作《新跨国公司：第三世界企业的发展》一书中，提出用"技术地方化理论"来解释发展中国家对外直接投资行为。Lall 深入研究了印度跨国公司的竞争优势和投资动机，认为发展中国家跨国公司的技术特征尽管表现为规模小、使用标准化技术和劳动密集型技术，但这种技术的形成却包含着企业内在的创新活动。

Lall 认为：发展中国家的企业可采用的创新途径有：①由于地缘接近或偏好相似的原因，发展中国家企业生产的产品更加符合发展中国家东道国的消费偏好。②发展中国家企业对从国外引进的技术进行消化和改进，使它们更加适应于其他发展中国家的需要，较好地顺应了东道国的要素价格条件和发展中国家东道国对产品质量的要求。③除了在技术和产品上的优势之外，发展中国家企业的技术创新还具有小规模技术的倾向。与发达国家企业技术创新的大规模生产技术相比，小规模技术更能够适应一些发展中国家东道国狭小的国内市场特点。这一点与 Wells 的观点相同。④对一些较大的发展中国家而言，它们的企业有时也能够生产可与发达国家企业产品竞争的差异化产品。这是因为母国市场的庞大为发展中国家企业积累了生产满足不同层次消费者产品的经验，并有可能在对外直接投资中加以运用。⑤所有上述优势都可能因为发展中国家对外直接投资而得到加强，这或者由于东道国政府对其他发展中国家企业的青睐，或者由于发展中国家东道国与母国之间共同的文化和语言背景等。因此，在满足上述条件的情况下，发展中国家企业能够在较低的技术水平基础上形成赖以对外直接投资的企业特有优势。这种优势不仅可以带动它们对其他发展中国家的对外直接投资，而且发展中国家企业对成熟技术的创新还可以促进它们对发达国家的直接投资。

2.3.4 动态比较优势理论

日本经济学家 Ozawa（1992）秉承 Kojima 的研究思路，以日本为例进行了研究，进一步提出动态比较优势投资理论。他认为从动态的角度看，任何一国的比较优势都不是一成不变的，而会随着时间和条件的变化发生转移。由于要素积累、技术变革和要素流动，旧的比较优势会逐渐丧失，新的比较优势将应运而生。当一国的比较优势发生变动后，产业结构和投资结构也随之改变，这会在很大程度上影响到对外直接投资的变化。发展中国家的情况亦是如此，随着时间的推移和经济的发展，发展中国家的要素禀赋状况必然发生变化，资本和技术这两种生产要素由于不断积累变得丰富，这时发展中国家和地区的比较优势就逐步转到资本和技术密集型产品的生产上来。

Ozawa 据此把发展中国家对外投资的过程分为四个阶段。阶段一为吸引跨国直接投资阶段；阶段二为外资流入阶段向对外投资阶段的转型阶段，在此阶段，随着工资增长，劳动密集型产业的比较优势逐渐减弱，国内产业为了保住竞争力和国际市场中的份额，不得不通过对外直接投资将生产转移出去，以便获得低于国内工资水平的劳动力；阶段三是从劳动力导向的对外投资向贸易型或技术型的对外投资过渡；阶段四是资本密集型的资金流入和资本导向型对外投资交叉发生的阶段。

2.4 农林产业"走出去"的理论基础

2.4.1 农林企业的基本特征

农林企业是农业产业化的重要环节，是农林产业发展的关键力量。农林企业在生产过程中产权清晰、要素组合合理，使经营和管理更具有效率，克服了农林生产中小农经济的弱点。农林企业是重要的产业投资主体，也是进行"走出去"战略的重要环节。

农林企业是从事农林生产和经营的企业，其生产自负盈亏、自主经营，农林投资的目的是实现自身收益的最大化。农林企业是我国农林产业"走出去"

战略的主力军，它有着其他投资主体没有的优势。农林企业的投资有着诸多的特殊性，虽然农林企业与其他企业的投资行为有着很多的相似性，但农林企业的投资对象和生产经营仍有着自己的特点：①自然因素的影响较大。农林产业生产与自然环境密切联系，如土壤、降雨、气候、温度、光照都将影响农林产业的生产，这就决定了农林产业投资需要很长周期并且不确定性风险较大。②农林企业面临市场和自然的双重风险。一般的工业企业只面对市场的压力，但农林企业生产对自然的依赖性强，使企业在面临市场风险的同时又要应对自然带来的风险。③农林产业的生产效率比其他产业低。农林产业由于技术进步相对慢，对自然依赖程度高，产业本身的效率提高并不是很快，相对工业发展速度慢。④农林企业生产有很高的社会效益。农林产业也是经济的基础，满足人类日常生活的需要，支撑着经济的发展，承担着重要的社会责任。⑤农林产业 FDI 能力弱。企业并不具备很高的技术优势，面临着巨大的风险，并且海外投资的不确定性因素更多，这些都使农林企业的海外投资发展速度缓慢。

2.4.2　影响农林产业 FDI 的因素

农林产业的 FDI 受多种因素的影响，既有资源供给也有风险和政策的限制，又有企业的收益高低、国外投资环境特点的影响。下面我们将分析几个重点因素。

（1）企业收益率的高低。企业进行海外投资的根本目的是谋求更多的利润，追求收益的最大化，因此首要考虑的因素就是投资的收益率。但是我国现在农林企业投资整体收益率不高，有的甚至长期处于亏损状态；使得农林企业的投资积极性不高，投资总量不足，导致发展缓慢。由于海外投资风险远大于国内投资，收益增加不多，所以使得农林企业海外投资的意愿不强。

（2）农林企业的资本与融资渠道。企业进行海外投资需要大量的资金。投资规模越大，所需的资本也越多。农林企业除了自有的资金外，还可以通过发行股票、债券、银行借贷等方式获得资金。我国的农林企业规模较小，自有资本不充裕，同时融资渠道狭窄，因此很难使企业有较强的实力实现海外投资。

（3）海外投资环境。投资环境是影响企业的重要因素，其中包括硬环境，指一国的基础设施、自然资源等；软环境指国家的政治制度、法律、习俗等。

农林企业在人员素质和企业实力方面比工业企业薄弱，因而对国外投资环境的适应能力不强。另外很多企业没有建立现代管理制度、体制僵硬、技术不先进，缺乏相应的政策鼓励，人才储备和海外投资经验不足，这些都制约着我国农林产业的对外投资。

（4）农林产业海外投资风险。企业在进行投资时不仅要考虑收益率，还要对投资的风险进行评价。农林产业投资面临自然和市场的双重风险，海外投资又增加了更多的不确定因素。农林企业规模小、资金不充裕，抗风险能力低。海外投资需要较高的门槛使得很多的农林企业望而生畏。

影响农林产业投资的因素众多，海外投资需要企业不断地提升自己的实力，同时国家要采取积极的鼓励措施。我国农林产业"走出去"战略的实施主体是农林企业，但大多数企业还需要很长一段时间的发展才能承担起这个使命。

第三章 农业海外资源获取现状

目前，中国农业获取海外稀缺资源的主要手段是通过对外直接投资。上一章的分析已经指出，农业作为典型的弱质产业，其跨国投资能力较一般工业和服务产业弱很多。因此，不论在世界范围内还是在中国范围内，农业企业的跨国投资规模都非常有限。虽然如此，作为农业企业对外投资的战略研究，仍然有必要对当今世界和中国的农业跨国投资现状进行考察，从而为后面投资战略的具体分析提供实践基础。因此，本章的主要目的是在上一章的理论基础之上，对当今国际上农业企业跨国投资的历程与现状进行总结，为探索中国农业企业对外投资之路提供实践背景。

本章将首先把视角放在世界范围内，考察目前全球农业跨国投资的情况，然后简要讨论中国农业企业的发展特点，最后对中国农业企业"走出去"的现状进行总结。

3.1 全球农业跨国投资现状

一直以来，农业投资在世界 FDI 中所占比重相对较小，然而，近年来农业 FDI 的增长速度较快，已经形成了当前世界 FDI 流向的新特点和亮点。联合国《世界投资报告》也把跨国公司对农业的投资作为核心主题，凸显了农业投资在全球跨国投资中的重要性和上升趋势，表明农业跨国投资已成为国际社会普遍关心的重要议题。究其原因，主要与农业的特殊属性有关。农业对于提供食物、消除贫困与饥饿以及保持传统文化具有关键性意义，为很多发展中国家提供了大量农村就业机会，并因为其非经济周期敏感性而成为在经济危机时期促进经济增长和创造外汇的稳定贡献者。

总体来看，目前世界农业跨国直接投资的现状具有以下特点。

3.1.1 规模有限，波动明显

目前，世界农业跨国投资规模较为有限，累计总额为 500 亿~600 亿美元。虽然从跨国投资存量来看，在全球存量中所占比重仍然很小，但从跨国投资流量的增幅来看，20 世纪 90 年代以来增长势头强劲。在 20 世纪 90 年代末期，每年全球农业 FDI 流量还不到 10 亿美元，然而从 2005 年至 2007 年，其流量达到 30 亿美元，增加了两倍。

然而，进入 2010 年以后，受到金融危机和全球经济波动的影响，农业跨国投资的波动起伏非常明显。表 3-1 是近年来世界农业跨国并购金额，从表中可以看到，2010 年以后世界农业跨国并购波动明显。虽然 2015—2016 年与 2013—2014 年相比并购金额有一定的增长，但 2017 年整个初级产品行业跨国并购金额缩水 70%，因此农业并购也会有大幅下降。从绿地投资方面来看，近年来农业跨国绿地投资规模与跨国并购相当，2012 年以后一直处于稳步增长状态。然而，受到全球经济衰退的影响，2017 年初级产品行业跨国绿地投资缩水 61%，农业跨国绿地投资也有大幅度下降。

表 3-1 世界农业跨国并购金额　　　　单位：亿美元

年度	2010	2011	2012	2013	2014	2015	2016
金额	52.04	18.13	78.75	20.23	21.34	30.33	38.73

注：数据来源于联合国贸发会议《2017 年世界投资报告》。

同时，以农业为主的发展中国家大多采用长期租赁制度，并加强了鼓励农业吸引外资的力度，激励了跨国公司向发展中国家农业的投资，使其农业投资比例逐渐增加。例如，在整个产业价值链下游具有优势的跨国公司开始向上游进行投资，使其实际投资规模扩大了数倍。

3.1.2 投资国以发达国家为主，发展中国家增长明显

从 FDI 的投资母国看，发达国家仍为主要投资来源地。当前，以发达国家为主的跨国公司在 110 个国家及地区参与直接的农业活动。从其投资区域来

看，涉及非洲、亚洲和拉美地区。例如，全世界最大的四家种子公司的市场占有率为 23%，最大的四家农业化学公司的市场占有率为 47%。2004 年，它们的市场占有率分别达到了 33% 和 60%。在某些次一级领域，跨国公司的市场占有率更高，曾有一家企业的转基因大豆的市场占有率高达全球市场的 91%。

与此同时，近年来来自发展中国家的农业跨国公司成长迅速，其 FDI 的规模不断扩张。例如，马来西亚的郭氏集团、泰国的正大集团、韩国的大陆综合开发公司等企业，这几年就大量投资于一些发展中国家，投资项目包括畜牧、垦荒、林业和草地建设等。马来西亚的 Greenyield Bhd 公司的投资就是一个典型的例子。得益于马来西亚和越南之间签署了贸易协定，以及越南政府提供优惠政策，该公司计划在越南投资 120 万美元为当地的天然橡胶种植提供服务，项目已在 2010 年开始运营。

两相比较，在以农业为基础的跨国公司中，来自发展中国家的几乎占一半，意味着发展中国家的农业跨国公司正日益成为全球农产品生产的有力竞争者。从企业资产规模来看，以农业为基础的 25 家最大跨国公司中，13 家总部在发达国家，12 家总部在发展中国家，其中最大一家是来自马来西亚的 Sime Darby 公司。同时，近年来商业性投资和确保粮食安全成为农业投资的主要动因。在此趋势下，通过所有权和长期租赁形式获取土地的最大直接投资国主要包括巴哈马、中国、卡塔尔、科威特、利比亚、朝鲜等。

3.1.3　投资目的地高度集中

农业跨国投资的目的地高度集中，主要分布在亚洲和大洋洲的发展中国家。这些地区农业跨国投资存量占全球总量的 78%。目前，从存量来看，农业跨国投资存量最大的五个国家为中国、美国、越南、加拿大和印度尼西亚，占全球前 20 个最大流入国投资流入存量的 62%。从流量来看，年均投资流入量最大的五个国家为中国、马来西亚、巴西、俄罗斯和印度尼西亚，占全球前 20 个最大流入国流入量的 72%。

3.1.4　投资产品集中且专业化趋势明显

总的来看，农业跨国投资主要集中在粮食等农作物的生产和获得上。近年来，购买和长期租赁耕地是农业跨国投资的一个主要流向。在农业上游生产领域，跨国投资相对集中在甘蔗和蔬菜等经济作物上，而在发展中国家则集中在粮食作物和经济作物上。此外，一个新的趋势是越来越多的直接投资投向了用于生产生物燃料的相关作物。

从各区域的投资品种看，专业化趋势明显。跨国投资在南美洲主要分布在小麦、水稻、甘蔗、水果、大豆、肉类等领域，在中美洲主要分布在水果和甘蔗等领域，在非洲主要分布在水稻、小麦和油料等领域。在亚洲，跨国公司在南亚主要投资于水稻和小麦的生产，同时在亚洲其他国家则集中于经济作物、肉类和家禽等领域。

3.1.5　投资方式多元化

从跨国投资的方式来看，近年来表现出越来越多样化的特征。合资、独资、合作、国际租赁、BOT 等方式普遍存在。20 世纪 90 年代以后，随着跨国兼并与收购风潮的兴起，农业领域的跨国兼并与收购也出现了增长的趋势。

在各种投资方式中，订单农业成为近年来增长较快的一种主要投资方式。订单农业是由农民和跨国公司签署的一种非股票合同安排。根据协议，农民按照议定的价格、质量、交货日期等要求向跨国公司缴纳产出。订单农业覆盖了广泛的产品范围，包括家禽、粮食生产和经济作物等。近年来订单农业的表现均较为突出，而且在许多发展中国家还达到了相当高的程度。例如，肯尼亚大约 60%的茶叶和甘蔗生产，巴西 35%的大豆生产、75%的家禽生产，越南 50%的茶叶、40%的大米以及 90%的鲜奶和棉花生产均通过订单农业形式生产。订单农业的产品范围很广，例如，联合利华利用订单农业从发展中国家的 10 万多家农场采购农作物；Olam 公司通过订单形式在全球采购腰果等 17 种农产品。

3.2　中国农业对外直接投资现状

中国作为发展中国家，目前对外直接投资尚处于起步阶段，其农业对外投资更为有限。而且，目前国内官方发布的农业对外投资数据非常匮乏。因此，系统分析农业企业对外投资现状十分困难。本章欲根据笔者调查所掌握的情况，对农业对外投资的概况及特点进行总结。

3.2.1　中国农业对外直接投资的总体情况

农业"走出去"是国家"走出去"战略的重要组成部分，多年来在配合国家外交、保障国内资源、增强农业国际竞争力和提高涉农企业和农民收入方面起到了重要作用。1990年以来，中国农业企业对外投资一直保持着稳定、略有增长的态势，如图3-1所示。进入2000年以后，随着国民收入的提高和国家"走出去"战略的实施，农业对外投资额又有了进一步的提高。

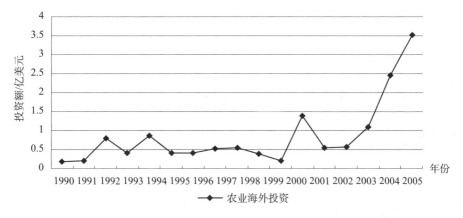

图 3-1　农业海外投资总体走势

图3-2是近年来中国农业对外直接投资的流量变化情况。从总量来看，近年来中国农业对外直接投资的规模增长非常迅猛。在2010年以前，农业对外投资规模基本维持在1亿~3亿美元的水平上。然而2010年以后，农业对外投资增长极为迅速，2010年达到5.33亿美元，之后的每年都有明显增长。到2016年，达到32.87亿美元。2010—2016年，年均增长86%。

图3-3是近年来中国农业海外投资流量占中国对外投资总量的百分比变化情况。从农业对外投资流量占中国总体FDI的比重来看，近年来也有明显增加，从2008年的0.31%增加到了2012年的1.66%，2008年以后的农业投资占比一直在稳步上升，说明农业投资逐渐受到了国家的重视。2012—2016年基本维持在接近1.8%的水平上。从近年的趋势可以看出，虽然农业对外投资流量的绝对规模一直在增长，但由于中国对外投资整体规模近年来增长非常明显，其在中国整体对外投资中的地位仍然较低。

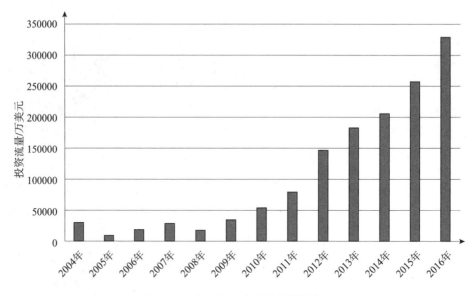

图 3 - 2　中国农业海外投资流量变化

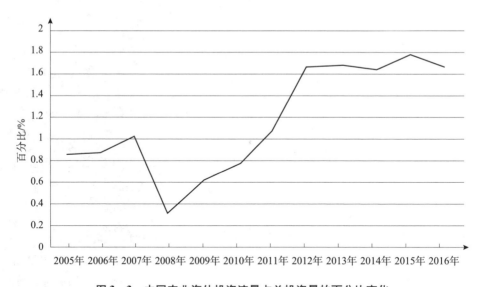

图 3 - 3　中国农业海外投资流量占总投资量的百分比变化

　　图 3 - 4 是近年来中国农业对外直接投资的存量变化情况。从存量来看，中国农业对外直接投资的累积规模一直在持续增加，特别是 2010 年以后增长速度加快。2010 年投资存量为 26.12 亿美元，2016 年投资存量达到 148.85 亿美元，年均增长 20.46%。

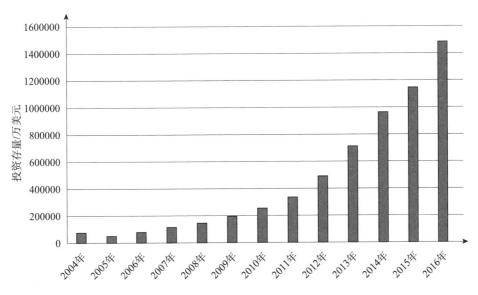

图 3 - 4　中国农业海外投资存量变化

图 3 - 5 是近年来中国农业海外投资存量占中国对外投资存量总量的百分比变化情况。从农业对外投资存量占中国总体 FDI 存量的比重来看，与投资流量所占比重相近，大部分时间维持在 1% 上下的水平。2011 年以后，农业投资占比逐渐稳步上升，并于 2013 年超过 1%。目前维持在 1.1% 上下的水平。

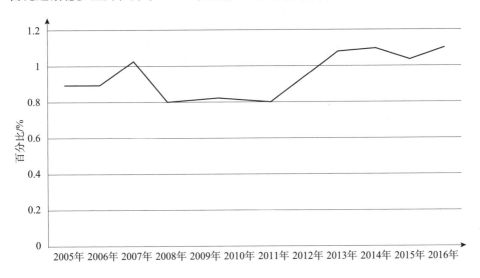

图 3 - 5　中国农业海外投资存量占总投资量的百分比变化

从对外投资的企业数量来看，近年来已经有了大幅度增长。2016 年，农业对外投资企业数量已达到 1737 家，占对外投资企业总数量的 4.7%。从企业累计数量来看，已经形成了由 600 多家国家重点农业产业化龙头企业、4000 多家省级农业产业化龙头企业和 8 万多家中小农业龙头企业组成的企业群体，在对外开拓国际市场、利用国际资源等方面发挥了重要作用。据统计，目前在境外投资、合作、上市的农业产业化龙头企业有 60 多家，投资区域包括亚洲、非洲、北美洲、欧洲、大洋洲的 30 多个国家或地区。

3.2.2 中国农业企业对外直接投资的特点

整体来看，农业企业"走出去"正呈现出以下四个特点。

（1）项目投资主体多元化

国有的农垦公司、种子公司、渔业公司业已成为对外投资的主力军，发挥着主体和示范带头作用。同时，民营农业企业对外投资也呈现出增长势头。近年来，各级政府越来越多地参与到农业对外投资活动中，给农业企业提供了丰富的保障和支持。例如，政府通过保险和融资支持降低了农业企业的对外投资风险。同时，各地农业企业和行业组织加强了横向联合，包括国有企业之间的联合、民营企业之间的联合、国有企业和民营企业之间的联合等。通过农业企业的横向联合，分享了信息、资源，分担了对外投资中的风险。

（2）项目投资区域日趋广泛

从地理区域来看，我国农业投资项目分布日益广泛。近年来，投资主要集中在俄罗斯、欧盟、东南亚等区域。随着"一带一路"倡议的推行，我国对"一带一路"沿线国家的投资日益增多，"一带一路"沿线国家也逐渐成为我国农业对外投资的主要区域。目前，中国农业对外直接投资已呈现出多地区、多领域、多形式的局面。

目前，中国农业对外投资最多的区域还是集中在亚洲。2016 年中国对东盟国家农业投资达到 3.74 亿美元，占中国对东盟投资总流量的 3.6%，主要分布在缅甸、老挝、新加坡、柬埔寨等国家。2016 年中国对东盟国家农业投资存量累计达 31.38 亿美元，占中国对东盟投资总存量的 4.4%，主要分布在老挝、新加坡、柬埔寨、印度尼西亚等国家。我国农业企业在东盟的投资主要集中在农作物生产和经济作物的开发上。例如，广东农垦规划建设了 50 万吨境外天然橡胶生产基地，并且在泰国和越南收购扩建了五座天然橡胶加工厂，目前天然橡胶生产能力达到 20.6 万吨。此外，中国在东盟地区建设了粮食、橡胶、热带水果等资源开发基地；在菲律宾、印度尼西亚、马来西亚等国建立了农业技术示范基地；在菲律宾还建设了大豆、玉米等种植业基地；在印度尼西亚、缅甸、斯里兰卡等国家及大洋的公海领域先后开发了海洋渔业资源等。

除亚洲外，俄罗斯是中国农业投资最多的国家之一，2016 年中国对俄罗斯农业投资达到 4.33 亿美元，占中国对俄罗斯投资总流量的 33.5%。投资存量累计达 30.07 亿美元，占中国对俄罗斯投资总存量的 23.2%。近年来，农业企业在俄罗斯先后建设了粮食、大豆等生产基地和经济作物的开发基地。例如，黑龙江农垦在俄罗斯远东地区租地种粮，种植面积达到了 63.4 万亩，同时还投资兴建了叶面肥加工厂和粮食预处理中心，使产业链条不断获得延伸。此外，中国对俄罗斯和中亚国家投资还集中在大豆、玉米等作物的种植和加工上。

近年来，中国农业对澳大利亚的投资增长明显。2016 年中国对澳大利亚农业投资达到 2.28 亿美元，占中国对澳大利亚投资总流量的 5.4%。投资存量累计达 7.11 亿美元，占中国对澳大利亚投资总存量的 2.1%。

欧盟一直是中国农业对外投资的主要目的地。2016 年，中国对欧盟农业投资达到 1.72 亿美元，占中国对欧盟投资总流量的 1.7%。投资存量累计达 8.07 亿美元，占中国对欧盟投资总存量的 1.2%。

（3）项目投资领域日益多元化

目前中国农业项目的投资领域越来越广，涉及粮食种植、经济作物种植、设施农业、农业机械、动植物保护、生物能源、农村能源、远洋渔业捕捞等众多领域。

（4）投资形式日趋多样化

中国农业企业"走出去"的形式不仅包括租赁土地种植、购买捕捞许可证、建立生产和加工基地，还包括进行农业资源开发、农产品生产加工和贸易等。近年来，中国农业的对外投资形式逐渐由绿地投资转向跨国并购，逐渐提高了对产业链的控制程度和影响力，并注重对资本和产业链的整合。例如，恒大集团对新西兰乳业品牌和设施的收购，上海光明集团对法国葡萄酒、澳洲乳品品牌的收购等。

3.2.3 各地区农业企业对外直接投资概况

总体来看，农业企业对外直接投资的势头良好，然而各个省市农业"走出去"的发展情况并不均衡。其中，黑龙江、河南、广西、湖北等省区在全国的表现较为突出。

黑龙江省实施农业"走出去"战略较早，目前已形成一定规模。目前，黑龙江省境外农业开发项目累计达到 80 多个，主要在东南亚、俄罗斯和中亚等地区先后建起了粮食、果蔬、畜产品等的基地和资源开发中心。目前，全省已有 37 个县市"走出去""请进来"，分别与俄罗斯等国政府签订了境外农业综合开发合作项目。

河南省也是农业对外投资的大省。目前，河南省共在境外设立农业企业 276 家，总投资 14107 万美元，中方协议金额 9303 万美元。开封中赞农林开发有限公司在赞比亚投资 7 万美元设立农业投资有限公司，从事农作物种植和家禽饲养；洛阳大禹投资有限公司在新西兰投资 75 万美元设立国际发展有限公司，从事畜牧饲养；淮阳宏达蔬菜公司投资 220 万美元，在美国设立加工企业，生产脱水蔬菜。

广西壮族自治区近年来对东南亚的投资逐渐增多。目前，广西壮族自治区已经有 20 多家农业企业到国外投资，投资总额达到 5 亿多元人民币。广西壮族自治区企业到柬埔寨、老挝、印度尼西亚、越南、菲律宾、马来西亚等国参与各种农业项目建设，如大面积种植杂交水稻、玉米，合作种植剑麻、甘蔗等。

湖北省从事跨国投资的农业企业数量较少，但一些企业开展业务的情况比较好。湖北省种子集团公司从 2000 年开始先后在马来西亚、缅甸、柬埔寨、印度尼西亚、菲律宾、越南等国开展了品种试验与技术合作，效果显著。

3.2.4 中国农业企业对外直接投资的主要形式

（1）原料加工—销售企业型

中国目前已具备了在农业原料精加工方面较为成熟的技术，可以满足将东道国农业原料加工成农业制成品的需要。同时，中国大量民营企业的资金实力较为雄厚，并拥有完善的销售渠道和稳定的客户网络。而且许多民营企业具有相应的研发能力，能够根据东道国居民的需要因地制宜地改进产品并开拓国际市场。例如，内蒙古鹿王集团在马达加斯加利用当地丰富的羊毛资源，在满足当地市场的同时，将所生产的羊毛衫打入欧美等高端市场。

（2）农场企业化经营型

农场企业化经营是中国对外农业投资的主要类型。目前，中国大型农垦企业在农业基础设施建设、农业生产经营管理、农田水利基本建设和农产品营销方面拥有成熟的经验技术。例如，江苏农垦已经在非洲投资经营了中华、喜洋洋、友谊等农场。其中，喜洋洋农场已成为赞比亚的四大蔬菜供应商之一；中华农场以肉牛为主产品的连锁店也获得了巨大成功。同时，江苏农垦集团的机械化生产和管理模式对当地也起到了示范引领作用。

（3）合作开发型

合作开发是中国企业跨国投资当地化的主要模式。以非洲渔业投资为例，非洲地处几大寒暖流交汇区，因而形成了许多著名的渔场。中国目前已拥有一支技术先进、规模庞大的远洋船队，通过与当地政府企业合作已参与了多项渔业开发项目。其中，目前仅中国水产总公司就在非洲拥有 23 个行业合作项目，劳务人员近 3 万人，有渔船 200 多艘，年产值达到 1 亿多美元。

（4）科技合作型

中国企业与科研机构的对外科技合作也是农业"走出去"的主要方面。例如，中国农业大学援助科特迪瓦的亚穆苏克罗农学院，在食品储藏、保鲜及加工方面取得了很好的效果。浙江农业大学援助喀麦隆雅温得第一大学建立微生物实验室，成功地用当地水果酿造果酒。南京农业大学援助肯尼亚埃格顿大学农学院，专门搞无土栽培，取得了非常好的经济效益。

第四章　木材与林业海外资源获取现状

本书的主要研究对象是林业寻求获得海外自然资源的战略和行为。从资源获取途径来看，林业获得海外自然资源的途径有二：①通过对外直接投资获得海外自然资源；②通过进口方式获得海外自然资源。相比而言，第二种方式是传统常规方式，而第一种方式是具有创新性和挑战性的方式。

本章首先把视角放在世界范围内，考察中国林业对外直接投资的现状，然后对中国林业的进口贸易现状进行总结。

4.1　中国林业对外直接投资现状

林业企业对外直接投资模式分为资源寻求型和加工贸易型两类。资源寻求型对外直接投资模式指以获取海外资源为主要目的的对外直接投资。加工贸易型对外直接投资模式是指企业在境外投资并在东道国加工制作，制成品最终销往当地、海外市场或返销国内的投资模式。对于采用加工贸易型对外直接投资模式的林业企业而言，对外直接投资不仅是为了获取海外资源，更多的是要考虑到东道国的劳动力成本状况、市场大小等因素。就目前我国林业对外直接投资现状来看，资源寻求型对外直接投资模式仍是我国林业企业采用的主要模式。

4.1.1　资源寻求型对外直接投资

我国林业森林面积位居世界第五，但人均面积仅有 0.15 公顷，仅为世界人均占有量的 23.24%。总量大，人均占有量不足，日益扩大的木材需求决定了资源寻求型对外直接投资模式是我国林业对外直接投资的主要方式。从我国林业企业跨国投资流向来看,中国在各地区开展林业投资合作最多的为俄罗斯,有291家;其次是老挝,有70家,占境外林业企业总数的11.8%;美国第三,有24家,占境外林业企业总数的4.1%。排名前十的还有柬埔寨、加拿大、加蓬、新西兰、印度、巴西和尼日利亚,这十个国家是我国对外直接投资的主要流入地,共469家跨国公司,占境外林业企业总数的79.6%。表4-1是中国对外林业直接投资情况。综合来看,我国林业企业对外直接投资主要集中于具有丰富森林资源的国家。而且,从投资合作方式来看,我国589家境外林业企业中,从事森林采伐、原木、锯材等木材初加工企业共有391家,占境外林业企业总数的66.4%;其次为林木种植,有70家,占境外林业企业总数的11.9%;家具制造有61家,占境外林业企业总数的10.4%;从事技术研发和转让的最少,只有3家,占境外林业企业总数的0.5%。这也说明了目前我国林业对外直接投资还是以获取资源为主。目前我国大部分林业企业呈现出大量进口木材原料、大量出口林业制成品的"大进大出"的发展模式,正是因为境外获取林业资源的支撑才使我国成为世界上最大的林产品出口国。

表4-1 中国对外林业直接投资情况

国家	投资额(亿美元)	国家	投资额(亿美元)
俄罗斯	29.845	喀麦隆	0.083
加蓬	2.894	刚果(布)	0.065
老挝	1.694	埃塞俄比亚	0.050
圭亚那	1.479	印度尼西亚	0.050
新西兰	1.023	英属维尔京群岛	0.033
格鲁吉亚	0.597	贝宁	0.031
加拿大	0.458	美国	0.025
柬埔寨	0.339	赞比亚	0.019
赤道几内亚	0.181	玻利维亚	0.016
法国	0.170	巴布亚新几内亚	0.010
巴西	0.116	合计	39.18

数据来源:商务部"中国对外投资和经济合作"网站(http://fec.mofcom.gov.cn).

4.1.2 加工贸易型对外直接投资模式

随着我国林业进一步发展，我国已经逐渐成为林产品大国，林产品出口量连年攀升。然而各国（尤其是发达国家）逐渐升温的绿色贸易壁垒对我国林业企业产品出口造成巨大冲击。加工贸易型对外直接投资有利于规避贸易壁垒，直接获取当地广阔市场，增加产品销量。另外，由于初级产品附加值较低，各国出于保护国内生态环境等各方面考虑，木材出口量连年收紧，海外直接获取资源举步维艰。此外加工贸易型对外直接投资还有利于吸取发达国家先进技术，提高自身产品的技术含量，增加产品的附加值；有利于利用其他发展中国家廉价劳动力降低生产成本。相比于资源寻求型对外直接投资在区位选择时对资源因素考虑较多，加工贸易型对外直接投资区位选择更为灵活，企业可根据自身投资目的综合考虑。目前，加工贸易型对外直接投资占我国林业境外投资总额的不到5%，"大进大出"仍是我国林业境外投资的主要特征，但是在贸易壁垒盛行的今天，林产品出口成本的增加势必会削弱我国林产品的国际竞争力，压缩利润空间。资源寻求型对外直接投资对解决国内供需缺口困境起到很大作用，有利于我国成为林产品大国；而加工贸易型对外直接投资则能促进我国成为林产品强国。转变境外合作方式，逐渐由资源寻求型对外直接投资模式转变为加工贸易型对外直接投资模式势在必行。

4.2 中国木材资源进口现状

本节主要是对中国木材进口的现状分析，现状分析部分包含以下三个方面：中国木材进口总量、进口来源地和来源地的集中程度、对外依存度和木材进口来源国的风险特征。由于木材进口受到国家政策的影响，在2000年前后变化较大，所以本书在大多数时候主要选取2000年以来的进口数据进行统计分析，总结木材进口的问题，为进一步的风险评估提供些许依据。另外，原木和锯材都属于原料性林产品，二者进口的总量、价值金额和单价水平的升降往往决定了当年木材进口总趋势的变化和走向。因此，下面的研究均以联合国公布的 HS 编码为 4403 的原木和编码为 4406 及 4007 的锯材以及 4408 的单板作为中国木材进口的例子进行分析。

4.2.1　中国木材进口总量

木材作为一种重要的资源，在装饰装修、造纸、板材加工、家具制造等行业中被广泛应用。1998 年以前中国木材供给主要来源于天然林资源，1998 年以后国家实施了保护长江上游、黄河上中游地区 9 亿多亩森林和调减东北、内蒙古等重点国有林区年木材产量的天然林森林资源保护工程，这一方案的执行使国内木材供需矛盾尖锐化。森林资源的稀缺以及市场供给缺口的矛盾导致国内木材的需求主要依靠进口来解决。因此，在天然林保护工程实施以后，国家陆续出台了一系列促进木材进口的政策，这些政策包括对外贸易经济合作部取消木材进口，实行核定公司经营进口管理、实现原木锯木进口零关税、进口原木加工锯材复出口等优惠政策，这些政策的实施有效地刺激了中国木材进口贸易的快速增长。1995 年到 2013 年，中国木材总进口量由 379 万立方米增长到 6979 万立方米，增长了 17.4 倍，在 1999 年、2002 年、2011 年的进口量分别超过了 1000 万立方米、3000 万立方米和 6000 万立方米（见图 4 - 1）。

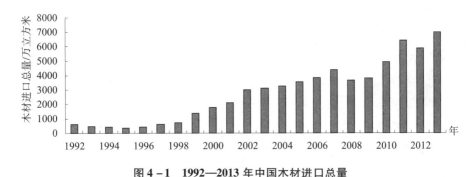

图 4 - 1　1992—2013 年中国木材进口总量

在木材进口总量中，原木是我国第一大进口木材，在很多年份都占到了进口量的 50% 以上，锯材的进口份额也在不断增加。我国木材进口的增长速度过快和占世界木材进口的比重过高意味着国际木材市场的波动很容易传导到国内经济体系中，这不仅带来价格波动的风险，更重要的是会影响到木材进口的持续性和稳定性，从而对整个木材行业造成波动（见图 4 - 2）。

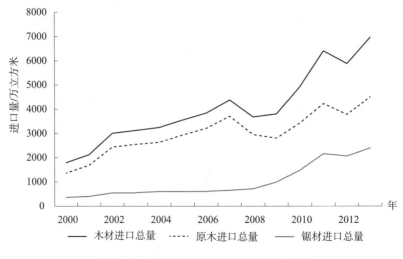

图 4 - 2 中国木材进口量构成及变化趋势

4.2.1.1 中国原木进口量及变化情况

从图 4 - 3 可以明显看出,我国原木进口呈现出总体增长和阶段性上下波动两个趋势。整体上看,我国原木进口增长速度较快。1992—2013 年,我国原木进口量由 466 万立方米增长到 4516 万立方米,22 年间增长了将近 9 倍。分阶段来看,1992—1998 年处于缓慢增长阶段;1999—2002 年是快速增长阶段;2003—2007 年处于平稳增长阶段;2008—2013 年是波动起伏阶段。缓慢增长阶段原木进口量较小的原因在于我国 1998 年之前原木供给主要来自国内天然林资源,进口供给比重很小。1998 年国家实施天然林保护工程以后,国内原木供应骤减,原木主要来自进口,所以 1999 年以后原木进口量激增。随着国家经济的稳定发展,2002—2007 年原木进口量平稳增长;2008 年由于国

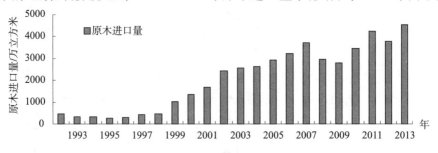

图 4 - 3 1992—2013 年中国原木进口量变化

际金融危机爆发使世界木质产品需求下降以及原木出口国限制出口，导致
2008 年至今原木进口量波动起伏不定。

4.2.1.2　中国锯材进口量及变化情况

由于充足的国内市场供给，在 1998 年之前中国锯材进口较少，1998 年进
口量仅为 176 万立方米；1999—2008 年随着国内固定资产投资市场高速发展，
市场需求旺盛和国内供给减少导致锯材进口量持续稳定上升，由 1999 年的 289
万立方米上升到 2008 年的 727 万立方米；2009 年锯材进口量突破千万立方米
大关达到 1001 万立方米，此后进口量继续稳定增长，到 2013 年达到 2464 万
立方米，比 2009 年翻一番，是 1999 年进口量的 8.5 倍。2009—2013 年阶段进
口量激增除了国内需求这一因素以外，更重要原因在于作为我国第一大原木和
锯材进口国的俄罗斯调高原木出口关税，而对锯材出口保持低关税，鼓励锯材
出口，导致我国锯材进口量迅速增加。

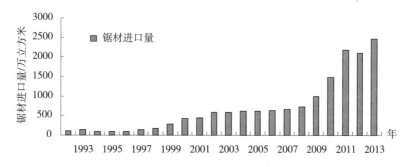

图 4 - 4　1992—2013 年中国锯材进口量变化

4.2.1.3　中国单板进口量及变化情况

相比于原木和锯材，我国的单板进口较少。1993 年进口量为 24 万立方
米，此后随着国家经济发展的需求进口量缓慢增长，在 2000 年达到最大进口
量 65 万立方米，2001 年降到 34 万立方米，2001 年之后的进口量稳中有降，
于 2010 年重新开始上升，2013 年进口量为 60 万立方米，这主要归结于胶合板
企业的强劲需求和基础设施投资的拉动（见图 4 - 5）。

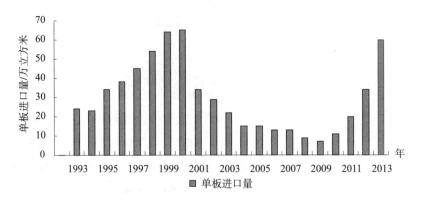

图 4 - 5　1993—2013 年中国单板进口量变化

4.2.2　中国木材进口的来源地分布及进口集中程度

2000 年以后中国木材进口量增速直线上升，进口来源国的数量也在不断增加。原木、锯材和单板的主要进口国各不相同，因此本书对这三种木材品种分别分析其进口情况和进口风险。

4.2.2.1　木材进口的来源地分布

本书选取了 36 个主要原木进口国，中国从这些国家进口原木的总数占年进口量的 95% 以上（见表 4 - 2），锯材选取了占全年进口量 95% 以上的 25 个主要进口国（见表 4 - 3），单板采用了占我国全年进口量 90% 以上的 19 个主要进口国（见表 4 - 4）。从地理区域特征来看，原木进口来源国中，非洲和欧洲国家占进口来源国的近 60%，美洲和大洋洲国家占比约 20%；锯材和单板进口来源以亚洲和欧洲国家为主，这两大洲的国家分别占进口来源国的 64%和 68%，非洲进口国最少，占比低于 10%。

表 4 - 2　原木进口主要来源国

地区	国　家
非洲	加蓬　莫桑比克　喀麦隆　南非　赤道几内亚　坦桑尼亚　马达加斯加　几内亚　刚果　中非　多哥
美洲	美国　加拿大　圭亚那　苏里南
大洋洲	新西兰　巴布亚新几内亚　所罗门群岛　澳大利亚
亚洲	马来西亚　印度尼西亚　日本　缅甸　老挝　泰国　越南　朝鲜
欧洲	俄罗斯　德国　丹麦　荷兰　斯洛伐克　法国　比利时　罗马尼亚　乌克兰

表4-3　锯材进口主要来源国

地区	国　　家
非洲	莫桑比克　加蓬
美洲	美国　加拿大　巴西　智利　秘鲁
大洋洲	新西兰　澳大利亚
亚洲	朝鲜　马来西亚　印度尼西亚　缅甸　泰国　菲律宾　老挝　越南
欧洲	俄罗斯　罗马尼亚　德国　意大利　法国　芬兰　奥地利　瑞典

表4-4　单板进口主要来源国

地区	国　　家
非洲	加纳
美洲	美国　加拿大　巴西
大洋洲	新西兰　巴布亚新几内亚
亚洲	马来西亚　柬埔寨　印度尼西亚　韩国　越南　缅甸　日本　泰国
欧洲	德国　意大利　法国　俄罗斯　西班牙

4.2.2.2　木材进口来源地的集中程度

在来源国数量增加的同时，来源地的集中程度也随之发生变化。本书采用HHI指数来反映中国木材进口来源地的集中度，该指数是测量产业市场集中度指标中较好的一个，被经济学界和政府管制部门使用较多。观察图4-6可发现，我国木材进口的HHI指数整体上经历了先缓慢下降后逐渐上升的波动趋势。具体来看，HHI指数在2000—2010年从0.323下降到0.179，进口来源地集中程度一直在下降，来源地过于集中的潜在风险明显下降，但这并不等同木材进口风险降低，HHI指数只能反映木材来源的多样性，而多样性与风险并不等价。2011年以后这一指数开始有所回升，这种上升趋势在很大程度上与主要进口来源国颁布的限制出口量政策有关。

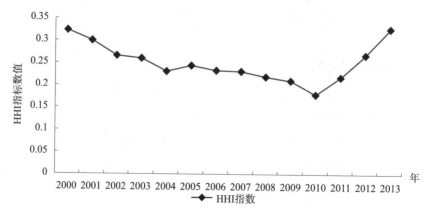

图4-6 中国木材进口来源地 HHI 指标及变化趋势

4.2.3 中国木材进口的进口依赖性和来源国的风险特征

中国木材进口量逐年上升，在增加进口来源地的同时从来源国的进口量也在不断增加。2000—2007 年，中国从俄罗斯、马来西亚、美国、新西兰四国进口木材的比重从 49.9% 升至 72.2% 。出口国的木材出口量占我国木材年进口量的一半以上，这导致出口国的木材出口政策很容易影响我国木材进口情况，更有甚者可能会控制我国木材进口局面。因此，即使中国木材进口的 HHI 指数在不断下降，但对主要进口国的依赖性却未下降，木材进口来源地的风险并没有降低。

进口依赖性反映国内产业的生存和发展对国外进口产品的依赖指标。产业的进口依赖性越高，说明该产业受国际市场的影响越大。一般来说，进口国从一国进口商品的比重越大，对该国的进口依赖性越高。但在实际贸易中，进口依赖性是由贸易双方共同确定。进口依赖性的计算受进口国进口额占出口国出口额比重和出口国产量占世界总产量份额的双向影响。若要计算我国木材进口的对外依赖性，首先，需要确定我国从某国进口木材的数量在我国木材年进口总量中的比重，体现了我国对出口国的依赖性；其次，明确我国从该国进口木材所支付价款占该国木材出口收入的比重，反映出口国对我国的依赖性；最后将该出口国木材出口量占世界木材出口量比重与进出口交易双方的依赖性相结合，得出综合的进口依赖性评估结果。根据以上方法计算的我国原木、锯材和单板对主要进口国的依赖性如表4-5，表4-6，表4-7所示。

　　由表4-5可知，俄罗斯几乎垄断了我国原木进口市场。我国对俄罗斯原木进口的依赖性系数总体呈下降趋势，在2000年和2007年分别是0.42和0.36，主要原因在于森林资源丰富的俄罗斯采取开放不加限制的木材出口政策，有利于两国木材进出口贸易。与此同时，对新西兰的进口依赖性不断上升，到2013年年底，进口依赖系数达到0.036，与俄罗斯相差无几。在锯材和单板进口方面，我国对主要进口国的依赖性都经历了先上升后下降的趋势。不难发现，我国木材对主要进口国的进口依赖性虽然在降低，但依赖程度依旧较强而且波动较大，这种情形导致出口国的国内不稳定因素很容易传导到我国，给我国木材进口带来一定风险，影响木材行业的发展。

表4-5　原木进口依赖系数

进口国	2000年	2007年	2009年	2013年
俄罗斯	0.415742	0.362006	0.125975	0.037941
新西兰	0.017183	0.004178	0.020291	0.036471
马来西亚	0.022613	0.002950	0.005194	0.001027

表4-6　锯材进口依赖系数

进口国	2004年	2007年	2009年	2013年
俄罗斯	0.002488	0.005941	0.361294	0.173620
美国	0.063504	0.071037	0.040251	0.026513
加拿大	4.221144	0.002418	0.982625	0.545878
泰国	7.475481	0.000222	0.003991	0.001886

表4-7　单板进口依赖系数

进口国	2004年	2007年	2010年	2013年
俄罗斯	0.000315	0.004092	0.14004	0.033756
意大利	0.010006	0.026829	0.008233	0.11244

第五章　农林产业对外
直接投资的动因与福利分析

本章的主要目的是在前文的理论基础和实践基础上，验证本书的前提假说，即证明中国农林对外直接投资的必要性与可能性。在当前农林资源全球性配置的背景下，我国农林产业走与国际市场衔接、共享国内外资源的外向型发展之路已成为大势所趋。然而，已有理论并不能对中国农林产业对外投资的命题提供支持，原因在于已有经典投资理论中的投资母国多为发达国家，而中国是一个发展中国家，同时经典理论中的投资主体多为第二产业和第三产业，而农林产业作为一个弱质产业，其投资规律与制造业明显不同。因此，本章拟针对中国农林产业投资命题的特殊性，突破传统跨国投资理论的限制，把中国农林产业作为发展中国家弱质产业的代表，提出具有一定普遍适用性的投资动因结论。

本章研究的技术路线如图 5 - 1 所示。本章将采用规范分析结合仿真模拟分析的方法，首先从基本供求分析出发建立农林产业对外投资动因机制模型，以此分别解释资源寻求型和市场寻求型两种类型的投资动因，然后对对外投资量增加后的福利效果进行分析，分析将从对价格、生产效率和进口依存度的影响三方面展开，从而进一步揭示农林产业"走出去"的必然性。然后，本章拟对规范分析的结论进行验证，因为实证数据的缺乏使实证检验受到限制，所以本章将运用经济控制论原理，采用模拟仿真的方法进行验证。仿真验证部分将与规范部分相对应，针对资源寻求型和市场寻求型两种对外投资分别展开。最后，本章将给出两种类型的农林产业海外投资的企业案例。

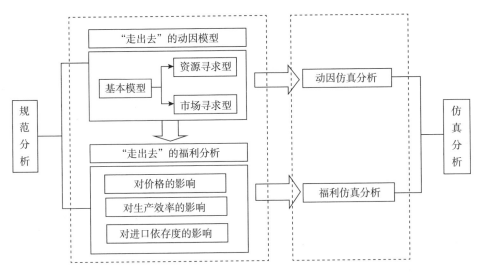

图 5-1 农林产业对外投资动因与福利分析的技术路线

5.1 农林产业海外投资动因分析

农林产业作为国民经济的基础产业对支撑国际经济高速发展、维持社会稳定都起着重要的作用。农林企业作为农业的微观主体有着自身的特殊性，如对自然资源的依赖性强、产品的生产周期长、对国家经济发展和安全影响大。农林产业企业在利用本国农林产业资源的同时，应积极利用海外资源满足我国经济高速发展的需要。从 2007—2017 年经济波动来看，能源产品与农产品价格的增长传递给下游产业使我国面临着严重的通货膨胀压力。从农产品供求来看，我国农林产品供求总体平衡偏紧，部分产品需要大量进口。如大豆、木材对外依存度越来越高，国际玉米价格的波动剧烈，国内生物燃料和玉米深加工业的快速发展拉动了国内玉米的需求，进一步抬高价格。国民经济的快速发展对农林产业提出了更高的要求，但是部分农林产业资源很难满足经济发展的需要，同时一些农林产品又具有比较优势，这样形成了我国农林产业海外投资既有资源寻求型，又有市场寻求型的两元化趋势。本章将对我国农林产业进行海外投资的动因进行解释，分析资源寻求型投资和市场寻求型投资发生的情况。

现有的企业海外投资理论更多地针对工业企业和服务型企业，对于农林产业的分析较少。我国的农林产业在国内还处于弱势地位，正处于逐步向机械化过渡的阶段，比较优势不明显、也不具备垄断优势，在这种情况下我国的农林产业海外投资发展缓慢，比例长期维持在总量的 1%～3%，总量随着我国海外投资的增加缓慢增长。本章将考虑农林产品的供给和需求分析来解释企业海外投资的动因。

5.1.1 模型基本假设

农林产品的需求量是由供给和需求共同决定的，我们将在此分析框架下分析我国农林产业海外投资的可能性及动因。下面我们对供给和需求分别给予界定。

农林产品的需求可分为两部分：一部分用于满足人类的消费，农林产品的生产应该能满足现有人口和新出生人口的食物等基本要求。这是农林产品生产的最基本要求，食物等消费所占的比例会随着工业化进程而减小。我国现在人均每年消费农林产品约 300 千克，随着经济的增长直接作为食物消费的农林产品在减少，而饲料等经过加工的农林产品消费数量在增加。在此假设农林产品的人均消费量为 ρ，则全国人口共消费某种农林产品为 $Q_N^d(t) = \rho N(t)$，其中 $N(t)$ 为 t 时刻我国的人口数量。我国人口增长率约为 ϕ（我国的人口增长率长期维持在一个相对稳定的范围内），则 t 时刻我国的人口为 $N(t) = \phi N(t-1)$。

农林产品的另一部分需求是工业加工需要。很多农林产品有多种用途，如玉米既是生物燃料生产的主要原料，又是纤维纺织、葡萄糖生产的原材料；木材既是建筑材料，又是家具和造纸的原材料等。这类需求与农林产品加工业的投资有关。例如 2006—2008 年由于原油价格的上涨，使得原油的替代品生物燃料的需求增加，大量的资金涌入生物柴油加工行业导致对玉米需求急剧增加，使国际玉米的期货价格快速增长。因此我们在此假设工业加工对农林产品的需求是关于投资的函数 $Q_I^d(t) = f(k_1(t))$，其中农林产品加工业的投资是关于 GDP 的一个函数：$k_1(t) = \gamma Y(t-1)$，则 $Q_I^d(t) = f(\gamma Y(t-1))$。为了分析的简便，让该农林产品的工业需求函数为一个线性函数：$Q_I^d(t) = \overline{A} + A_1 \gamma Y(t-1)$。其中经济增长率为 φ，则 t 年的 GDP 为：$Y(t) = \varphi Y(t-1)$，因为自新中国成立以来经济增长率长期维持一个较为稳定的水平，尤其是在改革开放后每年我国的 GDP 增长 7% ~ 12%。农林产品的需求同时还受到价格的影响，根据价格规律，当价格越高时农林产品的需求量会减少，反之会增加。因此我们认为当期农林产品的需求受到上一期产品价格的影响，如果上一期产品的供给大于需求，则说明产品的价格低于均衡价格，这样下一期会增加需求；反之，则减少需求，即 $\dfrac{\partial P(t)}{\partial Q^d} > 0$，$\dfrac{\partial P(t)}{\partial Q^s} < 0$。

　　当期产品的价格：$P(t) = g(Q^d(t-1), Q^s(t-1))$

　　令 $P(t) = a_1 Q^d(t-1) - a_2 Q^s(t-1)$

　　农林产品总需求：

$$Q^d(t) = \overline{A} + \rho\varphi N(t-1) + A_1\gamma Y(t-1) + A_2 a_1 Q^d(t-1) - A_2 a_2 Q^s(t-1) \qquad (5-1)$$

　　上面我们分析了农林产品的需求，下面我们将分析农林产品的供给。在此我们认为农林产品的供给是国内供给，没有进出口。农林产品的供给由产品的生产决定。在此，需要对产品的生产函数进行分析。农林产品生产函数为：$Q^s(t) = z(n(t), k_2(t), R_t)$；农林产品生产从业人数为：$n(t) = \delta N(t-1)$，从事该种产品的人数是上一期人口总数的一部分；产品生产投资为：$k_2(t) = \eta Y(t-1)$，是上一年 GDP 的一部分；R_t 为本国生产该产品所拥有的自然资源。A 为总需求函数中各自变量的系数，B 为总供给函数中各自变量的系数。

　　这样，产品的供给函数为：

$$
\begin{aligned}
Q^s(t) &= \overline{B} + B_1 n(t) + B_2 k_2(t) + B_3 P(t) \\
&= \overline{B} + B_1\delta N(t-1) + B_2\eta Y(t-1) + B_3 a_1 Q^d(t-1) - B_3 a_2 Q^s(t-1) \qquad (5-2)
\end{aligned}
$$

5.1.2　农林产品供给和需求均衡

　　当农林产品的供给和需求相等时，市场达到均衡。

$$
\begin{cases}
N(t) = \varphi N(t-1) \\
Y(t) = \varphi Y(t-1) \\
Q^d(t) = \overline{A} + \rho\varphi N(t-1) + A_1\gamma Y(t-1) + A_2 a_1 Q^d(t-1) - A_2 a_2 Q^s(t-1) \\
Q^s(t) = \overline{B} + B_1\delta N(t-1) + B_2\eta Y(t-1) + B_3 a_1 Q^d(t-1) - B_3 a_2 Q^d(t-1)
\end{cases} \qquad (5-3)
$$

也可以表示为：

$$
\begin{bmatrix} N(t) \\ Y(t) \\ Q^d(t) \\ Q^s(t) \end{bmatrix} = \begin{bmatrix} \phi & 0 & 0 & 0 \\ 0 & \varphi & 0 & 0 \\ \rho\varphi & A_1\gamma & A_2a_1 & -A_2a_2 \\ B_1\delta & B_2\eta & B_3a_1 & -B_3a_2 \end{bmatrix} \cdot \begin{bmatrix} N(t-1) \\ Y(t-1) \\ Q^d(t-1) \\ Q^s(t-1) \end{bmatrix} + \begin{bmatrix} 0 \\ 0 \\ \overline{A} \\ \overline{B} \end{bmatrix} \quad (5-4)
$$

则方程的特征根为：

$$
\begin{bmatrix} \lambda_1 \\ \lambda_2 \\ \lambda_3 \\ \lambda_4 \end{bmatrix} = \begin{bmatrix} \phi \\ \varphi \\ 0.5[A_2a_1 + B_3a_2 + (A_2^2a_1^2 - 6A_2B_3a_1a_2 + B_3^2a_2^2)^{0.5}] \\ 0.5[A_2a_1 + B_3a_2 - (A_2^2a_1^2 - 6A_2B_3a_1a_2 + B_3^2a_2^2)^{0.5}] \end{bmatrix} \quad (5-5)
$$

由于我国人口和经济的增长率都大于 1，所以该产品供给和需求系统是不稳定的。

当 $\lambda_3 \leqslant 1$，$\lambda_4 \leqslant 1$ 时，说明产品会随着时间趋向于均衡点，此时国内的产品供给和需求相等，并将长期维持该均衡的状况；当 $\lambda_3 > 1$，$\lambda_4 \leqslant 1$ 时，国内产品的需求会随着经济发展、人口增长和价格的变化使需求偏离均衡情况，而国内产品的供给将趋向于均衡，可以认为该产品的生产已经达到该国所有生产资料所能生产出的最多的产品。反之，$\lambda_3 \leqslant 1$，$\lambda_4 > 1$ 说明国内产品的需求在经济、人口、价格变化后将渐近于一个均衡的状态，而国内产品的生产因为投资、从业人数的增加或是价格的作用将偏离初始位置。

当国内的需求不能满足本国产品时将会发生进口，反之，该国的产品将会出口。因此，净出口额为：$NX(t) = Q^d(t) - Q^s(t)$。当 $NX(t) > 0$ 时，该国进口了农林产品；$NX(t) < 0$ 时，该国出口了农林产品；而当 $NX(t) = 0$ 时，该国农林产品实现均衡。我们依然可以从需求和供给的特征值判断净出口额的状况：当 $-1 < \lambda_3 - \lambda_4 < 1$ 时，长期来看产品的净出口额会趋向于稳定，最终实现国内需求与供给的均衡；当 $\lambda_3 - \lambda_4 > 1$ 时，说明净出口额会增加，国内的供给可能因为资源或是技术原因不能满足国内的需求，长期净出口将会增加；当 $\lambda_3 - \lambda_4 < -1$，此时国内的供给量将大于需求量，将会有大量的产品出口到其他国家。

在分析了净出口后，下面将根据特征值的情况对农林产品的价格进行分析。$P(t) = a_1 Q^d(t-1) - a_2 Q^s(t-1)$，$a_1$ 和 a_2 为需求和供给对价格的影响程度。因此，当 $-1 < a_1\lambda_3 - a\lambda_4 < 1$ 时，产品的价格会趋向一个均衡价格，并维持在该价格上；当 $a_1\lambda_3 - a\lambda_4 > 1$ 时，因为长期的需求大于供给，产品供给的长期价格趋向于增长；当 $a_1\lambda_3 - a\lambda_4 < -1$ 时，产品的长期供给大于需求，该产品的长期价格将会下降。表 5-1 和表 5-2 总结了上述几种情况。

表 5-1 农林产品供求与进出口的关系

特征值	净出口变化趋势	变化速度	方向	原因
$-1 < \lambda_3 - \lambda_4 < 1$	$NX \to 0$	$\mid \lambda_3 - \lambda_4 \mid < 1$	正、负	供给能力与需求能力平衡
$\lambda_3 - \lambda_4 > 1$	$NX \to +\infty$	$\mid \lambda_3 - \lambda_4 \mid > 1$	正	国内技术、资源不能承载需求的增长
$\lambda_3 - \lambda_4 < -1$	$NX \to -\infty$	$\mid \lambda_3 - \lambda_4 \mid > 1$	负	国内在技术、资源或是投资规模上有优势

表 5-2 农林产品供求与价格的关系

特征值	净出口变化趋势	变化速度	方向	原因
$-1 < a_1\lambda_3 - a\lambda_4 < 1$	$P \to P^*$	$\mid a_1\lambda_3 - a_2\lambda_4 \mid < 1$	正、负	供给能力与需求能力相平衡
$a_1\lambda_3 - a\lambda_4 > 1$	$P\uparrow$	$\mid a_1\lambda_3 - a_2\lambda_4 \mid > 1$	正	需求大于供给能力
$a_1\lambda_3 - a\lambda_4 < -1$	$P\downarrow$	$\mid a_1\lambda_3 - a_2\lambda_4 \mid > 1$	负	需求小于供给能力

5.1.3 农林产品海外投资动因机制

上面分析了农林产品的供求关系、净出口和价格，在本节我们将分析农林产业海外投资的可能性。传统的海外投资理论多侧重于产业优势理论，强调国内企业在所投资行业具有比东道国更低的成本或是技术上的优势。然而，实际情况是进行海外投资既可能因为本国产业具有优势，也可能因为国内资源不能满足本国农林生产需要。这就把农林产业的海外投资分为市场寻求型和资源寻求型两类，我们将利用以上模型分析这两种投资发生的情况。

当 $\lambda_3 - \lambda_4 > 1$ 时，净出口额 $NX(t) > 0$，此时产生超额需求，农林产品的价格 $P(t)$ 上升，但是国内产品的生产却满足不了国内的需求。海外可用的投资额为：$I(t) = P(t)NX(t)$，并且投资额随着价格和净出口额的增加而增加。在这种情况下，存在资源寻求型投资动机。反之，当 $\lambda_3 - \lambda_4 < 1$ 时产生超额供给，价格下降。海外投资额为：$I(t) = P(t)NX(t)$（剩余资本），存在市场寻

求型投资的动机。存在海外投资的动机并不代表实际投资行为的发生。虽然海外投资能给整个产业带来更多的收益，但是存在很多因素导致这种投资行为并没有发生。

在很多情况下，对农林产品进行海外投资要优于进口或是出口，但是由于海外投资存在较大的经营风险和壁垒，很多情况下投资行为并没有发生。

（1）关税对农林海外投资的影响

我国对农林产品的平均关税率为 15.2%，部分急需的农林产品税率更低。只要国外农林产品的价格加上运输成本，加上关税低于本国农林产品的价格，此时进口将比海外投资的成本低。设国际农林产品价格为 P^w，运输成本为 C，从价税税率为 s，农林产品的进口费用为：$E = (P^w(1+s) + C)Nx(t)$。进口价格 $P' = P^w(1+s) + C$，当 $P' < P(t)$ 时，显然进口所需的费用要比进行海外投资的少，整个产业更倾向于进口产品；当 $P' > P(t)$ 时，产品进口的费用大于进行海外投资的费用，此时企业才有进行海外投资的动机。

（2）风险对海外投资的影响

我国更倾向于农林产品的进口，很大程度上是由于海外投资的高风险。企业进入海外市场不管是资源寻求还是市场寻求都面临更大的风险成本，这样当剩余资本 $I(t) = P(t)NX(t)$ 小于海外投资所需的资本与风险成本之和时，整个产业就没有动力进行海外投资；反之，企业才能"走出去"寻求资源或是市场。

5.2　农林产业海外投资福利分析

不管是国内农林产品的供给不能满足需求时进行资源寻求型投资，还是国内农林产品供过于求时进行市场寻求型投资，都能提高整个社会的福利。进行资源寻求型投资，企业将获得海外农业资源提高生产效率；进行市场寻求型投资，能把国内具有高生产效率的农林产品带到国际市场以获得更高的收益。同时，资源寻求型投资不仅可以提高整个产业的生产效率，还能降低对海外农林产品的依赖程度。农林产业的海外投资在福利、生产效率、国家安全方面有着重要的作用。

5.2.1　资源寻求型农林海外投资福利分析

资源寻求型农林海外投资的目的是获得急需的农林资源或是替代需要大量进口的农林资源。资源寻求型的农林投资主要会对农林产品的价格、经济增长、农林产品的对外依存度产生影响。

（1）资源寻求型农林投资对价格的影响

如果能在海外市场获得充足的农林资源用来生产所需的产品，就会改变农林产业供给方程的特征值 λ_4，这样产品的价格为：$P(t) = a_1 Q^d(t-1) - a_2 Q^s(t-1)$，在供给方程特征值 λ_3 不变，供给曲线的特征值 λ_4 增加到 λ_4' 后，产品价格的特征方程的特征值变小，长期内产品价格增长的趋势将减缓。则海外投资带来的收益为：$\prod = (P - P')NX(t)$。进而价格的降低减少了对产品的支出，同时能减轻长期由产品需求大于供给带来的通货膨胀压力。

（2）资源寻求型农林投资对产品生产效率的影响

资源寻求型的海外投资对生产效率的影响主要表现在外生变量和内生变量两个方面。内生变量方面主要是对农林资源的供给量的影响，资源寻求型投资增加了所需的农林资源；外生方面主要是改变了产品生产函数，表现就是改变了供给函数的特征值。这两个方面都提高了国内农林产品的投入产出比。

（3）资源寻求型农林投资对农林产品进口依存度的影响

农林产品的进口依存度 = 进口数量/需求总量，即 $\omega(t) = NX(t)/Q^d(t)$。资源寻求型投资对净出口方程的特征根产生影响，海外投资额越大，进口产品的数量就越小，供给方程的特征根也越大，这样净进口方程的特征根就越小，在需求不变的情况下，对外依存度就变小。表 5-3 总结了这种影响。

表 5-3　资源寻求型投资对进口依存度的影响

对外投资额	供给特征根	净进口特征根	需求特征根	对外依存度变化
$I \nearrow$	$\lambda_4 \nearrow$	$\lambda' \searrow$	λ_3 不变	$\omega(t) \searrow$
$I \searrow$	$\lambda_4 \searrow$	$\lambda' \nearrow$		$\omega(t) \nearrow$

5.2.2　市场寻求型农林海外投资福利分析

市场寻求型投资的主要目的是把具有优势的农林产品输往海外市场，海外投资可以规避东道国设置的各种贸易壁垒。企业选择对外贸易还是海外投资跟福利直接相关。

（1）市场寻求型投资减少关税和非关税壁垒的影响

企业进行海外投资能有效地避免东道国的关税和非关税壁垒，更好地占领东道国市场，但是从海外投资获得收益还必须减去在投资时的风险损失。如果最后的净收益是大于零的，此时对外投资将成为现实，企业获得收益。海外投资的福利更多地将受到东道国环境的影响，存在很大的不确定性。

（2）市场寻求型投资释放国内剩余的生产能力

市场寻求型企业通常在整个行业拥有成本优势或是具有垄断优势，在国内市场很难容纳这些优势。海外投资把这些优势转移到东道国，提高了东道国在该产业的生产能力，同时为本国过剩的生产能力找到合适的市场，降低市场竞争程度，提高企业的收益。

5.3　农林产业海外投资动因的模拟分析

农林产业进行海外投资的动因是由国内农林产品市场供求决定的。本章的前半部分从规范的角度分析了农林企业"走出去"的可能性和前提条件。由于我国企业海外投资刚刚起步，很多具有"走出去"条件的企业还没有"走出去"，尤其是资源寻求型的投资目前不管在数量上还是规模上都还处于上升阶段。这给建立验证模型带来了难度，我们将采用仿真技术模拟资源寻求型和市场寻求型投资产生的情况、福利状况以及可能的对外投资额，然后利用部分数据验证模拟的结果，为海外投资政策的制定提供依据。

5.3.1　农林产品供给与需求仿真变量分析

本节我们将对模型中的值进行估计，根据估计的数值来模拟农林产品的供求状况、进出口额与价格，分析福利情况和海外投资发生的具体情况。

首先是人口与 GDP 的确定。从 1982 年我国把计划生育作为基本国策后，人口增长率维持在一个较低的水平，并且增长率出现缓慢下降的趋势。确定模型中人口增长率 ϕ = 均值 + 系数 × 标准差（其中，系数大于 0 且小于 1，在此设定为 0.2)，则人口增长率为 0.011758175。我国 GDP 长期保持着较高并且稳定的增长速度，因此模型中的 GDP 增长率 φ = 均值 + 系数 × 标准差，则模拟得到的经济增长率为 0.0971。模拟分析变量表如表 5 - 4 所示。

表 5 - 4　模拟变量表

变量	数值	变量数值	数值
GDP	增长率 φ = 1.0971	人口	人口增长率 φ = 1.0117
GDP 初值	3645.2 (单位：亿元，1978 年)	人口初值	96259 (单位：亿元，1978 年)
需求曲线		供给曲线	
人均农林产品消费 ρ	0.3 (吨)	农林产业人均贡献率 B_1	3
工业加工业投资 γ	3%	农林产业从业人口比率 δ	3%
		农林产业投资率 η	8%
单位工业投资对 农林产品需求量 A_1	8	农林产业投资的单位贡献率 B_2	7
需求对价格反应 A_2	2	供给对价格的反应 B_3	3
价格曲线参数			
需求对价格贡献 a_1	0.00007	供给对价格贡献 a_1	-0.00005
$\overline{A}$	10000	$\overline{B}$	13000

其次是农林从业人口与投资率的确定。农林投资约占财政收入的 8%[1]，农林固定资产投资占全社会固定资产投资的比例呈现明显的下降趋势。除 20 世纪 80 年代前三年这一比例在 10% 以上外，其余各年均未达到 9%。其中，1985—1990 年的 6 年中，基本是在 7% 和 8% 之间徘徊，而在 1992 年以后，大致在 4% ~6% 波动[2]。因此，把农林投资比率设定为约 8%。农林的从业人口在改革开放后的 20 年降低了 20%，约占全国人口总数的 30% 左右。在此我们设定农林从业人口比率为 30%。

5.3.2　农林产品供给与需求模拟过程

为了分析的简便，我们去掉了外生因素，只考虑内生因素的变动。由

---

[1] http：//www.eeo.com.cn/eeo/tzzb/2008/10/20/116604.html.

[2] http：//www.agri.gov.cn/jjps/t20021210_33915.htm.

表 5 - 4 可以得出两个系数矩阵。

$$系数矩阵: A = \begin{bmatrix} 1.012 & 0 & 0 & 0 \\ 0 & 1.097 & 0 & 0 \\ 0.329 & 0.24 & 1.4 & -1 \\ 0.42 & 0.56 & 2.1 & -1.5 \end{bmatrix}; \quad 外生因素 \ B = \begin{bmatrix} 0 \\ 0 \\ 10000 \\ 12000 \end{bmatrix};$$

$$初始状态: \begin{bmatrix} N(1) \\ Y(1) \\ Q^d(1) \\ Q^s(1) \end{bmatrix} = \begin{bmatrix} 96259 \\ 3645 \\ 10000 \\ 13000 \end{bmatrix}。初始价格为: 20。$$

利用本章的农林产品供求闭环模型进行模拟。模型的模拟式借助 MATLAB 完成, 这个过程分为两个步骤:

(1) 判断离散农林产品供求系统的稳定性。以此来判断该系统的基本发展趋势, 以及系统的稳定状态。

(2) 利用迭代法仿真农林产品的国内供求关系。在这个过程中分别对农林产品的供给量、需求量、GDP、人口、价格、净进口额、进口对外依存度进行仿真, 得出 50 年的仿真结果, 以此验证前述理论模型。

(3) 在仿真过程中加入需求内生冲击和外生冲击, 在此对农林产品的供求关系进行仿真。对比冲击前后给农林产品的供给和需求带来的影响 (具体模拟程序见附录 4 - 1)。

5.3.3　模拟结果分析

在本章已有的分析中对农林产品的需求和供给的稳定情况进行了分析, 从理论的角度解释了我国农林产品的供求与海外直接投资的关系。因为我国的农林产业海外直接投资起步晚、数据少, 很难通过实证分析的方法去验证供求与投资间的关系, 所以采用了仿真模拟技术来说明产品的供求变化和导致海外投资的可能性。这种方法能比较直观地理解离散的控制模型, 对趋势变化能较好地展示。

本书仿真程序模拟的结果如图 5 - 2 ~ 图 5 - 5 所示。在模拟中, 我们分析了农林产品的供求引起的价格、进出口、对外依存度等变量。分析了由外生的变量引起的需求增加只能减缓价格的降低和出口的减少；而由农林产品下游产业所导致的供给冲击不仅能延缓价格下降甚至能提升价格，使供求关系发生彻底变化（见图5-2和图5-5）。我国正处于因产业结构和居民消费结构变化引起的需求冲击导致部分自然资源供给不足，致使农林产品由基本满足需求到依赖进口的过程。

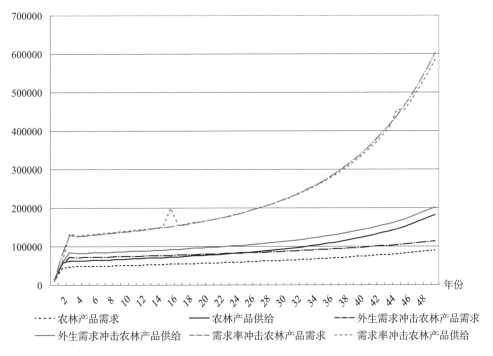

图5-2　农林产品供给仿真结果

注：此图表示各变量连续50年的模拟数值变化情况，年份为从第1年到第50年。以下图同。

（1）资源寻求型投资的可能性分析

进行资源寻求型投资的主要目的就是满足国内对农林产品的需求，减少对进口的依赖性。从模拟数据来看（见图5-5），随着我国经济、人口的增长，部分农林产品的生产能力已经完全发挥出来，逐步地由出口国转变为进口国。更严重的是有些产品的对外依赖度已经很高，例如木材和大豆都已经达到30%以上，这样便形成我国农林企业进行资源型海外投资的必要条件。但是由于国外农林产品价格低，具有很强的竞争力，所以我国更多是依赖进口解决国内的供需缺口。这打击了农林企业进行海外资源寻求型投资的积极性，导致这

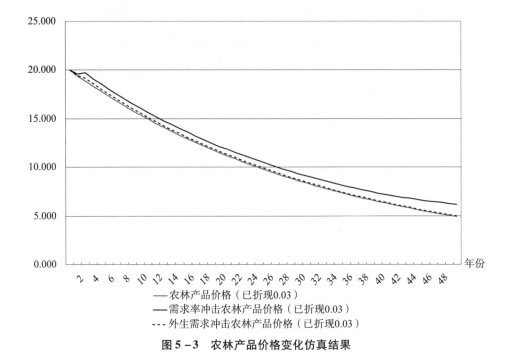

图 5-3 农林产品价格变化仿真结果

种类型的海外投资动力不足。因此，资源寻求型农林投资更主要的目的是解决国内农林产品安全问题，而不是解决供需矛盾。从长远来看，国内资源的不足必然引起价格的上升（见图5-3），提高本国农林产品的进口依存度（见图5-4），所以资源寻求型投资更偏重于达到政府稳定物价、保障供给的职能。

我国资源寻求型农林投资已处于初级阶段。目前资源寻求型海外投资越来越多。有些农林产品如大豆、木材已经具备了海外投资的条件，而现阶段进口的风险和成本低于投资的风险和成本，对这些产品，我们采取的是投资获取和进口获取并举。同时，国家政策给予这种投资的支持越来越多。随着我国与"一带一路"国家的合作更加广泛和深入，我国企业赴"一带一路"国家进行资源寻求型投资也将成为常态。随着经济的快速发展，对农林产业也提出了更高的要求，农林资源也会像石油等矿产资源一样成为海外投资的热点。

（2）市场寻求型农林投资的可能性分析

市场寻求型农林投资要求本国农林产业具有优势，这种优势既可以是绝对优势，也可以是比较优势，或是用产品的生命周期理论、垄断优势理论解释的

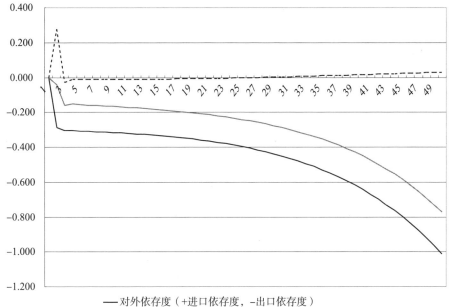

图 5 - 4　农林产品对外依存度仿真结果

优势。市场寻求型资本输出的农林行业，其供给能力必然能基本满足甚至超过本国的需求，否则很难说明形成这种优势的来源。即如果连本国的需求都不能满足，那么这种优势就无从得来。通过模型的理论分析我们得出：市场寻求型的农林海外投资一般都起源于农林的出口贸易，然后再发展到跨国投资。因此，本国充足的农林产品供给是市场寻求型的必要条件。但是，有充足的农林产品供给并不代表着一定会发生海外投资，农林相关产业的海外投资受到多种因素的影响，下面通过模拟数据来说明市场寻求型投资发生的具体情况。

　　从图 5 - 2 中没有发生需求冲击的农林产品需求曲线和农林产品供给曲线可以看出，该种农林产品具有很强的生产能力，随着时间的变化，这种生产能力有扩大的趋势，说明该国在这种产品生产上具有超额的生产能力。在没有出口的情况下，这种生产优势带来的是该产品价格呈现下降趋势（见图 5 - 3 中的价格曲线）。在国际市场上农林产品的价格高于本国价格时，该国可以出口这种农林产品以消耗掉过剩的生产能力。但是，这使该产品的出口依赖性增加。从图 5 - 4 中的进口依存度曲线可以看出，随着这种生产优势的发挥，出

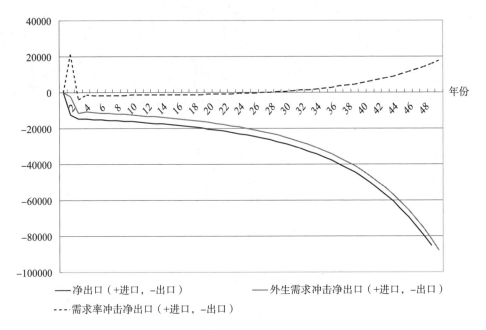

图 5-5 农林产品进口额仿真结果

口的农林产品占本国消费的比重越来越大，50 年出口获得的收入高达 13604000 元。生产能力上的优势导致大量农林产品出口，为进行海外投资提供了可能性。但是海外投资的发生还依赖一定的外在条件，如本国关税、农林产品进口国进口政策、进口国农林产业政策等。当该农林产品出口到东道国仍然具有优势时，企业是没有动力进行海外投资的；反之，企业才会进行投资。

我国具有优势的农林企业并没有出现大规模海外投资就是因为这些外部条件还不成熟。首先，我国农林企业的实力较弱，抗风险能力差。不管是种植业还是加工业，其企业规模还很小，很难承担海外投资的风险和成本，而进行海外投资反而削弱了其优势。其次，我国具有廉价的劳动力，我国农林生产的优势之一在于劳动力廉价且供给充足，企业利用廉价的劳动力便可以获得市场上的竞争优势。最后，政府颁布了较强的出口鼓励政策。农林产品出口曾经是我国重要的外汇来源，即使在今天农林产品的出口仍然享有很多的税费优惠，减轻了农林企业的负担，并扩大了优势。

随着我国经济的高速发展，城市化进程的加快必然导致对农林产品需求量的增加和需求结构的改变。因为加工业对农林产品需求的增加导致从农林产品的出口国变为进口国，所以我国农林产业发展的一个趋势就是随着经济的发展使得我国部分农林产品的优势逐渐减弱，导致出口减少、进口增加。这种情况最明显的例子就是生物燃料产业的发展，使我国从玉米的出口国变成净进口国。农林企业发展的另一个趋势是，随着竞争的加剧使我国农业加工企业的竞争能力增强、国内利润下降，为寻求更高的收益而进行跨国投资。该趋势在我国的饲料产业表现得尤为突出，我国的饲料产业经过一段时间的发展已经具备了参与国际竞争的能力，在规模、生产能力、成本上都具有优势。四川的饲料企业纷纷"走出去"到东南亚国家投资，投资总额已达几十亿美元。

5.3.4　海外直接投资福利仿真分析

本书已经从理论的角度说明了海外直接投资能够改善本国的福利状况。本节将利用模拟数据分析资源寻求型和市场寻求型两种类型投资对福利的影响。

（1）资源寻求型投资对福利影响的仿真分析

理论分析认为资源寻求型投资对福利的影响表现在对农林产品供给安全和降低价格所带来的福利。首先分析资源寻求型投资对进口依赖度的影响。从图 5-4 和图 5-5 可以看出，需求的冲击导致了农林产品由出口变成进口。而且，加工业对农林产品需求的冲击作用将会使本国的农林产品进口量增加（见图 5-5），进口依存度也逐步增加。采用完全进口的方式将使农林产品越来越依赖于进口，采用海外投资的方式解决部分产品的需求可以降低进口依赖度，稳定产品的供给。从价格角度分析，加工业引起的对农林产品需求的冲击使得产品的价格有上升的趋势（见图 5-3）。采用进口的方式解决大量产品必然抬高国际市场上产品的价格，引起农林产品进口价格的上涨。资源寻求型投资则使本国增加该种农林产品的资源、提升本国的供给能力，增加了本国供给的产品的数量，供给能力的增加必然引起产品价格的下降从而稳定物价。

（2）市场寻求型投资对福利影响的仿真分析

市场寻求型农林投资的一个必要条件就是本国的农林产品供给多于需求。超额的供给能力必然导致本国产品价格的下降（见图 5-3），大量出口本国的农林产品提升了国际农林产品的供给能力，进一步降低了产品的价格。市场寻求型投资能把国内多余的生产能力转移到合适的国家，通过减少关税、降低运输成本提高本国农林产品的竞争力。企业从事直接投资可从当地获得国民待遇，减少出口带来的倾销、配额、东道国农林补贴的影响，获得更高的经济利润。

农林产业进行海外投资受到多方面因素的影响，本章从产品的供需关系角度分析了存在超额供给是市场寻求型对外投资的必要条件，而超额需求是资源寻求型对外投资的必要条件。由于我国正处于工业化进程中，农业资源从开始基本能满足国内需求向偏紧发展，部分产品由出口转向进口，为资源寻求型农业投资创造了条件。随着农业企业实力的增强，资源寻求型和市场寻求型农业投资将是未来海外直接投资的两条主线。

5.4　农林企业海外投资的案例

根据前文的分析，农业企业的海外投资按照其投资动因可以分为资源寻求型海外投资和市场寻求型海外投资两种类型。两种类型的投资因为其产品生产的要素密集程度和本国资源的禀赋状况而表现出不同的特点。下面本书将给出能够代表这两种类型投资的企业案例，以佐证前述理论结论的存在性。

5.4.1　资源寻求型海外投资案例

资源寻求型海外农林投资的典型案例之一是中国农垦集团的农业对外投资。

中国农垦总公司成立于20世纪80年代初，是隶属于中央国资委的特大型国有农业企业。中国农垦总公司于1994年成立了中国农垦集团，于1997年成为120家国家试点企业之一。中国农垦总公司在境内拥有子公司16家，在海外拥有企业16家，总公司员工规模逾3000人，资产达52亿元。中国农垦集团主要从事农业贸易、服务、农产品生产和加工等领域，经营产品种类多达1000多种，在60余个国家有贸易和投资。

中国农垦集团充分发挥在农业开发领域的比较优势，积极利用海外相关资源，大力开发国外农业项目，为国家提供了大量急需的农业产品，成为我国农林企业对外投资领域的"领头羊"。

中国农垦集团在1996年就开始在柬埔寨进行农业开发，成为当时柬埔寨最大的农业开发企业。中国农垦集团以柬埔寨林业资源和热带经济作物为开发对象，建立了农业综合开发、饮水工程、木材加工等项目。通过柬中国际合作总公司、柬中农业发展总公司，中国农垦集团计划开垦土地 34 万公顷（已经开发 4 万公顷），主要产品有热带水果、桉树、木材等国内急需产品。除柬埔寨外，1990 年，中国农垦集团在非洲的加蓬、多哥、坦桑尼亚等 9 个国家进行农业开发，总计开发土地 1.67 万公顷，为非洲创造了大量就业机会。目前，中国农垦集团在非洲实现产值 2000 多万元，累计生产茶 1800 吨、水稻 5 万吨、大豆 3 万吨、玉米 10 万吨、小麦 15 万吨。2000 年，中国农垦集团为了开发澳大利亚的畜牧资源，在澳大利亚建立了占地 3.07 万公顷的诺拉牧场。

中国农垦集团在海外投资进行农林牧产品的生产主要是利用当地的廉价劳动力和土地资源，例如，其在非洲的项目充分发挥非洲水资源丰富、光照充足、土地肥沃等优越条件，在东南亚主要是利用其热带资源。中国农垦集团将其在海外所生产的大部分农产品运回国内以满足国内的消费需求，如在非洲生产的玉米、大豆等农产品，在越南生产的林木和热带农产品。

中国农垦集团是进行资源寻求型对外直接投资较大的农林企业，所投资的国家多是与我国长期保持友好关系的国家，企业也与当地政府和社会保持了良好的关系，因此不可避免地在投资过程中过多地夹杂着政策性的目的。例如，中国农垦集团在非洲的投资除农产品外，还涉及自来水等福利事业。投资并不仅仅由于单纯的经济目的，很多还带有援助的色彩。投资区域选择上多集中在具有比较优势的亚洲和非洲等地区，投资产业多选择资源性产业。

5.4.2　市场寻求型海外投资案例

市场寻求型海外农林投资的典型案例之一是新希望集团的农林对外投资。

新希望集团连续三年入选中国企业 500 强，是以饲料生产为主的大型企业集团。在全国拥有 50 余家生产企业，年生产能力达到 350 万吨以上，并建立了 20000 个销售网点；新希望集团拥有的资产已经超过 100 亿元，年销售收入逾 200 亿元，员工规模达到 3.5 万人；涉及的业务领域主要有饲料、食品加工、乳业、金融等。多年来，新希望集团形成了以产业经营为核心的产品经营、品牌运作能力，积累了丰富的农业产业化管理经验。

新希望农业股份有限公司是新希望集团的控股公司，它利用在饲料技术、开发、生产、资金和品牌方面的优势，在菲律宾、越南、印度、印度尼西亚等地投资建立饲料生产企业。新希望集团于2005年提出建立"世界级农业企业"战略。

20世纪90年代末，国内饲料市场竞争加剧，市场空间变得越来越小。新希望集团虽然实行了多元化战略，涉足房地产、零售、金融等行业，但是多元化战略并不成功，在2000年相继撤出零售和天然气业务。在此背景下，企业积极推行国际化战略。新希望集团从1996年开始着手进行海外投资，首先用了3年时间对东南亚各国进行了深入的调查研究，当年对越南进行了考察，次年对缅甸中部的曼德勒地区进行了考察，1998年最终选择在越南的胡志明市设立海外工厂——胡志明市新希望饲料有限公司。2001年，新希望集团开工建设了河内新希望公司，在菲律宾邦邦牙省成立了邦邦牙新希望饲料有限公司。新希望海外公司2003年实现扭亏为盈，累计实现利润5000万元人民币。经过8年的发展，新希望海外企业获取的利润已经成为企业重要的增长点，投资总额超过2亿元，在越南、菲律宾、孟加拉等国建成工厂6个。

中国饲料产业逐步发展壮大，行业竞争加剧。2008年中国出口饲料500万吨，进口250万吨，净出口额达到10亿美元。新希望集团国际化战略的实施是在国内饲料企业存在巨大产能的情况下开始的，巨大的潜在产能导致国内市场竞争加剧，使得国内市场收益减少。新希望集团对越南的投资转移了国内部分生产能力，有效防止了国内竞争引起的利润减少。

新希望集团作为国内大型饲料生产企业，在饲料生产和销售环节颇具优势。新希望集团在海外投资时选择的是自己最熟悉的产业，通过把国内的优势产业带到东道国，很容易把国内的成功经验克隆到东道国，因此，在越南的新希望企业很快在当地站稳脚跟并获得良好发展，河内新希望跻身越南北方第三，企业的产量在越南饲料行业排名第五。新希望集团在区域选择上偏好选择发展中国家，尤其是东南亚国家。这些国家与中国接壤，政治、社会、自然、经济环境与中国比较相似，企业进入这些市场的困难相对较小且成本较低。

综上所述，一方面，中国的饲料产业相对比较成熟，相关企业积累了充足的技术、生产和管理经验；另一方面，越南、菲律宾、印度的基础设施、经济发展水平等方面与中国相比还存在不小的差距。因此，在饲料行业具有较强竞争优势的新希望集团可以直接嫁接到这些海外市场并保持竞争优势。

第六章　农林产业对外 直接投资的产业选择

以前述章节为基础，从本章开始，研究将进入农林企业对外直接投资的战略研究部分。

本章研究的主要目的是回答农林企业的"哪些产业走出去"的问题，即农林对外投资的产业选择问题。目前已有的相关研究大都局限于在定性的层面讨论产业选择的原则或基准，缺乏针对实际情况的具体深入分析。本章的研究思路拟突破既有思维定式，从理论和实证两个角度提出对实践具有指导意义的结论。本章研究的技术路线如图6-1所示。具体而言，本章拟从宏观和微观两个视角对农林企业"走出去"的产业选择进行分析。在宏观部分，采用实证研究方法，建立农林对外投资产业选择的实证模型，对我国的大宗农林产品产业进行考察，最终确定农林产业"走出去"的产业与产品范围。在微观部分，采用规范分析方法，将企业海外投资的产业选择行为作为其产业一体化行为的一部分，建立农林企业对外投资的产业链模型，从而对其产业选择的微观机制给予解释。

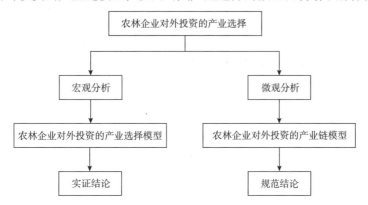

图6-1　农林企业对外直接投资产业选择的技术路线

6.1 农林企业对外直接投资的产业选择——宏观视角

Dunning（1988）研究了经济增长和对外投资的关系，提出了投资发展周期论，即一国的对外直接投资受其经济增长的影响可分为五个阶段。高敏雪、李颖俊（2004）认为：根据 Dunning 的理论，中国已进入投资周期的第三阶段，此时直接资本流出增长快于资本流入。我国学者赵春明、何艳（2002）以及王玉宝（2009）等认为：中国的对外直接投资应遵循边际产业、相对优势、辐射效应和产业结构高度同质化等基准。陈漓高、张燕（2007）从产业结构调整出发，打破三次产业划分法，按照产业地位及其对产业升级的作用提出了对外投资产业选择的基准构架。钟昌标（2001）通过细化投资基准建立了对外投资的产业和区位指标体系，认为我国对外投资应首选皮革制品业、纺织服装业、鞋帽制品业、机械、电子音像设备业和杂项制品业等。郭国云（2008）按照投资动机对投资产业进行了划分，并对每种投资中的产业选择提出了建议。然而，综观现有的研究，可以发现两点不足：第一，研究多以原则和准则的探讨为主，基本未深入操作层面，缺乏结合模型的定量性研究，导致其结论不够具体，对实践的指导性较差。第二，现有研究均以制造业投资为研究对象，针对大宗产品尤其是农林产品投资产业选择的研究尚不多见。然而，大宗产品尤其是农林产品的对外投资是直接投资中的重要组成部分。从生产要素的特征来看，大宗产品对自然资源条件的依赖度较高，其投资动机往往表现为资源寻求型的对外投资。这一点与制造业的对外投资截然不同。因此，如能根据产品的特殊属性提出相应的投资准则，并对其进行具体量化，则可从规范的角度得出大宗产品对外投资的优先次序，解决大宗商品尤其是农林产品对外投资的宏观产业选择问题。本部分将在现有研究的基础上，针对现有研究的不足，以大宗农产品为例，通过建立产业选择的量化决策模型对农林产品对外投资的产业选择问题进行研究。

图 6-2 是本节研究的技术路线。本节将首先确立农林企业对外投资的产业选择基准，并根据该基准遴选可量化的指标。与此同时，结合选择出的产业样本和搜集到的数据，建立农林企业对外投资产业选择指标体系。然后，再对

产业选择的实证方法进行遴选。方法确定后，运用其对产业选择指标体系进行实证计算与分析，最后得出各产业的对外投资指数排序，从而得到对外投资产业的优先次序结论。

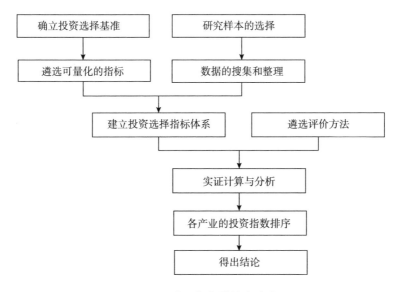

图6-2　宏观视角的技术路线

6.1.1　大宗农林产品对外投资的产业指标体系

Dunning根据企业的投资动机将对外直接投资划分为4种类型：资源寻求型、市场寻求型、效率寻求型、战略资产寻求型。从大宗农林产品生产的要素特征来看，其对外投资多属于资源寻求型投资。鉴于此，投资的产业选择应按照如下基准展开。

（1）资源保证基准

大宗农林产品的生产对自然资源的依赖性很强，尤其是对土地、气候资源的依赖性很强。中国的土地等自然资源的人均占有量大大低于世界平均水平，而随着中国经济的发展，这种资源短缺的形势将会加剧，导致生产成本提高，进口大量增加，从而对国际市场依赖性增强。而大量进口容易受到国际市场价格波动和供给不稳定等因素的影响。从未来发展情况看，农林产品战略性资源的短缺将成为国内经济持续快速发展的重要制约因素，甚至对国家经济安全构成威胁。为了弥补国内资源不足，避免国内经济发展受国际市场波动的影响，必须从国家长远发展的战略需要出发，寻求在国外建立战略性生产供应基地，用对外投资的产出来替代进口。因此，资源保证因素是进行对外投资产业选择时首先应予以考虑的。具体而言，要看哪些产品生产的资源短缺较大，对外依赖度较高。在指标选取时，考虑到要素密集度数据的可得性较差，本书主要采用对外市场依赖度作为资源保证基准的反映。具体而言，采用"进口需求度"反映对外依赖的现状，计算公式为 $MD_i = \dfrac{M_i - X_i}{Y_i}$。其中，$MD_i$ 表示第 i 种产品的进口需求度，M_i 表示第 i 种产品的当前进口量，X_i 表示第 i 种产品的当前出口量，Y_i 表示第 i 种产品的国内当年产品的总产出。很显然，MD_i 是一种产品的净进口与其产出的比值，MD_i 越大，说明其对外的市场依赖度越强，反之则越弱。同时，采用"进口需求趋势"反映对外依赖的动态特征。计算公式为 $MT_i = \dfrac{(M_i - X_i)_t - (M_i - X_i)_{t-1}}{(M_i - X_i)_{t-1}}$。其中，$MT_i$ 表示第 i 种产品的进口需求趋势，$(M_i - X_i)_{t-1}$ 表示第 i 种产品在基期的净进口水平，$(M_i - X_i)_t$ 表示第 i 种产品在报告期的净进口水平。MT_i 越大，说明其对外的市场依赖趋势越强，反之则越弱。

（2）比较优势基准

根据 Heckscher 和 Ohlin 等人的研究，比较优势基准是国际直接投资中的常用基准，一国的对外贸易和投资结果是其比较优势的体现，而比较优势一般是建立在国家要素禀赋的基础之上。H－O 定理表明：在对外贸易中，一国倾向于出口其充裕要素密集型的产品，同时进口其稀缺要素密集型产品。而在资源寻求型产业对外投资时，我们应把比较优势基准反过来用，也就是观察不同产业或产品的比较劣势。哪个产业的比较优势较小，其比较劣势就较大，那么这个产业中密集使用的要素就是稀缺的。当这个产业对国家的发展具有重要战略意义时，则应加强该产业的对外直接投资，从而获取本国长期缺乏的战略性资源。因此，该产业的对外投资是按照比较劣势的大小逆序进行的。

在指标选取时，本书采用国际上衡量资源比较优势的三大指标，即产品的国际市场占有率、国际贸易竞争指数和显示性比较优势指数。具体而言，国际市场占有率通常指国际出口市场占有率，反映了一个国家或地区出口商品在国际市场上的占有份额或占有程度，其在一定程度上体现出这种商品在国际市场中所处地位。其计算公式为：$MS_i = \dfrac{X_i}{X_w} \times 100\%$。其中，$MS_i$ 代表一国第 i 种产品的国际市场占有率，X_i 代表此国第 i 种产品的出口额，X_w 代表世界第 i 种产品的出口总额。国际出口市场占有率越高，其国际竞争力越强；反之，则竞争力越低。

国际贸易竞争指数，也称为 TC 指数，它在一定程度上反映一国某产业的贸易竞争能力，该指标用于表示一个国家某种产品在国际上的净出口优势。计算公式为：$TC_i = \dfrac{X_i - M_i}{X_i + M_i}$。其中，$TC_i$ 表示第 i 种商品的国际贸易竞争指数；X_i 表示第 i 种商品的出口额，M_i 表示第 i 种商品的进口额。则 TC 指数衡量的是一国某种商品的净出口额占其进出口总额的比重。如果一国某产业的进口额很大，而出口额很小，TC_i 接近于 -1，则表明其竞争力很弱；如果一国某产业的出口额与进口额基本持平，TC_i 接近于 0，则表明该产业有一定的竞争能力；如果出口额很大，而进口额相对较小，TC_i 接近于 1，则表明该产业外贸竞争力较强。一般而言，当 TC_i 在 -1 到 -0.5 之间时，该产业的国际竞争力处于绝对弱势阶段；如果 TC_i 在 -0.5 和 0 之间，该产业的国际竞争力处于相对弱势阶段；如果 TC_i 在 0 到 0.5 之间，则该国产品的国际竞争力处于强势阶段；TC_i 在 0.5 和 1.0 之间，则处于绝对强势阶段。

显示性比较优势指数，也称 RCA 指数，用来衡量一国某种商品的显示性比较优势。此指标由匈牙利经济学家巴拉萨最早提出，它与 TC 指数不同，侧重于用一个国家某种商品占其出口总值的份额与世界该类商品占世界出口份额的比例来反映贸易结构与贸易状况。其计算公式为：$RCA_{ij} = \dfrac{X_{ij}/X_{it}}{X_{wj}/X_{wt}}$。在公式中，$RCA_{ij}$ 表示 i 国第 j 种商品的显示性比较优势指数；X_{ij} 表示 i 国第 j 种商品出口值；X_{it} 表示 i 国家所有商品出口总值；X_{wj} 表示世界第 j 种商品出口总值；X_{wt} 表示世界所有商品的出口总值。一般而言，如果 $RCA_{ij} \geqslant 2.5$，则说明 i 国出口的第 j 种商品（产业）具有极强的竞争力；若 $1.25 \leqslant RCA_{ij} < 2.5$，则说明 i 国出口的第 j 种商品（产业）具有较强的竞争力；若 $0.8 \leqslant RCA_{ij} < 1.25$，则说明 i 国出口的第 j 种商品（产业）具有中度竞争力；若 $RCA_{ij} < 0.8$，则说明 i 国出

口的第 j 种商品（产业）竞争力较弱。

（3）产业关联基准

产业关联基准是一国对外投资产业选择时的基本基准。罗斯托认为现代社会的产业发展通常表现为一个产业带动下的产业群体的成长。据此，如果一国对外投资的产业能随着投资的扩大带动产业链条的上下游产业和相关产业的整体发展，则这种投资就是可持续的，对一国整体经济发展是有益的。在实践中，通常用某一产业与其上下游产业的产业关联度来衡量其对经济发展的带动作用，产业关联度越大，其对经济发展的带动作用就越大。具体而言，一般用产业的影响力系数和感应度系数来表示产业关联度。影响力系数较大的产业部门对社会生产具有较大的辐射能力，而感应度系数较大的产业部门对经济发展起着较大的制约作用。某些产业的影响力和感应度系数越大，则表示该产业在国民经济中所占的地位越重要，越可能成为提升产业竞争力和优化产业结构的关键产业，反之则越不重要。某产业影响力系数的公式为：$\alpha_j = \sum_{i=1}^{n} \gamma_{ij} \Big/ \left(1/n \sum_{i=1}^{n} \sum_{j=1}^{n} \gamma_{ij}\right)$，$(i, j = 1, 2, \cdots, n)$；某产业感应度系数为：$\beta_j = \sum_{j=1}^{n} \gamma_{ij} \Big/ \left(1/n \sum_{i=1}^{n} \sum_{j=1}^{n} \gamma_{ij}\right)$，$(i, j = 1, 2, \cdots, n)$。其中，$\gamma_{ij}$ 表示投入产出的逆矩阵系数。影响力系数 α_j 越大说明该部门对其他部门的拉动作用越大；感应度系数 β_j 越大，表示该部门受到其他部门需求的影响越大。

（4）产业发展基准

产业发展基准，也称为产业成长度基准，该基准主要衡量一个产业的发展潜力。发展潜力大的产业，随着国民收入水平的提高，需求扩张幅度扩大，产业的增长具有广阔的市场前景，进而迅速扩张的市场需求将拉动该产业较快增长。同时，发展潜力大也意味着其要素生产率的上升较快。随着收入的提高，生产资源会自发向该产业的生产集中。因此，把发展潜力大的产业作为对外投资产业，符合产业结构调整和优化的方向，能够促进居民收入水平的提高和消费结构的变化，使经济增长具有广阔的市场前景。具体而言，本书采用产业成长度指标来表示产业发展潜力，它衡量了一国某一产业的发展速度及其趋势。产业成长度的公式是：$e_i = \dfrac{Y_{it} - Y_{i(t-1)}}{Y_{i(t-1)}} \times 100\%$。其中，$e_i$ 为一国某一产业的成长度，$Y_{i(t-1)}$为一国某一产业基期的产出，Y_{it}为一国某一产业报告期的产出。e_i越大，表明某产业增长趋势明显，未来发展潜力越大，反之则越小。

6.1.2 指标体系的建立

本书以大宗农产品为例来研究农林产品的对外投资选择，根据前述农产品对外投资的产业选择基准，根据所选指标要具有代表性、相对完备性、易于收集和计算等基本原则，本书构建了中国大宗农产品对外投资产业选择的指标体系，如图6-3所示。该指标体系包括4个层次，即目标层、准则层、指标层及方案层。其中，准则层有4个2级指标，指标层有8个3级指标，方案层有9个备选方案。D_1、D_2、D_3、D_4、D_5、D_6、D_7、D_8、D_9分别代表小麦产业、玉米产业、大豆产业、油料产业、棉花产业、猪肉产业、蔬菜产业、水果产业、水产品产业9个备选的大宗农产品产业。

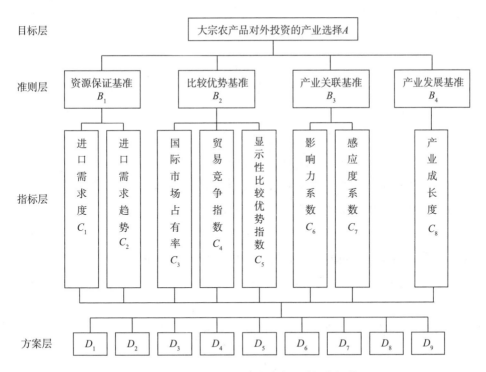

图6-3 大宗农产品对外投资的产业选择指标体系

6.1.3 对外投资的产业选择模型

6.1.3.1 建模方法——因子分析法

通过上述分析可以看出，大宗农产品对外投资的产业选择问题是一个遵循多个基准的多目标决策问题。在选择决策时所要解决的关键是要克服以往单纯运用定性分析的弱点，将定量分析结合到定性分析中，形成具有综合性和可比性的决策依据。

近年来，围绕着多指标综合评价，其他领域的相关知识不断渗入，使得多指标综合评价方法不断丰富，有关研究也不断深入。综合来看，各种方法可以分为两大类：主观赋权评价法和客观赋权评价法。前者如层次分析法、模糊综合评判法、属性识别评价等，它们都是定性分析方法，一般采用专家打分的形式来得到权数。后者如灰色关联度法、主成分分析法、因子分析法，主要是根据指标之间的相关关系或各项指标的变异程度来确定权数。

为了使分析能够客观地反映中国农业对外投资的状况，避免受到主观人为因素的干扰，本书拟绕过主观打分的环节，采用因子分析法对大宗农产品对外投资的产业进行选择。因子分析法也称为 Factor Analysis 法，由 Charles Spearman 提出，它是一种定性与定量相结合的多目标决策分析法。该方法利用降维思想，从研究原始变量相关矩阵内部的依赖关系出发，把一些具有错综复杂关系的变量归结为少数几个综合因子，在相互关联、相互制约的众多因素构成的复杂系统决策中非常实用。因子分析法的基本思想是根据相关性把原始变量分组，使得同组内变量的相关性高，而不同组内的变量之间的相关性较低。然后找出每组变量的基本结构，并用一个不可观测的综合变量表示，这就是所谓"公共因子"。其实质就是从一些有错综复杂关系的经济现象中找出少数几个主要因子，使每一个主要因子代表经济变量间依赖的一种经济作用。抓住这些主要因子就可以对复杂的经济问题进行深入的分析和解释。

6.1.3.2 因子分析法的建模步骤

（1）因子分析的主要步骤

进行因子分析一般包括以下几个步骤：

① 根据所研究的问题选取原始变量。

② 对原始变量进行标准化，求解其相关矩阵，并分析变量之间的相关性。

③ 求解初始公共因子，并构建因子载荷矩阵。

④ 进行因子旋转。

⑤ 计算因子得分。

因子分析的逻辑顺序如图 6 - 4 所示。

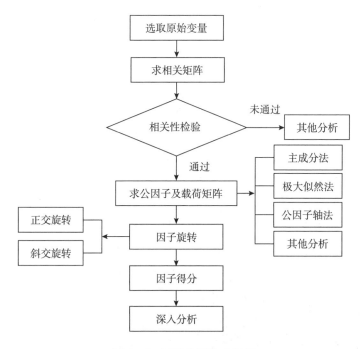

图 6 - 4　因子分析法的逻辑

（2）求相关矩阵并进行相关性检验

进行因子分析的第一步骤是根据研究问题选取原始变量，对原始变量进行标准化，求出其相关矩阵，并分析变量之间的相关性。如果相关矩阵中的相关系数大都小于 0.3，而且未达到显著性水平，则说明变量间的相关性普遍较低，它们存在潜在共同因子的可能性较小，就不适合做因子分析；如果相关系数都比较大，则可以进行因子分析。此外，通常用于判断因子分析适合度的指标还有：巴特利特球形检验、反像相关矩阵检验和 KMO 检验。

巴特利特球形检验（Bartlett Test of Sphericity）首先假设变量相关矩阵为

单位阵（对角线为 1、非对角线为 0），然后检验实际相关矩阵与此的差异性。如果差异性显著，则拒绝单位阵假设，即认为原变量间的相关性显著，适合于做因子分析，否则不能做因子分析。

反像相关矩阵检验（Anti – image Correlation Matrix）以原变量的偏相关矩阵为基础，将偏相关矩阵中的每个元素（偏相关系数）取反得到反像相关矩阵。如果原变量间相互作用较大，则控制了这些相互作用后的偏相关系数较小，此时反像相关矩阵中元素的绝对值比较小，则适合于做因子分析，反之则不适合于做因子分析。

KMO（Kaiser – Meyer – Olkin）检验是依据变量间的简单相关与偏相关的比较。其计算公式为：

$$KMO = \frac{\sum \sum_{i \neq j} r_{ij}^2}{\sum \sum_{i \neq j} r_{ij}^2 + \sum \sum_{i \neq j} p_{ij}^2} \tag{6-1}$$

如果原变量间相互作用较大，变量间的偏相关系数就会相对较小，简单相关系数则相对较大。从上面的公式看出，KMO 值较大，适合于做因子分析，反之则 KMO 值较小，不适合于做因子分析。Kaiser 提供的判断标准是：$0.9 \leqslant$ KMO，非常适合；$0.8 \leqslant KMO < 0.9$，适合；$0.7 \leqslant KMO < 0.8$，一般；$0.6 \leqslant$ KMO < 0.7，适合度较低；KMO < 0.6，适合度很低。

（3）构造因子并求因子载荷矩阵

因子分析的一个重要环节是要确定提取的公共因子及其个数。方法是多种多样的，但最常用的是主成分分析法。用主成分法确定因子载荷，就是对随机变量进行主成分分析，把前面几个主成分作为原始公共因子。其具体过程如下，设有 p 个变量 $Z = (Z_1, Z_2, \cdots, Z_p)'$，可以求得从大到小排序的 p 个主成分 $Y_1, Y_2, \cdots, Y_p$，原始变量与主成分之间存在如下的关系：

$$\begin{pmatrix} Y_1 \\ Y_2 \\ \vdots \\ Y_P \end{pmatrix} = \begin{pmatrix} \alpha_{11} & \alpha_{12} & \cdots & \alpha_{1p} \\ \alpha_{21} & \alpha_{22} & \cdots & \alpha_{2p} \\ \vdots & \vdots & \ddots & \vdots \\ \alpha_{p1} & \alpha_{p2} & \cdots & \alpha_{pp} \end{pmatrix} \begin{pmatrix} Z_1 \\ Z_2 \\ \vdots \\ Z_p \end{pmatrix} \tag{6-2}$$

由于 $A = (\alpha_1, \alpha_2, \cdots, \alpha_p)' = (e_1, e_2, \cdots, e_p)'$为正交矩阵，则有

$$Z = A'Y \tag{6-3}$$

如果在式中仅取前 m 个主成分，把其余的 $p-m$ 个主成分用特殊因子 ε_i 代替，则此式可以表示为

$$\begin{cases} Z_1 = \alpha_{11} Y_1 + \alpha_{21} Y_2 + \cdots + \alpha_{m1} Y_m + \varepsilon_1 \\ Z_2 = \alpha_{12} Y_1 + \alpha_{22} Y_2 + \cdots + \alpha_{m2} Y_m + \varepsilon_2 \\ \qquad\qquad\qquad \vdots \\ Z_p = \alpha_{1p} Y_1 + \alpha_{2p} Y_2 + \cdots + \alpha_{mp} Y_m + \varepsilon_p \end{cases} \qquad (6-4)$$

为了使 Y_i 符合假设的公共因子，需要将主成分 Y_i 的方差转变为 1。则令

$$F_i = Y_i / \sqrt{\lambda_i} \qquad (6-5)$$

$$l_{ij} = \sqrt{\lambda_i} \alpha_{ji} \qquad (6-6)$$

则式（6-4）转变为：

$$\begin{cases} Z_1 = l_{11} F_1 + l_{12} F_2 + \cdots + l_{1m} F_m + \varepsilon_1 \\ Z_2 = l_{21} F_1 + l_{22} F_2 + \cdots + l_{2m} F_m + \varepsilon_2 \\ \qquad\qquad\qquad \vdots \\ Z_p = l_{p1} F_1 + l_{p2} F_2 + \cdots + l_{pm} F_m + \varepsilon_p \end{cases} \qquad (6-7)$$

由此就得到因子载荷矩阵和一组初始公共因子。

（4）因子旋转

因子分析的目标之一就是要对所提取的抽象因子的实际含义进行合理解释。然而，有时直接根据特征根、特征向量求得的因子载荷阵难以看出公共因子的含义。这时需要通过因子旋转的方法，使每个变量仅在一个公共因子上有较大的载荷，而在其余的公共因子上载荷比较小。这时对于每个公共因子而言，它在部分变量上的载荷较大，在其他变量上的载荷较小，使同一列上的载荷尽可能地向靠近 1 和靠近 0 两极分离。这时突出了每个公共因子和其载荷较大的那些变量的联系，矛盾的主要方面就显现出来了。

因子旋转方法有正交旋转和斜交旋转两类，这里我们重点介绍正交旋转。对公共因子做正交旋转就是对载荷矩阵 $\boldsymbol{A}$ 做一正交变换，右乘正交矩阵 $\boldsymbol{\Gamma}$，使得 $\boldsymbol{A\Gamma}$ 有更鲜明的实际意义。旋转以后的公共因子向量为 $\boldsymbol{F}^* = \boldsymbol{\Gamma}'\boldsymbol{F}$，它的各个分量 F_1^*，F_2^*，$\cdots$，F_m^* 也是互不相关的公共因子。

（5）计算因子得分

在因子分析模型 $\boldsymbol{X} = \boldsymbol{AF} + \varepsilon$ 中，如果不考虑特殊因子的影响，当 $m = p$ 且

A 可逆时,我们可以非常方便地从每个样品的指标取值 X 计算出其在因子 F 上的相应取值:$F = A^{-1}X$,即该样品在因子 F 上的"得分"情况,简称为该样品的因子得分。但是因子分析模型在实际应用中要求 $m < p$,因此,不能精确计算出因子的得分情况,只能对因子得分进行估计。解决该问题的方法之一是用回归的思想求出线性组合系数的估计值,即建立如下方程:

$$F_j = \beta_{j1}X_1 + \beta_{j2}X_2 + \cdots + \beta_{jp}X_p \qquad (6-8)$$

在最小二乘意义下,可以得到 F 的估计值。这样,在得到一组样本值后,就可以代入上面的关系式求出公共因子的估计得分,从而用少数公共因子去描述原始变量的数据结构,用公共因子得分去描述原始变量的取值。

6.1.4 农林产品对外投资的产业选择的实证分析

(1)确定产品对外投资产业的各项指标值

本书依据中国大宗农产品对外投资产业选择的指标体系(如图 6-3 所示)及其计算方法,采用国家统计局、农业部以及世界粮农组织(FAO)等机构公布的相关数据及中国投入产出表计算出农产品对外投资各产业的系统指标值,如表 6-1 所示。

表 6-1　农产品对外投资各产业的系统指标计算结果

产业	TC_i	e_i	MD_i	MT_i	RCA_{ij}	MS_i
小麦	0.42	0.05	-0.86	-2.23	0.29	0.02
玉米	0.96	0.37	-2.09	0.71	0.40	0.03
大豆	-0.97	0.04	174.55	1.73	0.11	0.01
油料	-0.77	1.38	29.46	2.33	0.27	0.02
棉花	-0.99	0.53	53.73	17.87	0.03	0.00
猪肉	0.31	0.29	-0.39	-2.59	0.42	0.03
蔬菜	0.95	0.37	-1.23	-1.33	1.07	0.09
水果	0.49	1.77	-1.42	-4.82	0.61	0.05
水产品	-0.05	0.24	0.69	-0.68	1.55	0.12

注:表 6-1 根据国家统计局、农业部以及世界粮农组织(FAO)等机构数据计算而得。表中各指标含义如上文所述。

（2）求相关矩阵

根据上述统计指标，本书先对指标进行无量纲化处理，然后运用 SPSS 统计软件对数据进行处理，求出数据的相关矩阵，如表 6－2 所示。

表 6－2　农产品对外投资因子分析的相关矩阵

因子	X_1	X_2	X_3	X_4	X_5	X_6
X_1	1.000	0.040	0.716	0.636	0.441	0.452
X_2	0.040	1.000	－0.245	－0.099	0.057	0.041
X_3	0.716	－0.245	1.000	0.334	0.468	0.447
X_4	0.636	－0.099	0.334	1.000	0.435	0.444
X_5	0.441	0.057	0.468	0.435	1.000	0.998
X_6	0.452	0.041	0.447	0.444	0.998	1.000

观察矩阵可以看出，矩阵中多数相关系数都大于 0.3，说明各指标之间存在较为显著的相关性。另外，在巴特利特球形检验中，因为显著性值为 0.000，拒绝零假设，表明 6 个指标间并非独立，取值是有关系的。

（3）求公共因子

本书用主成分分析法提取模型的公共因子。其初始结果如表 6－3 所示。

表 6－3　公共因子的共同度

变量	初始值	提取值
TC_i	1.000	0.683
e_i	1.000	0.699
MD_i	1.000	0.712
MT_i	1.000	0.515
RCA_{ij}	1.000	0.866
MS_i	1.000	0.861

表 6－3 为因子分析的初始解，由表 6－3 可知，当按照指定条件提取特征根时，6 个指标的信息都可以被因子所解释，其解释率最高达到 86.6%，最低也有 51.5%。因此可以确定，因子分析的效果较为理想。然后根据变量的特征值和方差贡献率进行公共因子的提取，运用 SPSS 统计软件进行计算，结果如表 6－4 及图 6－5 所示。

表 6 - 4　总体方差的解释率

主成分	初始特征值			旋转前总方差解释情况			旋转后总方差解释情况		
	特征根	贡献率/%	累计贡献率/%	特征根	贡献率/%	累计贡献率/%	特征根	贡献率/%	累计贡献率/%
1	3.167	52.786	52.786	3.167	52.786	52.786	3.150	52.495	52.495
2	1.168	19.474	72.261	1.168	19.474	72.260	1.186	19.766	72.260
3	0.875	14.587	86.848						
4	0.653	10.886	97.734						
5	0.135	2.254	99.988						
6	0.001	0.012	100.000						

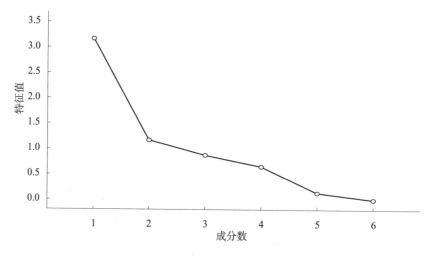

图 6 - 5　因子分析法的碎石图

由以上方差解释表和碎石图可以看出,前两个特征值比较大,其特征值均大于1。其余4个特征值均较小。因此,本书选取前2个公共因子建立因子载荷矩阵。其中,第一个公共因子解释了全部指标52.786%的信息,第二个公共因子解释了全部指标19.474%的信息,前两个公共因子的累计解释率达到了72.260%,信息丢失较少。因此,以前2个公共因子对选取的样本围绕农产品对外投资的产业选择进行分析,既简洁又包含了大部分信息,使得评价工作易于进行,同时又保证了分析评价工作的客观性和准确性。

当选取前2个主成分作为公共因子进行解释时,可得到初始的因子载荷矩阵，据此构造出中国农产品对外投资的产业选择因子分析模型如下：

$$X_1 = 0.804F_1 - 0.192F_2 \tag{6-9}$$

$$X_2 = -0.063F_1 + 0.834F_2 \tag{6-10}$$

$$X_3 = 0.743F_1 - 0.400F_2 \tag{6-11}$$

$$X_4 = 0.701F_1 - 0.153F_2 \tag{6-12}$$

$$X_5 = 0.858F_1 + 0.359F_2 \tag{6-13}$$

$$X_6 = 0.858F_1 + 0.352F_2 \tag{6-14}$$

（4）因子旋转

为了使公共因子与指标之间的关系便于解释，本书采取方差最大化（Varimax）的方法对因子载荷矩阵进行正交旋转，得到旋转后的因子载荷矩阵，据此建立新的中国农产品对外投资的产业选择因子分析模型如下：

$$X_1 = 0.782F_1 - 0.266F_2 \tag{6-15}$$

$$X_2 = 0.016F_1 + 0.836F_2 \tag{6-16}$$

$$X_3 = 0.702F_1 - 0.467F_2 \tag{6-17}$$

$$X_4 = 0.684F_1 - 0.218F_2 \tag{6-18}$$

$$X_5 = 0.888F_1 + 0.277F_2 \tag{6-19}$$

$$X_6 = 0.888F_1 + 0.270F_2 \tag{6-20}$$

从旋转后的因子载荷矩阵可以看出，在第一主因子中，显示性比较优势指数、产品国际市场占有率、国际贸易竞争指数以及进口需求度的系数较大，均达到 70% 以上。这说明产业的比较优势、进口需求因素对该因子的影响较大。因此，第一主因子可以称为比较优势与进口需求因子。在第二主因子中，系数唯一比较高的是产业成长度。因此，第二主因子可以称为产业成长因子。总体来看，以上信息说明中国农产品对外投资产业选择的决定性影响因素是产业比较优势、进口需求和产业成长度。其中，产业比较优势、进口需求是第一位的影响因素，而产业成长度则是第二位的影响因素。

（5）因子得分

根据以上分析中所提取的公共因子，运用回归的方法可以估计出各主因子的具体值：

$$F_j = \beta_{j1}X_1 + \beta_{j2}X_2 + \cdots + \beta_{jp}X_p \tag{6-21}$$

在此基础上，按照两个主因子可以解释信息量的比例，乘以它们的估计值，则可得出各个样本的得分。在这个模型中，就是各农产品产业对外投资的综合指数，其计算公式为：

$$F = 52.495 \times F_1 + 19.766 \times F_2 \qquad (6-22)$$

本书所计算的各农产品产业对外投资的因子得分和投资的综合指数如下，此处 F 的得分即为各农产品产业对外投资的综合指数值。

6.1.5 实证结论

表 6 - 5 的计算结果显示出，棉花产业的对外投资指数最高，排名第一。油料产业、大豆产业、水果产业、小麦产业、猪肉产业、玉米产业、蔬菜产业、水产品产业依次排名第二、第三……第九。从表 6 - 5 结果可以看出，在中国大宗农产品产业的对外投资综合指数中，棉花产业的投资指数为 75.71348，油料产业的投资指数为 55.4263，大豆产业的投资指数为 40.98429，这三个产业的投资指数远远高于其他产业。因此，中国应该将棉花产业、油料产业和大豆产业作为农产品对外投资的主导产业，以此带动农业整体对外投资的发展，使中国未来农业对外投资的产业结构趋于合理化。

表 6 - 5　农产品产业对外投资的因子得分和综合指数

产业	F_1 得分	F_2 得分	F 得分	名次
棉花产业	1.53662	− 0.2505	75.71348	1
油料产业	0.66677	1.0333	55.4263	2
大豆产业	1.27933	− 1.3242	40.98429	3
水果产业	− 0.452	1.74846	10.83232	4
小麦产业	− 0.06016	0.03139	− 2.53764	5
猪肉产业	− 0.17226	0.14933	− 6.09113	6
玉米产业	− 0.25435	0.34743	− 6.4848	7
蔬菜产业	− 1.17345	− 0.41515	− 69.8061	8
水产品产业	− 1.3705	− 1.32006	− 98.0367	9

6.2 农林企业对外直接投资的产业选择——微观视角

我们在本章的前半部分研究了农林投资的宏观趋势，由于农林企业的类型多种多样，一方面我国农林企业进行海外投资以资源寻求为目的满足国民经济发展需要；另一方面有相当一部分农林企业进行海外投资是为了实现其他的目的。由于农林的范围窄，企业可选择的产业并不多，从纵向可分为：农林生产、农林产品加工、农林产业服务。农林生产产业是直接获得初级农林产品为目的从事种植、养殖等农林生产活动的产业；农林产品加工是以农林原材料为对象进行生产的产业；农林服务产业指的是为农业企业提供技术、营销等服务的产业。在本节我们将研究农林企业如何在三个产业中进行选择。

6.2.1 农林企业"走出去"产业选择模型

在本部分我们将建立农林企业产业选择模型，说明农林企业产业选择的特点。由于农林企业对自然资源的依赖性远远大于其他类型的企业，在前面的分析中我们认为现阶段我国农林企业海外投资更多的是资源寻求型，这种资源寻求有时并不是为了自身的需求，而可能是为了出口。这就不排除农林企业为了争夺海外市场而进行产业扩张。

本部分将建立一个关于农林企业整个产业各个环节关系的模型，研究农林产品的种植、加工和市场流通的关系，分析农林企业海外投资是如何实现产业扩张的。为了分析方便，我们以农林产品的加工为中心，分别向后分析市场结构对产品价格的影响，进而对企业生产成本的影响；向前我们分析海外市场的价格和关税对企业的影响（见图 6 - 6）。

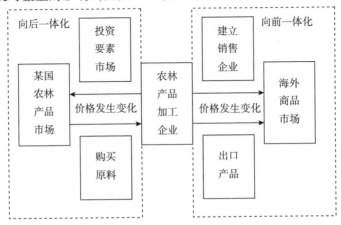

图 6 - 6 农林企业一体化示意

（1）东道国农林产品要素市场

设农林产品市场有 n 个企业（$n \geqslant 1$），每个企业都有相同的成本函数 $c(z_i) = \bar{c} + cz_i$，其中 $\bar{c}$ 为农林产品生产的固定投资，c 为产量对成本的贡献率；农林产品市场需求函数为 $p_z = a - bZ$，其中 $Z = \sum_{i=1}^{n} z_i$，市场需求是所有企业的供给加总。表 6-6 为农林产品市场价格和需求量情况总结。

企业 i 的利润函数为：

$$
\begin{aligned}
\Pi_i(z_1, z_2, \cdots, z_n) &= (p_z - c)z_i \\
&= \left(a - b\sum_{i=1}^{n} z_i - \bar{c} - cz_i\right)z_i
\end{aligned}
\tag{6-23}
$$

企业 i 的一阶条件：

$$
\frac{\partial \Pi_i}{\partial z_i} = a - bz_i - b\sum_{i=1}^{n} z_i - c = 0
\tag{6-24}
$$

则有：

$$
bz_i = a - c - b\sum_{i=1}^{n} z_i
\tag{6-25}
$$

式（6-25）两边乘以 n：

$$
nbz_i = n\left(a - c - b\sum_{i=1}^{n} z_i\right)
\tag{6-26}
$$

由于所有企业具有相同的成本函数，所以：

$$
bZ^* = n(a - c - bZ^*)
\tag{6-27}
$$

农林产品的总需求量：

$$
Z^* = \frac{n(a-c)}{(n+1)b}
\tag{6-28}
$$

农林产品的市场价格：

$$
p_z = a - bZ^* = a - \frac{n(a-c)}{(n+1)b} < a
\tag{6-29}
$$

表 6-6　农林产品市场价格和需求量

市场结构	价格	数量	关系	企业数
竞争市场	$\lim\limits_{n\to\infty} p_z = c$	$\lim\limits_{n\to\infty} Z^* = \dfrac{a-c}{b}$	$p_z^1 > P_z^2 > p_z$	$n \nearrow$
双寡头垄断	$p_z^2 = a - \dfrac{2}{3}(a-c)$	$Z_2^* = \dfrac{2(a-c)}{3b}$	$Z^* > Z_2^* > Z_1^*$	$p_z \searrow$
寡头垄断	$p_z^1 = a - 0.5(a-c)$	$Z_1^* = \dfrac{a-c}{2b}$		$Z^* \nearrow$

（2）农林产品加工企业的生产

农林加工企业只需要两种生产要素即 x 和 z，其中 z 为前面分析的农产品，x 为生产所需的其他要素；农林加工企业的生产函数为 $q = f(x, z)$，该生产函数是严格拟凹的。要素 x 的价格为 p_x，要素 z 的价格为 p_z。

农林加工企业成本最小化：

$$\min_{x,z} c = p_x x + p_z z$$
$$s.t. f(x, z) \leqslant q \tag{6-30}$$

拉格朗日式：

$$L(x, z, \lambda) = p_x x + p_z z + \lambda(q - f(x, z)) = 0 \tag{6-31}$$

一阶条件：

$$\begin{cases} \dfrac{\partial L(\cdot)}{\partial x} = p_x - \lambda f_x = 0 \\[2mm] \dfrac{\partial L(\cdot)}{\partial z} = p_z - \lambda f_z = 0 \\[2mm] \dfrac{\partial L(\cdot)}{\partial \lambda} = q - f(x, z) = 0 \end{cases} \tag{6-32}$$

由式（6-32）得出两种要素的需求函数：$x^* = x^*(p_x, p_z, q), z^* = z^*(p_x, p_z, q)$。

企业的成本函数为：

$$C(p_x, p_z, q) = p_x x^* + p_z z^* \tag{6-33}$$

由生产函数的拟凹性，我们可得出：$\dfrac{\partial C(\cdot)}{\partial z} \geqslant 0$

（3）东道国产品市场

东道国产品的价格是由东道国的需求和供给决定的。东道国的供给是由东道国的生产企业和进口提供的。在此处我们认为，企业在进入产品市场前均衡的价格没有发生变化。

6.2.2　农林企业后向一体化

农林加工企业向后一体化的目的是获得对农产品要素的控制。产生向后一体化的原因在于获得更廉价的原料或是打破原料的垄断；还有就是企业对汇率风险、关税风险的控制，为企业的生产活动提供稳定的初级农产品的供给。我们将分析企业在何时才会实现对东道国的原料投资。

在加工企业没有进入东道国的原料市场时，需求量和市场价格由式（6-28）和式（6-29）计算得到，现在我们假定加工企业进入该国的原料市场，在东道国投资一个企业进行原料生产。该企业拥有跟其他企业一样的成本函数 $c'(z_i) = \bar{c} + cz_i$。

新的价格为：

$$p'_z = a - bZ^* = a - \frac{(n+1)(a-c)}{(n+2)b} < a \tag{6-34}$$

新的供给量为：

$$Z' = \frac{(n+1)(a-c)}{(n+2)b} \tag{6-35}$$

因为加工企业的后向一体化是原料的价格下降，供给量增加。下面我们将在另一种投入要素不变的情况下，研究原料的价格下降对成本的影响。

在价格为 p^* 的成本：

$$C(\bar{p}_x, p_z^*, q) = \bar{p}_x x^* + p_z^* z^* \tag{6-36}$$

在价格为 p'_z 的成本：

$$C(\bar{p}_x, p'_z, q) = \bar{p}_x x^* + p'_z z^* \tag{6-37}$$

成本差：

$$\Delta C = C(\bar{p}_x, p_z^*, q) - C(\bar{p}_x, p'_z, q) \tag{6-38}$$

ΔC 是加工企业进行后向一体化而节省的成本。

企业投资成本为：

$$c(z^*) = \bar{c} + cz^* \tag{6-39}$$

如果 $\Delta C > c(z^*)$ 时，企业没有向后一体化的动力，企业可以通过进口的方式来获得原料，比直接投资成本更少；反之，企业应该对东道国进行直接投资。把进口的成本 T（如关税、汇率带来的损失、检疫费用等）考虑进来，则 $\Delta C - T > c(z^*)$ 时企业会直接进口，否则企业会进行直接投资。我们以上的分析都是建立在本国原料的价格（p_s）是高于东道国价格（p_f）的基础上的，即本国原料的生产有更高的固定成本 $\bar{c}$ 或常量对成本的贡献率 c（见表6-7）。

表 6 – 7 纵向一体化情况

原料价格	成本比较	产业政策	海外投资成本变化
$p_s \leq p_f$	东道国没有成本优势	在本国购买或生产	增加成本
$p_s \geq p_f$	$\Delta C - T > c(z^*)$	进口	减少成本
	$\Delta C - T < c(z^*)$	海外投资	减少成本

由于我国的农林资源相对匮乏，很多农林企业为了获得国外的农业资源进行了直接投资，这种投资行为就是企业的向后一体化。向后一体化在今后的很长一段时间是我国农林产品加工企业的主要产业发展方向。因为经济的增长和国内生产成本的提高，为了在国际市场上保持竞争优势会有更多的农林加工企业到国外寻求相应的资源。

6.2.3 农林企业前向一体化

在我们的模型中，农林企业的前向一体化是为了寻求市场。农林加工企业的前向一体化的主要形式是在东道国建立自己的销售公司或生产企业。企业前向一体化的动力来源于企业在技术、成本等方面的优势。前向一体化能很好地避免因进出口带来的风险。企业要想实现纵向一体化就要具有价格上的优势。如果企业生产产品的成本高于东道国的市场价格，就不可能进入东道国市场。

企业的平均成本：

$$AC = \frac{C(p_x, p_z, q)}{q} \qquad (6-40)$$

东道国进口的平均成本：

$$AC_t = AC + \frac{T}{q} \qquad (6-41)$$

如果东道国产品的价格 $P > AC_t$，企业可以在东道国进行产品的销售；反之，企业无法进入东道国的市场。其实企业通过出口的方式很多情况下受到当地政府的限制，即使是在具有成本或是技术优势的情况下，东道国的政府保护政策也很容易使这种成本优势丧失。

6.2.4 农林企业横向一体化

纵向一体化很容易受到运输成本、关税、贸易壁垒的影响，因而企业可以在一个国家进行农产品的生产、加工、销售，不用在两个国家分别进行该活动。横向一体化的投资主要目的是服务东道国市场，这是与纵向一体化的根本区别。横向一体化的目的是节省关税、运输等成本，实现进入东道国市场。

由于农林企业的特殊性，成本优势至关重要，所以我国农林企业对外投资应该选择具有成本优势的地区，欧美等发达地区因为较高的人力成本对于我国农林企业是很难承受的。一般进行横向一体化的企业都具有规模效应，企业在技术或是资本上比东道国企业更有优势。

其实在企业跨国投资时，一般既有纵向一体化又有横向一体化。纵向一体化把企业不同的生产环节分配在成本较低的国家，主要目的是利用不同国家间的资源差异。横向一体化是利用规模经济，避免进出口成本。我国资源寻求型的农林企业应以纵向一体化投资为主，获得木材、大豆、油料作物，所以资源寻求型的农林企业更容易向后一体化对基础农业进行投资。市场寻求型的农业企业应以向前一体化或是横向一体化为主，以从事农林产品的加工和销售为主。现实中企业海外投资产业的选择是综合性的一体化，横向中有纵向，纵向中有横向。

第七章　农林产业对外直接投资的区位选择

本章研究的主要目的是：检验影响中国农林产业对外投资区位选择的决定因素。通过检验中国农林产业对外直接投资的决定因素，本章将着重解决一个问题：哪些因素影响和决定中国农林产业在不同东道国的直接投资变化？此项研究可从两个视角展开，也即国家层面视角和企业层面视角。国家层面视角的研究强调宏观经济因素对 FDI 流动的影响；企业层面视角的研究着眼于跨国公司的生产基地与地区总部的区位选择。由于企业层面数据的可得性问题，本章的研究将着重从国家层面视角展开。

本章的技术路线如图 7 - 1 所示。本章的研究将分为两个阶段：第一阶段

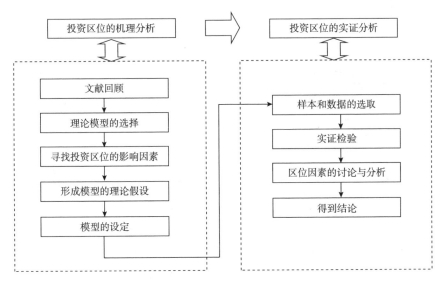

图 7 - 1　农林产业对外直接投资区位选择的技术路线

为投资区位机理分析，通过文献回顾选择投资区位的理论模型，然后寻找投资区位的影响因素，形成模型的理论假设，最终完成待估计模型的设定。第二阶段为投资区位实证分析，根据选取的样本和数据，对待估计模型进行实证检验，并对检验结果进行讨论，最终得到投资区位影响因素的结论。

7.1 理论模型的选择

纵观近年来的相关研究发现：在研究对外投资的区位影响因素时，研究者们普遍使用投资引力模型（Investment Gravity Model）作为分析的基本工具。此模型基本能够合理解释以及预测国家的国际直接投资区位因素。因此，本书在研究中国农业对外投资的区域分布时，也将采用引力模型作为分析的基础，分析国家之间的国际直接投资流量与经济变量之间存在的相关系数，并揭示国际直接投资区位分布的规律。

投资引力模型最早来源于物理学研究。物理学中的牛顿力学万有引力概念认为两种物质之间有引力，而引力的大小与其质量成正比，与其之间的空间距离成反比。这一物理学中的引力模型给了 Tinbergen（1962）很大的启发，他开始借助引力模型来解释两个国家之间的双边贸易流量问题。Tinbergen 提出的贸易引力模型如下：

$$X_{ij} = \beta_0 Y_i^{\beta_1} Y_j^{\beta_2} D_{ij}^{\beta_3} P_{ij}^{\beta_4} \tag{7-1}$$

式中：他把两国商品流动额 X_{ij} 作为被解释变量，同时把两国的国民生产总值 Y_i 和 Y_j、国家间的地理距离 D_{ij} 以及优惠贸易协定 P_{ij} 等作为解释变量，既包含了有利于流动的因素，也包含了阻碍流动的因素。

他在建模之后得出：一国向另一国的贸易流量主要取决于国家经济规模和两国间的地理距离。他运用双边贸易流量模型和时间回归分析等技术进行了大量的经验研究，发现模型中国家间距离具有统计上的显著性。

德国经济学家 Poyhonen（1963）也运用引力模型对双边贸易流量进行研究。他认为，随着国家间地理距离的增加，其成本会上升，因此贸易流量会随着距离的增加而减少。Linnemannn（1966）、Aitken 和 Obutelewicz（1976）以及 Goodman（1973）的实证研究均证明了上述结论。

很长一段时间以来，经济学家们认为跨国贸易与投资之间是互补关系，而非替代关系。因此，学者们开始把引力模型应用于跨国投资领域。Anderson（1979）最早用引力模型来解释国际直接投资的投资流量问题，他对引力模型的拓展，一定程度上弥补了引力模型缺乏理论基础的缺点。他所提出的经典引力模型如下：

$$Q_{ij} = \beta_0 Y_i^{\beta_1} Y_j^{\beta_2} N_i^{\beta_3} N_j^{\beta_4} d_{ij}^{\beta_5} \qquad (7-2)$$

式中：Q_{ij} 表示两国或两个地区的双边跨国投资流量，Y_i 和 Y_j 表示两国的国民收入总量，N_i 和 N_j 表示两国的人口总量，d_{ij} 表示两国之间的距离。

Anderson 通过研究发现：两国或两个区域贸易流量与两国的收入和人口呈现正向关系，与两国的距离呈反向关系，从而验证了引力模型对跨国投资区位因素的解释力。

在此之后，引力模型被普遍应用到跨国投资的研究之中，所应用的变量也多种多样。区域集团、投资、时间等因素受到了后续研究者的重视，同时不仅仅是人均收入差异、国民生产总值差异、地理距离差异等常规变量被使用，人口总量差异、语言差异、出生率差异、人均农业用地差异、平均气温的差异、城乡人口的差异、消费者偏好差异等各种各样的变量都被广泛应用于引力模型的研究之中。同时，长期使用的一些指标的内涵和外延也发生了变化。比如，距离已不再单指"地理距离"，而更多的包括了"时间距离""心理距离""经济距离"等。

尽管仍有些学者对模型提出了不同程度的质疑，但必须承认该模型还是能在一定程度上预测双边贸易和投资流量。大多运用引力模型的实证结果都表现出，跨国投资量与两国的经济总量变量呈现正相关性，而与距离这一变量呈现负相关性。

综上所述，本书在研究中国农林产业对外投资的区域分布时，将选取与中国贸易投资关系密切的国家为样本，采用引力模型分析国家之间的国际直接投资流量与经济变量之间存在的相关系数，并揭示国际直接投资区位分布的规律。本书拟采用的引力计量模型的原型如下：

$$\ln(FDI_{ij}) = C_0 + C_1\ln(GDP_i) + C_2\ln(GDP_j) + C_3\ln(d_{ij}) + u_{ij} \qquad (7-3)$$

式中：FDI_{ij} 为两国国际直接投资额；GDP_i 为 i 国国内生产总值；GDP_j 为 j 国国内生产总值；d_{ij} 为两国之间的距离；u_{ij} 为残差项。

本书拟对上述方程进行修改，使之适应农林产业投资的区位选择。

7.2 影响因素与假设

本书拟采用投资引力模型作为研究中国农林企业对外投资区位选择的基本模型。出于本书实证研究的需要，必须考虑以下几个方面的因素：一是变量选择的原则。本书以引力模型作为研究的基础，所以东道国的经济总量和两国之间的距离自然应成为研究的基本因素。同时，本书注意到投资引力模型在近年来的发展趋势，特别是除上述因素以外的其他变量的引入将会更加准确地刻画投资区位规律。因此，本书拟针对中国作为投资母国的特征以及农林投资的行业特征引入其他变量。同时希望变量选择能够尽量体现跨国投资规律的一般性。二是变量的可计量性。由于有些因素难以计量，所以不能引入本部分的计量研究框架，如语言文化及制度的因素、政治与外交的因素等。三是数据的可获得性。由于无法获得企业层面的数据，故本书使用母国和东道国的宏观经济因素进行一般化分析，而不对企业层面的因素进行具体化分析。

基于上述考虑，本书主要考察东道国的市场规模、中国与东道国的地理距离、中国对东道国的出口水平、东道国的农业自然资源、东道国的劳动力成本等宏观经济因素对中国农林企业对外直接投资的影响。

7.2.1 东道国的市场规模

从理论上看，市场规模是 FDI 的重要决定因素。Dunning（1977，1980）的折中理论是解释跨国公司国际化生产决策的较为完备的理论。依据其理论，一个跨国公司在从事跨国投资时应拥有三种优势：所有权优势、内部化优势和区位优势。其中，区位优势包括材料和劳动成本、政府政策、自然资源、税收激励、生产专业化等，而其中最重要的是东道国的市场规模。Krugman（1978）认为：在一个不完全竞争的世界中，贸易和投资由外部规模经济和内部规模经济所驱动。外部规模经济则取决于市场规模的大小。

目前，国外已有的实证研究成果大都表明东道国的市场规模是发达国家对外 FDI 的显著影响因素，但影响方向是不确定的。对于市场寻求型的 FDI 来说，往往出于占领东道国市场的考虑，对东道国市场规模非常敏感。相反，对于资源寻求型 FDI 来说，则主要关注东道国的工资水平而不是东道国市场规模。因此，东道国市场规模对 FDI 区位选择的影响方向是不确定的。

因此，可以假设：

H_1：东道国市场对中国对东道国的直接投资有显著影响，但影响方向是不确定的。

7.2.2 中国与东道国的地理距离

距离是传统引力模型中的重要因素。一般而言，距离是投资的阻碍因素，随着地理距离的增大，会形成文化差异、语言差异，心理距离也越大。距离越远意味着产品和原料的输送更加困难且运输成本高，同时还意味着投资管理成本和风险增加。这些都会提高投资的成本。许多经验分析的结果也证明了这一点，如 Wei（2005）的实证结果等。因此，一般认为距离与投资量之间是负相关关系，即距离越大，投资量会越小。然而近年来，许多学者通过研究发现距离对跨国投资的影响并不显著。原因在于，现代通信和运输技术的快速发展，使单位距离内的信息和交通成本成倍下降，从而使距离成本在投资成本中所占有的比重迅速降低。距离因素在现代跨国投资中所起的作用已经大大降低了。因此，本书拟将距离因素作为一个待检验的影响因素来处理，按照原理，其对跨国投资具有负面的影响作用。

因此，可以假设：

H_2：中国与东道国的地理距离越大，中国农业企业对东道国的直接投资越少。

7.2.3 中国对东道国的出口水平

决定中国企业对外直接投资的另一个重要因素是其投资前的跨国扩张水平。Vahnle（2007）认为 FDI 与贸易是互相补充的关系，因为跨国公司对东道国市场的占领，既可以通过出口进行，也可以通过 FDI 来进行。对东道国的出口也是之前双边经济联系的良好指示器。Erickson（2007）认为 FDI 与出口之间存在因果关系。企业最初与外国市场的联系是从偶然的、零星的产品出口开始。随着出口的增加，母公司决定有必要在海外建立自己的销售子公司。最后当市场条件成熟时，母公司开始对海外进行直接投资。当然，出口水平通常也是东道国市场的一个信号，东道国从中国进口越多，表明其市场规模越大。

因此，可以假设：

H_3：对东道国市场的出口量越大，中国对东道国的直接投资量也越大。

7.2.4 东道国的农林自然资源

从农林投资的生产要素特征来看，农林产品的生产对自然资源的依赖性很强，尤其对土地、气候资源的依赖性很强。因此，农林跨国投资按投资动机划分多属于资源寻求性的投资。中国的土地等自然资源的人均占有量大大低于世界平均水平，而随着中国经济的发展，这种资源短缺的形势将会加剧，导致生产成本提高，进口大量增加，从而对国际市场依赖性增强。而大量进口容易受到国际市场价格波动和供给不稳定等因素的影响。从未来发展情况看，农林产品战略性资源的短缺将成为国内经济持续快速发展的重要制约因素，甚至对国家经济安全构成威胁。为了弥补国内资源不足，避免国内经济发展受国际市场波动的影响，必须从国家长远发展的战略需要出发，寻求在国外建立战略性生产供应基地，用对外投资的产出来替代进口。因此，中国农林产业的对外投资可能不是市场寻求型的，也不是技术寻求型的，更不是效率寻求型的，而更可能是农林资源寻求型的。从资源寻求型跨国投资的属性出发，东道国的农林要素禀赋应是影响中国对外投资的一个重要因素，而且其对投资的影响应是正向的和有利的。

因此，可以假设：

H_4：东道国的农林资源越丰裕，中国对东道国的直接投资量也越大。

7.2.5 东道国的劳动力成本

在新古典模型中，资本和劳动被假定为相互替代，当劳动成本较高时，导致更多使用资本。这种交互作用导致当劳动力成本相等时，资本回报率也相等。Dunning（1977）认为，以工资为主要组成部分的生产成本也是区位优势的重要内容，较低的劳动力成本使得向该市场的投资比在国内市场投资或其他外国市场投资盈利水平更高。Pain（1993）建立了一个 FDI 的供给面决定因素的模型，其结果为劳动力成本是 FDI 的重要决定因素的观点提供了支持。

因此，可以假设：

H_5：东道国相对中国的劳动力成本越低，中国对其直接投资量也越大。

7.3　模型的设定

经过笔者充分调查，发现中国目前还没有公布行业细分的对外直接投资的国别数据，这就意味着目前尚无法直接针对农林产业对外投资数据建立区位实证模型。所幸根据笔者前期的研究，中国的整体对外投资具有很强的资源寻求特征，这一点与发展中国家在这一阶段的对外投资类型吻合。而如前文所述，中国农林产业对外投资也属于资源寻求类型，这就使中国的整体对外投资与中国农林产业对外投资具有相当的重合度。也就是说，影响中国整体对外投资的主要因素同时也是影响中国农林产业对外投资的主要因素。因此，本书拟针对中国整体对外投资的数据建立实证模型，检验其影响因素的相关关系，并据此推断出中国农林产业对外投资的主要影响因素。根据上节的理论假设，本研究使用的计量经济学模型构建如下。

7.3.1　被解释变量

本模型的被解释变量应为中国对某个东道国的直接投资总量。回顾已有的实证研究，发现 FDI 的界定和测度各不相同。这些测度包括一个东道国 FDI 与其他国家总 FDI 的比率、基于历史成本的一个东道国的总 FDI 头寸、流向一个东道国的年度 FDI 等。本书认为，应将金融业的 FDI 数据从研究中剔除，因为它反映的投资特点与其他行业截然不同。因此，本书将使用非金融业的中国年度对外投资的国别存量作为模型的被解释变量。

7.3.2　解释变量

基于上节的理论假设，并考虑数据的可获得性，本研究使用如下解释变量：东道国国内生产总值（GDP）、中国与东道国的地理距离（DIS）、中国对东道国的出口水平（$EXPO$）、东道国的自然资源出口比例（RES）、东道国的人均国内生产总值（$AGDP$），这些变量代表影响中国对外直接投资的特定国家的宏观经济因素。

东道国 GDP 用来作为测度东道国市场规模的代理变量。GDP 既包括了东道国的经济规模，也反映了东道国的人口规模，因此，是对东道国购买力的一个较好的观测指标。本研究使用东道国当期的 GDP 数据。

中国与东道国的地理距离 DIS 是本模型中的主要变量。关于地理距离的衡量可以有多种方法，最常用的是两国港口之间的海运距离，因为国际货物贸易大多是依靠海上运输完成的，所以海运距离在研究贸易引力时较为适用。近期的许多研究者认为文化、语言和习惯较为接近的主体，其经贸联系更为密切，因此提倡以"心理距离"代替绝对距离，但在实证研究中国家之间的心理距离难以量化。也有人认为国家和地区之间的发达程度以及发展差距是影响经贸往来的主要因素，特别对发展中国家的企业而言，到与自己发展水平相近的国家进行投资和贸易更具有可行性，因此提出应以"时间距离"或"经济距离"作为主要研究变量。本书出于数据量化和可得性的考虑，使用投资国与东道国之间的绝对地理距离数据。

中国对东道国的出口水平作为双边贸易联系的代理变量，反映两国既有的经济联系，也反映中国产品在东道国市场的竞争力，是中国 FDI 的决定因素之一。本变量使用中国对东道国的年度出口数据。理论上，出口应该使用滞后期的数据，但数据分析表明当期出口与当期 FDI 相关性更高。此外，先前的实证研究使用贸易变量时也都使用当期值。因此，本研究使用当期出口值。

东道国的自然资源出口比例 RES 是东道国农林自然资源的代理变量，衡量一国的农业原材料、初级产品出口占出口货物总值的比例。该比例越高，说明该国的农业及矿产资源越丰富。如果该项指标从总体上显著，则表明我国现阶段的对外直接投资倾向于资源寻求型投资，则此模型可用来说明中国农业对外投资的区位选择。如果否，则表明我国目前的对外直接投资不是资源寻求型的，从而模型不适用于说明中国农林产业的对外投资。

东道国的人均国民收入 AGDP 是东道国工资水平的代理变量。AGDP 原本常常作为对一个国家人均富裕程度的观测指标，但它同时也是对东道国工资水平的间接观测指标，这是因为生产率水平与工资水平高度相关，也与 AGDP 高度相关。其他因素不变，东道国工资水平越高，越阻碍中国 FDI 流向该东道国。此处，AGDP 使用当期值。

影响中国对外直接投资的决定因素还涉及其他一些因素，如企业层面的R&D 密度、技术能力等，再如东道国的 R&D 密度、新专利数、政治动荡、市场准入、税率等因素。但由于数据有的无法取得，有的指标观测有困难，加之本研究主要研究东道国的宏观经济因素对中国 FDI 的影响，因此，本研究没有引入这些变量。

7.3.3 回归模型

本书构建如下模型对中国对外直接投资的决定因素进行检验：

$$\ln(FDI_{ij}) = \alpha + \beta_1 \ln(GDP_i) + \beta_2 \ln(DIS_{ij}) + \beta_3 \ln(EXPO_{ij}) \quad (7-4)$$
$$+ \beta_4 \ln(RES_i) + \beta_5 \ln(AGDP_i) + \mu_i$$

式中：FDI 表示中国对样本东道国的对外直接投资年度存量，GDP 表示样本东道国当期的 GDP，DIS 表示两国之间的绝对距离，$EXPO$ 表示中国对样本东道国的当期年度出口额，RES 表示样本东道国当期的年度自然资源出口比例，$AGDP$ 表示样本东道国的当期人均国民收入。i 表示东道国国别，j 表示中国，μ 为白噪声项（零均值、等方差）。本模型对所有变量取对数形式，因此相关系数分别测量 FDI 对各相关变量的弹性。所谓弹性，即解释变量的一个百分点的变化所引起的被解释变量的百分比变化数。因此，β_1 测度 FDI 对东道国GDP 的弹性；β_2 测度 FDI 对两国距离的弹性；β_3 测度 FDI 对出口的弹性；β_4测度 FDI 对东道国的自然资源出口比例的弹性；β_5 测度 FDI 对东道国的人均国民收入的弹性。即：

$$FDI_{ij} = 中国对 i 国的直接投资年度存量$$

$$GDP_i = i 国当期的国内生产总值$$

$$DIS_{ij} = 中国与 i 国之间的地理距离$$

$$EXPO_{ij} = 中国对 i 国的年度出口贸易额$$

$$RES_i = i 国年度自然资源出口比例$$

$$AGDP_i = i 国年度人均国民收入$$

$$\mu_i = 白噪声，满足：E(\mu_i) = 0, E(\mu_i^2) = \sigma^2$$

解释变量对被解释变量的影响方向预期如表 7-1 所示：

表 7 - 1　模型预期结果

解释变量	理论假设	预期符号
GDP	东道国市场对中国对东道国的直接投资有显著影响，但影响方向是不确定的	不确定
DIS	中国与东道国的地理距离越大，中国农业企业对东道国的直接投资越少	-
EXPO	对东道国市场的出口量越大，中国对东道国的直接投资量也越大	+
RES	东道国的农业资源越丰裕，中国对东道国的直接投资量也越大	+
AGDP	东道国相对中国的劳动力成本越低，中国对其直接投资量也越大	-

7.4　样本与数据的选取

7.4.1　样本选取

本节重点考察东道国的市场规模、发展水平、自然资源富集程度以及与我国的贸易关系等因素对我国对外直接投资的影响。因此，选择若干典型国家的相关截面数据，对该组截面数据进行检验，在检验东道国市场因素重要性的同时，还将考察各国的自然资源情况对我国 FDI 的影响。

选择的样本包括孟加拉国、印度、印度尼西亚、日本、哈萨克斯坦、韩国、马来西亚、蒙古、菲律宾、新加坡、斯里兰卡、泰国、埃及、南非、美国、加拿大、墨西哥、阿根廷、巴西、委内瑞拉、德国、意大利、俄罗斯联邦、澳大利亚等 24 个经济体。

这 24 个经济体分布于不同的大洲，且剔除了英属维尔京群岛、开曼群岛两个离岸金融中心，便于消除返程投资、资本外逃效应的影响，判别对外直接投资的真实动因。

选择的这些经济体的 FDI 的平均存量约占我国对外直接投资存量的 65%；如果将我国对英属维尔京群岛、开曼群岛两个离岸金融中心的直接投资从总量中剔除的话，则所选样本数据约占对外直接投资总存量的 88%，样本的选择具有较好的代表性。

7.4.2　变量数据

本书对中国向样本国家 2014 年、2015 年、2016 年进行的直接投资存量计算均值，构成模型的被解释变量。这样共有 24 个观测值，每个观测值代表这一时期中国对一个给定东道国的 FDI 年度存量。数据来源于《2015—2017 年中国商务年鉴》，单位为：百万美元。

解释变量 *GDP* 使用 24 个东道国 2014 年、2015 年、2016 年的实际 GDP 均值，该数据是将以本国货币表示的、以 2000 年为基期的不变价格数据，用该东道国基年年度平均汇率，换算为美元表示，这一转换消除了东道国的物价水平对数据的影响。数据来源于 BvD 数据库的 CGDP 指标，单位为：亿美元。

解释变量 *DIS* 使用中国分别到 24 个东道国首都的直线地理距离，数据来自网站 http：//www. indo. com 中的"距离计算器"（distance calculator），单位为：公里。

解释变量 *EXPO* 为 2014 年、2015 年、2016 年的平均出口总值，代表我国与样本地区的经济联系的强弱，也是决定直接投资"心理距离"的最重要指标。数据来源于《2015—2017 年中国商务年鉴》，单位为：万美元。

解释变量 *RES* 为样本东道国在这一时期内的农业原材料、燃料、矿物和金属出口占出口货物总值的比例，数据来源于国家统计局国际数据统计，单位为：百分比。

解释变量 *AGDP* 使用 24 个东道国 2014 年、2015 年、2016 年的实际 AGDP 均值，代表与我国经济发展阶段的落差；数据来源为 BvD 数据库的 YPCA 指标，单位为：美元。

7.5　实证检验与结果

式（7-4）对五个决定因素（*GDP*、*DIS*、*EXPO*、*RES*、*AGDP*）对 FDI 的影响进行估计，利用 EViews 软件以横截面普通最小二乘法（OLS）对方程的估计结果如表 7-2 所示。

表 7-2　普通最小二乘法（OLS）对方程的估计结果

Variable	Coefficient	Std. Error	t - Statistic	Prob.
C	-15.33635	4.369193	-3.510110	0.0023
ln（DIS）	0.152754	0.349160	0.437490	0.6667
ln（EXPO）	1.653796	0.300702	5.499786	0.0000
ln（GDP）	-0.927998	0.225882	-4.108326	0.0006
ln（RES）	0.496902	0.182486	2.722957	0.0135
ln（AGDP）	0.279040	0.186394	1.497042	0.1508
R - squared	0.824909	Mean dependent var		4.764574
Adjusted R - squared	0.778833	S. D. dependent var		1.754139
S. E. of regression	0.824944	Akaike info criterion		2.658561
Sum squared resid	12.93012	Schwarz criterion		2.951091
Log likelihood	-27.23201	Hannan - Quinn criter		2.739696
F - statistic	17.90303	Durbin - Watson stat		2.097006
Prob（F - statistic）	0.000001			

由以上回归结果报告可以看出，R^2 拟合优度达到了 0.8249，调整后的 R^2 达到了 0.7788，拟合优度较好；自变量 GDP、RES、EXPO 的 t 检验在 1% 的水平上显著，方程整体的 F = 17.9，说明方程整体的相关关系是成立的。但是，AGDP 和 DIS 的 t 检验不显著。特别是 ln（DIS）的参数 β_2 的估计值为 0.1528，符号与预期不符，无法解释。同时，β_2 的 t 统计量仅为 0.438，最不显著。因此，剔除 ln（DIS），对剩余变量再进行 OLS 回归，结果如表 7-3 所示。

表 7-3　OLS 回归结果

Variable	Coefficient	Std. Error	t - Statistic	Prob.
C	-13.67505	2.116922	-6.459877	0.0000
ln（EXPO）	1.564462	0.216231	7.235149	0.0000
ln（GDP）	-0.857422	0.154881	-5.536007	0.0000
ln（RES）	0.521225	0.170261	3.061331	0.0062
ln（AGDP）	0.306619	0.171828	1.784447	0.0895
R - squared	0.823145	Mean dependent var		4.764574
Adjusted R - squared	0.787775	S. D. dependent var		1.754139
S. E. of regression	0.808096	Akaike info criterion		2.588584
Sum squared resid	13.06037	Schwarz criterion		2.832359
Log likelihood	-27.35730	Hannan - Quinn criter		2.656197
F - statistic	23.27183	Durbin - Watson stat		1.980965
Prob（F - statistic）	0.000000			

由以上回归结果报告可以看出，R^2 拟合优度达到了 0.8231，调整后的 R^2 达到了 0.7878，拟合优度较第一次有所改善；自变量 *GDP*、*RES*、*EXPO* 的 t 检验均在 1% 的水平上显著；同时，*AGDP* 的 t 检验在 10% 的水平上显著，也较第一次结果有明显改善。方程整体的 F = 23.27，比第一次的结果有了明显的改善。总体来看，回归的结果比较理想。可见，剔除 ln（*DIS*）后，无论是方程的整体显著性还是变量的 t 检验水平都有较大的提高，说明地理距离 *DIS* 对中国对外直接投资并无直接的影响。回归结果表明：东道国 *GDP* 同对外直接投资 *FDI* 呈负相关，出口量 *EXPO* 呈正相关，东道国自然资源出口比例 *RES* 呈正相关，这些都与理论预期相符。但是，东道国人均国民收入 *AGDP* 的参数 β_5 符号为正，与 *FDI* 呈正相关关系，与理论预期相反，可能的原因是本书的样本数据选择是综合了发达经济体与不发达经济体。前文分析指出，劳动成本低的国家对对外直接投资的吸引力更大，但若两个经济体间的经济总量相差太大，则市场需求与居民消费能力的增加将强过劳动成本所形成的负面作用。此外，目前所做的分析仅是涉及 24 个经济体的横截面数据分析，由于样本规模较小，自由度略显不足，因此分析结果的可靠程度值得怀疑。所以，为了验证以上分析结果的可靠性，笔者认为应该搜集更多国家在更长时间范围内的数据进行分析，这样应建立一个较为广泛的实证模型。

7.6　模型调整与实证结果

为了在较大样本容量的情况下验证前述模型得到的结论，本书拟在收集更多数据的前提下运用面板数据模型对投资的影响因素进行分析。

7.6.1　模型设定

本书拟采用面板数据模型（Panel Data Model）对前述模型结论进行验证。采用面板数据模型主要有以下好处：第一，分别在时间序列和横截面两个维度上对数据进行分析，实证样本数据量明显扩充，样本自由度增大，使数据分析所反映出的规律可靠性明显增强。第二，面板数据模型对解释变量设定的要求较低，也就是说即使模型中遗漏了较重要的解释变量，仍然能得到无偏和一致的估计值，使模型的实用性大为增强。

由于数据的可得性方面的原因，本书拟构建的面板数据模型的基本形式如下：

$$\ln(ODI_{it}) = \alpha + \beta_1\ln(GDP_{it}) + \beta_2\ln(EX_{it}) + \beta_3\ln(LAND_{it}) + \beta_4\ln(PGDP_{it}) + \mu_{it}$$

$$(7-5)$$

式中：ODI_{it}表示中国对样本东道国i在第t年的跨国直接投资年度流量，GDP_{it}表示样本东道国i在第t年的GDP，EX_{it}表示中国对样本东道国i在第t年的出口额，$LAND_{it}$表示样本东道国i在第t年的人均耕地面积，是衡量其资源富庶程度的变量。$PGDP_{it}$表示样本东道国i在第t年的当期人均国民收入，是东道国工资水平的代理变量。i表示东道国国别，t表示年份，μ为白噪声项（零均值、等方差）。

本模型对所有变量取对数形式以消除模型存在的异方差性，相关系数分别测量FDI对各相关变量的弹性。即：

$$ODI_{it} = 中国对i国的直接投资年度流量$$

$$GDP_{it} = i国当期的国内生产总值$$

$$EX_{it} = 中国对i国的年度出口贸易额$$

$$LAND_{it} = i国当年人均耕地面积$$

$$PGDP_{it} = i国年度人均国民收入$$

$$\mu_{it} = 白噪声，满足：E(\mu_{it}) = 0, E(\mu_{it}^2) = \sigma^2$$

解释变量对被解释变量的影响方向预期如表7-4所示：

表7-4　模型预期结果

解释变量	理论假设	预期符号
GDP_{it}	此为东道国市场需求的代理变量，东道国市场对中国对东道国的直接投资有显著影响，但影响方向是不确定的	不确定
EX_{it}	对东道国市场的出口量越大，中国对东道国的直接投资量也越大	+
$LAND_{it}$	东道国的土地资源越丰裕，中国对东道国的直接投资量也越大	+
$PGDP_{it}$	东道国相对中国的劳动力成本越低，中国对其直接投资量也越大	−

7.6.2　样本选取

本面板数据模型选择的样本包括孟加拉国、印度、印度尼西亚、日本、哈萨克斯坦、韩国、马来西亚、蒙古、菲律宾、新加坡、斯里兰卡、泰国、埃及、南非、美国、加拿大、墨西哥、阿根廷、巴西、委内瑞拉、德国、意大利、俄罗斯联邦、澳大利亚等 66 个经济体。

这 66 个经济体分布于不同的大洲，且剔除了英属维尔京群岛、开曼群岛两个离岸金融中心，便于消除返程投资、资本外逃效应的影响，判别对外直接投资的真实动因。选择的这些经济体能够代表中国对外直接投资总存量的绝大部分，样本的选择具有较好的代表性。

7.6.3　变量数据

本书选择 66 个样本国家 2012—2016 年关于 5 个变量的数据，共 1650 个观测值。

本书对中国向 66 个样本国家 2012—2016 年进行的直接投资流量构成模型的被解释变量。数据来源于《中国商务年鉴》，单位为：万美元。

解释变量 GDP 使用 66 个东道国 2012—2016 年的实际 GDP 值，该数据是将以本国货币表示的、用该东道国基年年度平均汇率，换算为以美元表示，这一转换消除了东道国的物价水平对数据的影响。数据来源于 BvD 数据库的 CG-DP 指标，单位为：万美元。

解释变量 EX 为中国向 66 个样本国家 2012—2016 年的出口额流量，代表我国与样本地区的经济联系的强弱，也是决定直接投资"心理距离"的最重要指标。数据来源于《中国商务年鉴》，单位为：万美元。

解释变量 LAND 为样本东道国在这一时期内的人均耕地面积，数据来源于国家统计局国际数据统计，单位为：公顷。

解释变量 PGDP 使用 66 个东道国 2012—2016 年的实际 AGDP 均值，代表与我国经济发展阶段的落差；数据来源为 BvD 数据库的 YPCA 指标，单位为：美元。

7.6.4　假设检验与方法选择

本模型所用的数据是多样本的时间序列数据，故在分析之前应进行单位根检验和协整检验，通过检验后还需针对模型所采用的方法进行检验和选择。

（1）单位根检验

本书首先采用 Fisher – pp 检验法对被解释变量序列 ODI 进行单位根检验，

结果是（C，0，1），表明数据在原水平上不平稳，差分次数是1；然后同样采用 Fisher－pp 检验法对解释变量序列 GDP、EX 等进行单位根检验，结果均为（C，0，1），表明数据在原水平上均不平稳，差分次数均为1。

（2）协整检验

以上分析表明，被解释变量的单整阶数小于解释变量的单整阶数，且解释变量的单整阶数相同，可以进行协整检验。本书采用 Kao（Engle－Granger based）检验法对被解释变量与解释变量之间的关系进行协整检验，检验结果如表7－5所示，整体的 t 统计量和变量的 t 统计量均显著，因此拒绝原假设，表明变量之间具有协整关系，可以建立面板回归模型。

表7－5　协整检验的结果

			t－Statistic	Prob.
ADF			－5.578947	0.0000
Residual variance			2.412827	
HAC variance				1.800549
Variable	Coefficient	Std. Error	t－Statistic	Prob.
RESID（－1）	－1.470769	0.099800	－14.73711	0.0000
D［RESID（－1）］	0.311899	0.059983	5.199809	0.0000
R－squared	0.621866	Mean dependent var		0.089354
Adjusted R－squared	0.619730	S. D. dependent var		1.478874
S. E. of regression	0.911963	Akaike info criterion		2.664675
Sum squared resid	147.2067	Schwarz criterion		2.700288
Log likelihood	－236.4884	Hannan－Quinn criter		2.679116
Durbin－Watson stat	2.076778			

（3）模型方法的检验和选择

本书在运用面板数据模型时，可选择针对样本个体的固定效应模型，也可采用随机效应模型。表7－6是面板数据模型的 Hausman 检验结果。根据此结果可以看出，固定效应模型的结果显著优于随机效应模型。

表7－6　Hausman 检验的结果

Test Summary	Chi－Sq. Statistics	Chi－Sq. d. f.	Prob.
Cross－section random	46.929590	4	0.0000

此外，本书还可以选择针对样本的混合模型，也可以选择固定效应模型。

表7-7是面板数据模型的F检验结果。根据此结果可以看出，固定效应模型的结果显著优于混合模型。因此，综合上述两项检验结果，本书将采用个体固定效应模型对面板数据加以分析。

表7-7　F检验的结果

Effects Test	Statistics	d. f.	Prob.
Cross – section F	6. 797209	(65, 247)	0. 0000
Cross – section Chi – square	325. 111898	65	0. 0000

7.6.5　实证检验与结果

式（7-5）对四个决定因素（GDP、EX、LAND、PGDP）对ODI的影响进行估计，利用EViews软件以面板最小二乘法（Panel Least Squares）对方程的估计结果如下：

表7-8　面板最小二乘法对方程的估计结果

Variable	Coefficient	Std. Error	t – Statistic	Prob.
ln （EX）	1. 001977	0. 331455	3. 022968	0. 0028
ln （GDP）	12. 81592	5. 210793	2. 459495	0. 0146
ln （LAND）	– 0. 963211	2. 147633	– 0. 448499	0. 6542
ln （PGDP）	– 10. 03144	5. 767130	– 1. 739416	0. 0832
C	– 132. 2076	39. 88957	– 3. 314341	0. 0011
Effects Specification				
Cross – section fixed （dummy variables）				
R – squared	0. 736550	Mean dependent var		6. 377852
Adjusted R – squared	0. 662955	S. D. dependent var		2. 215476
S. E. of regression	1. 286207	Akaike info criterion		3. 533400
Sum squared resid	408. 6193	Schwarz criterion		4. 363441
Log likelihood	– 490. 0438	Hannan – Quinn criter		3. 864960
F – statistic	10. 00812	Durbin – Watson stat		2. 004813
Prob （F – statistic）	0. 000000			

由以上回归结果报告可以看出，R^2拟合优度达到了0.7366，调整后的R^2达到了0.6630，拟合优度较好；自变量GDP、EX的t检验在5%的水平上显

著，自变量 *PGDP* 的 t 检验在 10% 的水平上显著，方程整体的 F＝10，说明方程整体的相关关系是成立的。DW 检验值为 2.00，说明方程不存在序列相关。但是，自变量 *LAND* 的 t 检验不显著，同时，ln（*LAND*）的参数 β_3 的估计值为 －0.9632，符号与预期不符，无法解释。因此，剔除 ln（*LAND*），对剩余变量再进行 Panel Least Squares 回归，得到以下结果：

表 7－9　**Panel Least Squares** 回归结果

Variable	Coefficient	Std. Error	t－Statistic	Prob.
ln（*EX*）	1.026138	0.326520	3.142647	0.0019
ln（*GDP*）	13.13363	5.154097	2.548192	0.0114
ln（*PGDP*）	－10.41027	5.695742	－1.827729	0.0688
C	－132.7943	39.80386	－3.336217	0.0010
Effects Specification				
Cross－section fixed（dummy variables）				
R－squared	0.736336	Mean dependent var		6.377852
Adjusted R－squared	0.664041	S. D. dependent var		2.215476
S. E. of regression	1.284134	Akaike info criterion		3.527905
Sum squared resid	408.9521	Schwarz criterion		4.346088
Log likelihood	－490.1729	Hannan－Quinn criter.		3.854728
F－statistic	10.18514	Durbin－Watson stat		2.004899
Prob（F－statistic）	0.000000			

由以上回归结果报告可以看出，R^2 拟合优度达到了 0.7363，调整后的 R^2 达到了 0.6640，较第一次结果稍有改善；自变量 *GDP*、*EXPO* 的 t 检验均在 5% 的水平上显著；同时，*PGDP* 的 t 检验在 10% 的水平上显著。方程整体的 F＝10.18，比第一次的结果有所提高。总体来看，回归的结果比较理想。可见，剔除 ln（*LAND*）后，方程的整体显著性和变量的 t 检验水平都有所改善，说明东道国人均耕地对中国对外直接投资并无直接的影响。

回归结果表明，东道国 *GDP* 与对外直接投资 *FDI* 呈正相关关系，与出口量 *EX* 呈正相关，与东道国人均国民收入 *PGDP* 呈负相关关系，这些都与理论预期相符。

7.7　对外投资的区位因素讨论

7.7.1　变量 GDP

将以上普通回归结果以及面板数据回归结果与模型的假设进行对照可以发现：首先，变量 GDP 的符号在横截面分析中为负，而在面板数据分析中为正。在横截面回归方程中，GDP 的斜率系数为 -0.857，意味着东道国的 GDP 每增加 1%，中国对其直接投资就会减少 0.857%。在面板数据回归方程中，GDP 的斜率系数为 13.1336，意味着东道国的 GDP 每增加 1%，中国对其直接投资就会增加 13.1336%。这一矛盾反映出中国对外直接投资在长期中倾向投向市场规模较大的国家，具有市场寻求型特征，但在短期中市场寻求的意味又不是很明显，短期中的投资具有明显的资源寻求特征。

对这一现象可能的解释有以下几点。

第一，发展中国家与发达国家相比，其 GDP 总量较小，但其自然资源包括农林资源的价格往往比发达国家低。比较两类国家的自然资源出口比例可以发现，发展中国家的 RES 均值为 31.35%，远远高于发达国家的 RES 均值的 11.62%，说明发展中国家自然资源较丰富，价格比较低。同时，发展中国家的劳动力成本代理变量 AGDP 的均值远远低于发达国家的 AGDP 均值。因此，中国对外直接投资倾向于寻求更低成本的自然资源和劳动力，使其投资投向了经济总量较小的发展中国家。这一点也说明中国整体的对外直接投资与中国农林对外投资在相当程度上是重合的，在短期中都是资源寻求型对外投资。

第二，由于在欧盟、美国、日本等发达国家的大市场，当地公司竞争力很强，加之跨国公司争相进入，从而竞争更加激烈，而中国企业在这些市场缺乏竞争力，因而对中国企业来说，这些大市场存在进入障碍，从而投资规模与其市场规模不成比例，而对于发展中国家这些小市场，中国企业则由于相对优势的存在而受市场青睐。

第三，作为发展中国家，中国对外直接投资更偏爱在地理上和文化上邻近的国家和地区。

第四，中国有相当部分 FDI 受政治驱动，如对非洲及拉美地区的一些投资可能属于对这些国家坚持一个中国原则的回报，因此主要受对外援助的驱动，从而具有不受市场规模影响的投资刚性。

7.7.2　变量 DIS

普通回归结果表明，中国和东道国之间的地理距离 DIS 的斜率系数为正，这一点与预期相反。同时，变量 DIS 的 t 统计量也均不显著，表明地理距离不是影响中国对东道国投资的主要因素，在剔除各方程的 DIS 变量后，方程的显著性和其他变量的显著性都有了明显的提高，进一步说明距离不影响方程，而此结论又与先前的理论假设严重不符。

这一现象可能的解释有以下三点。

首先，此观察进一步说明了中国的对外直接投资中占主要地位的是资源寻求型投资，而非市场寻求型投资。一般而言，市场寻求型投资对距离的变化是较为敏感的。距离的远近不但意味着空间上的接近程度，同时也在一定程度上代表着两国历史文化的相似性，所以选择与我国邻近的国家或地区进行 FDI 投资既有利于节约运输通信成本，也有利于减少企业进行 FDI 时的文化差异，有利于企业准确把握市场需求和消费者心理预期。然而，资源寻求型投资与此不同，因为资源寻求型投资中很多是出于国家经济安全考虑的战略型投资，而这种投资并不遵循短期内的利润最大化和成本最小化的逻辑，运输与通信成本并不能深刻地影响投资。同时资源寻求型投资企业也不必像市场寻求型投资企业那样准确把握东道国的市场需求和消费者心理预期，因此文化差异对其影响不大。

其次，随着经济全球化和现代通信及运输技术的快速发展，单位距离内的信息和交通成本成倍下降，从而使距离成本在投资成本中所占比重迅速降低。因此，距离因素在现代跨国投资中所起的作用已经大大降低了。这一点已经被近年来的许多相关研究所证实。

最后，本书在回归中所用的变量是地理距离，但地理距离仅衡量了国家之间的空间物理差异。在研究投资区位时，也许使用"心理距离"或"时间距离"等更为合适。

7.7.3 变量 EXPO 或 EX

与预期一致，本研究表明对东道国的出口是中国 FDI 的一个正的显著的决定因素。普通方程的斜率系数为 1.5644，表明中国对东道国的出口每增加一个百分点，则导致中国对其直接投资增加 1.5644 个百分点。面板回归表明，发达国家方程的 EX 斜率系数为 1.026，表明中国对东道国的出口每增加一个百分点，则导致中国对其直接投资增加 1.026 个百分点。

已有研究对出口与 FDI 关系的大多数实证研究结果都表明母国与东道国之间已存在的贸易规模对 FDI 有较强的正相关关系。也就是说，出口与 FDI 之间是一个互补的或者一个正的因果联系。

以上结果说明：

首先，中国的 FDI 和出口之间在替代与互补的两端偏向于互补关系。本研究证实：在国家水平，从母国到东道国的出口对母国到东道国的 FDI 流动是正的效应。本研究所表明的 FDI 与出口之间的显著相关表明，先前的出口所积累的东道国市场的知识是中国对外直接投资的一个重要决定因素。

其次，进一步的普通分类回归结果发现，发达国家的 EXPO 斜率系数明显高于发展中国家的 EXPO 斜率系数，意味着中国对发达国家的投资受到市场因素的影响比对发展中国家高，也就是说，中国对发展中国家的 FDI 的资源寻求型特征更为明显，其受到本国出口因素的影响较小。而比较市场寻求型投资与资源寻求型投资，前者显然比后者与出口之间的关系更为密切。

7.7.4 变量 RES

与预期一致，本研究表明对东道国自然资源的出口比例是中国 FDI 的一个正的显著的决定因素。整体方程的斜率系数为 0.5212，表明东道国的 RES 每增加一个百分点，则导致中国对其直接投资增加 0.5212 个百分点。进一步的分类回归表明，RES 的 t 统计量并不显著，中国对发达国家投资的资源寻求特征不是很明显，发达国家的自然资源丰裕度和工资水平不是影响中国对其投资的主要因素。发展中国家方程的 RES 斜率系数为 0.6309，表明中国对发达东道国的出口每增加一个百分点，则导致中国对其直接投资增加 0.6309 个百分点。

分析以上结果表明，我国的跨国企业偏好对自然资源丰富的国家进行直接投资，那些矿产、农林产品等初级产品出口比例高的国家是我国对外直接投资的重要目的地。这既符合了假设 H_4，也与我国近年来的发展实践相吻合，说明中国对外直接投资特别是对发展中国家的投资偏向于资源寻求型投资。近年来，我国企业参与国外初级产品开发的直接投资活动大幅增长，其中就包括对农林产品开发的投资。因此，预估我国针对初级产品的对外直接投资还有可能会在近几年出现较大规模的增加。

东道国初级产品所占总出口比例这一关键特征，长期以来对我国的对外直接投资有着重要影响，这也与 Dunning（1990）在投资发展阶段理论中对处于第二阶段的经济体的对外直接投资的基本描述相符合，我国属于从 IDP 理论的第二阶段向第三阶段过渡的经济体，作为原料产地的优势已经逐渐丧失，企业开始积极向海外开拓原材料供应渠道。随着经济的增长，我国矿产和大宗农产品都已从出口逐渐变为进口，且进口量逐年增加。这都充分说明，东道国出口中初级产品所占比例，反映了该国自然资源的丰富程度，与我国对该国的直接投资呈正相关关系。我国对外投资的自然资源寻求型投资特征十分明显。

7.7.5 变量 AGDP 或 PGDP

在普通回归检验中，AGDP 变量的斜率系数为正，达到 0.3066，与预期不一致，本书推测这是由于数据样本自由度不够造成的结果失真。在面板回归检验中，PGDP 变量的斜率系数为负，与预期一致，而由于面板分析样本规模较大，故此结果较为真实可靠。此时 PGDP 变量的斜率系数达到 -10.41，表明东道国的 PGDP 每增加一个百分点，则导致中国对其直接投资减少 10.41 个百分点。这一结果明确指出，中国对外直接投资倾向于人均收入偏低的发展中国家，此结论与前述变量 GDP 的分析一致。也就是说，整体上看中国的对外直接投资由资源寻求型投资占主导地位，其投资的目的在于寻求具有资源优势和成本节省空间的地理区位，而人均收入所反映的工资水平虽然并不代表自然资源，但它说明了中国对外投资追求成本节约的动机占有主导地位。因此，当东道国的自然资源的价格较低时，就会吸引中国的直接投资流向该国，这一点与中国投资整体偏向发展中国家的现象是一致的。

7.8　结　论

从本章计量分析结果，我们可以得到以下主要结论：

第一，中国对外直接投资从总体上看既有资源寻求型特征，又有市场寻求特征，而且其资源寻求特征强于市场寻求特征，此选择特征与农林企业的对外直接投资具有高度重合性。在这一整体规律下，中国对外投资又具有较大的地区差异，反映在对发达国家的投资受当地市场因素的影响较大；而对发展中国家的投资更具有资源寻求特征，其投资往往出于战略考虑。

第二，从企业对外直接投资的区位选择来看，其总体决定因素主要是东道国市场规模、中国对东道国的出口量、东道国自然资源的丰裕程度以及东道国的工资水平。在对发达国家直接投资中，市场规模和出口是最主要的决定因素；而对发展中国家直接投资中，市场规模、出口和东道国自然资源丰裕度是最主要的决定因素，而东道国自然资源的丰裕程度起到了更为重要的影响作用。

由于整体投资与农林对外投资具有较高重合性，因此以上两点结论对中国农林企业对外投资的区位选择同样是适用的。

第八章 农业对外直接投资的风险管理

农业企业的海外投资不仅面临着市场风险、自然风险，还面临着汇率风险、政治风险、国际市场竞争风险等，因此对企业投资进行有效的风险管理至关重要。农业企业海外投资的风险管理既有其他类型企业的共同特点，又因为农业本身的特殊性对风险管理提出了一些新的要求。本章的研究目的在于探寻农业企业对外投资的风险管理战略。

图8-1是本章的技术路线图。本章的研究将分为两个部分：第一部分从理论层面剖析投资风险的本质，研究从投资风险的含义、投资风险的特点以及投资风险的分类三方面展开。第二部分将从操作层面探寻风险管理的具体程序，研究将沿着风险识别、风险评价和风险控制的逻辑顺序展开。

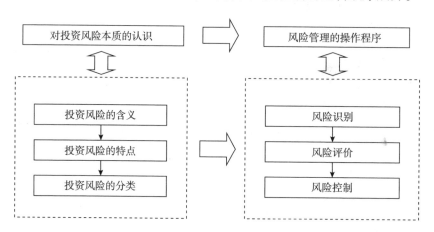

图8-1 农业企业"走出去"风险管理研究的技术路线

8.1　理论概述

8.1.1　风险的含义与特征

风险是某一事件发生的不确定性，在现有的风险定义中很多人认为风险代表着损失等不利因素，如 H. A. 威利特把风险定义成不愿发生的事件发生的不确定性的客观体现❶；美国经济学家 F. H. 奈特区分了风险和不确定性，并认为风险是可测定的；中国的赵曙明在《国际企业：风险管理》一书中把风险定义成在一定环境和期限内客观存在的，导致费用、损失与损害产生的，可以认识与控制的不确定性❷。其实风险与收益是紧密联系的，所以风险所带来的并不一定是损失。从定义中可以发现，风险有以下特点：①客观性，风险不以人的意志为转移是真实存在的；②偶然性，风险是以概率形式出现的；③相对性，风险的大小与发生的概率与面对风险的主体有关；④可测量性，风险不是神秘的，通过概率的方法可以估计其发生的可能性；⑤可控制性，不同主体行为会导致风险发生的概率不同，恰当的规避风险行为可以减少不利的风险损失。

8.1.2　海外投资风险的含义特征

海外投资项目风险只不过是一般风险的具体化形态，它是在一定环境条件和期限内客观存在的，导致与企业海外投资项目相关的一系列损失与损害产生的变化❸。海外投资所面对的风险具有一般风险特点，同时也更加复杂和多样化。海外投资是一种跨国经营方式，面临比在国内更复杂的政治、经济、文化、社会环境，并且企业一般对该环境相对陌生，所以海外投资具有更大的风险。

---

❶ 吴洪臣，权尊先，陈德明. 国际直接投资［M］. 济南：山东出版社，1995：32.

❷ 毕星，翟丽. 项目管理［M］. 上海：复旦大学出版社，2004：56.

❸ 钟桂东. 海外石油勘探开发项目的投资风险分析［D］. 南京：中南大学，2008：12.

8.1.3　农业企业海外投资风险特点

农业企业的海外投资与第二、第三产业不同，在面临相同的海外环境时会有更大的风险。①农业企业生产周期长。农业生产的特点决定了需要较长的时间才能完成整个生产流程，因此在生产过程中更容易受到市场、自然环境、政治环境的影响。在风险以相同概率发生的情况下，农业企业生产的长周期性将使它具有比其他类型企业更高的风险概率。②容易受自然因素影响。农业产出是人类与自然协作的结果，离开了谁都使生产无法进行，所以以自然条件为基础的农业更容易受到自然灾害的影响。③农业企业更容易受到市场的影响。因为农业生产的周期长、易受自然条件的影响，所以农业企业对市场反应的能力和速度都不如工业企业。市场的波动很容易影响农业企业的经营，使企业的利润下降。

8.1.4　农业企业海外投资风险分类

现有海外投资风险主要分为内部风险和外部风险。外部风险是指企业所处的环境风险；内部风险指企业的经营活动风险。还有的分为可控风险和不可控风险，可控风险被认为在企业的经营活动中产生，并可以通过一些手段减少其发生；不可控风险指企业无法影响其发生的风险。在以后的研究中主要采用内部风险与外部风险的分类。但研究的对象主要是不可控风险，因为不可控风险不会随着企业的生产、经营行为产生影响，较容易进行评价；可控风险会因为企业的性质、特点等因素不同而规律性不强。

中国农业企业"走出去"战略很难实施，很大程度上是因为海外投资的高风险性和中国农业企业主体的规模不大、抗风险能力不强、缺乏风险意识。风险管理在农业企业国际化的进程中起着至关重要的作用。

8.2　农业企业海外投资风险识别

企业跨国投资面临的风险因素是多种多样的，既有环境的因素，又有企业自身的因素。农业企业要对风险进行管理，首先就要明确可能存在的风险。现有海外投资风险的研究主要集中在一般性的风险识别，并没有专门针对农业企业的研究。农业企业有着自身的经营特点，在风险识别时不仅要考虑一般性的因素，还要考虑其特殊性因素。

8.2.1　海外投资的环境风险因素

企业的投资行为都在特定的空间和时间，海外的投资环境关系着企业投资的成败，恐怖活动、当地政府政策变化都会给企业带来严重的损失。在此，我们把企业的环境分为自然环境、政治环境、社会环境、经济环境四个部分。其中政治环境、经济环境和社会环境对一般工业的海外投资较为重要，进行的研究较多；自然环境的影响较轻，农业企业的生产对自然环境的依赖性要求对自然环境进行深入的分析。除了投资的环境风险外，还有企业的经营管理风险。

（1）政治风险

Simon Jeffrey D 把政治风险定义为政府的或社会的行动与政策，或者导源于东道国内或者导源于东道国外，对大多数外国经营业务与投资产生反面影响[1]。陈浪南指出，政治风险是指未能预期政治事件的变化，导致所在国投资环境的变动，进而影响跨国企业海外投资的现金流量和其他目标的实现[2]。

现有研究中，政治风险的因素主要包括：政治的稳定程度、政府政策的稳定程度与效率、政府国有化风险、腐败情况、法律的健全程度等。海外投资存在的政治风险因素有很多的内容，并且根据所投资地域的不同，政治风险因素的表现程度也不同，如法律、政府国有化、政策的稳定在大多数发达国家比发展中国家低得多。所以，政治因素的选取应根据所投资的地区做出选择。

（2）社会风险

刘慧芳在《跨国企业对外直接投资研究》一书中将社会风险定义为，由于东道国国内的民族矛盾、宗教信仰、文化习俗等方面的不确定因素给企业带来的风险[3]。社会风险是企业跨国经营中因新的投资环境与原有投资环境的不同造成的。

---

[1]　Simon Jeffrey D. Political Risk Assessment：Past Trends and Future Prospects ［J］. Columbia Journal of World Business，1982（173）：62 – 65.

[2]　邓铁军. 工程风险管理 ［M］. 北京：人民交通出版社，2004：25.

[3]　刘慧芳. 跨国企业对外直接投资研究 ［M］. 北京：中国市场出版社，2007（2）：131.

社会风险主要有：①社会文化的差异，因为海外投资的地区与企业原有的环境在观念、偏好、习俗等方面的不同给经营管理带来的矛盾。社会文化的差异通过企业的员工、产品的特点表现出来。②宗教因素，宗教在很多国家的社会生活中扮演着重要的作用，同时因为宗教而产生的冲突在当今社会也越来越严重，如伊斯兰教与西方主流思想的冲突。中国大部分群众是没有宗教信仰的，在很多方面宗教的影响作用不大，但在我们的很多投资国中宗教的作用甚至大于法律。③社会阶层矛盾，每一个社会都由不同的阶层组成，很多情况下不同阶层因经济、信仰的不同引起冲突。社会风险的作用很多时候不同于其他风险，它们通过间接的方式产生作用。

（3）经济风险

经济风险与企业海外投资有着最直接的关系，并直接决定着企业的投资行为。经济风险可分为宏观风险和微观风险。宏观经济风险是指所投资区域的整体经济环境；微观经济风险指企业海外投资的经营环境。

宏观经济环境的衡量包括：投资区域的经济发展程度，一般用 GDP、人均GDP、恩格尔系数、贫富差距等来衡量；通货膨胀率、汇率的稳定程度；企业进入、退出成本等众多指标。微观指标有：企业所要进入的行业的竞争程度、国家对该产业的政策、市场的完善程度等。

（4）自然风险

农业企业的生产经营活动离不开自然资源，所以自然因素对农业企业的影响将比其他产业更加深入。自然风险包括：自然灾害和自然环境对生产的有害程度。由于农业企业的类型不同，自然对其影响不同。例如，自然因素会影响种植企业的产出；也会影响加工企业的原材料的供给与价格。

（5）企业内部风险

企业的内部经营管理风险是企业的生产、经营行为导致的风险。这种风险的形成与企业的行为有关，不同的行为将导致不同的风险程度。企业的经营管理风险分为：企业的财务风险、人力资源风险、技术风险、信息风险等。

8.2.2　企业风险识别过程

风险与企业的收益有着直接的关系，有效认识企业在海外投资的风险对企业的海外投资有着重要的作用。风险的识别就是发现风险并对风险的影响程度做出评价。因为企业投资活动受到各种风险的作用，把所有的风险都进行分析不现实，所以风险识别的另一层含义就是把与企业海外投资有关、有重要影响的风险因素找出来进行分析。企业的海外投资比以往国内的投资更加复杂，不是拍脑瓜就能做出准确的判断，因而企业必须建立相应的风险识别体系。

风险识别就是对风险的认知。企业要想避免风险带来的损失，就必须对海外投资存在的风险因素有较为全面的了解。认识风险并不是要求把所有与企业投资有关的风险因素都考虑进来，风险是一种潜在的不确定性，搜集风险的信息往往成本很大，所以对风险的识别是利用已有的资料对企业投资的主要风险进行分析、认识。要确定企业投资的风险就必须明确投资战略，在明确企业的投资战略后，风险的确定应与企业的生产经营活动密切相关（见图 8－2），从而找到与自身的经营活动有关的风险影响因素。其中，一部分风险是企业在生产经营中由自己的行为与所处的投资环境作用形成的风险。企业的行为可以改变风险的分布状况，影响风险所带来的损益分布，所以我们认为该种风险对于企业是可控制的。如企业的投资产业选择、技术选择、品牌策略等都可以影响企业所面临的市场风险。可控制风险是受企业内部活动影响的，因此我们认为该种风险是通过生产经营活动中企业决策行为起作用。另一部分风险是与企业生产经营活动密切相关，但企业的行为不会对其产生影响。这种风险独立于企业的活动，却会影响企业活动的结果。政权更迭、恐怖活动、法律变化对企业来说都是不可控制的，这些突发事件所带来的结果却会影响企业的经营活动。

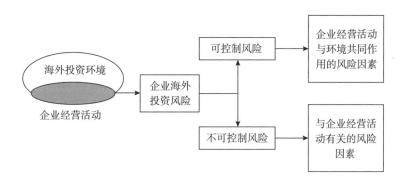

图 8－2　海外投资风险分类

除了可控制风险与不可控制风险以外，还有企业认知范围外的未知风险。未知风险的形成既有企业内部经营管理的因素，又有企业外部环境的因素。

8.2.3 企业风险偏好对风险识别的影响

风险偏好是企业对风险的态度，不同特点的企业风险偏好不同。规模大、实力雄厚的企业应对风险的能力更强，所以有更高的风险偏好；同时企业的管理者的特点也影响着企业对风险的偏好。具有高风险偏好的企业在对风险认知时更容易忽视一些影响较轻的风险；而低风险偏好的企业更偏爱搜集企业的风险信息。相对于其他产业的企业，中国农业企业的规模和实力比较薄弱、抗风险能力不强，加之农业的生产面临着比其他产业更多的风险，所以我们认为农业企业对风险应更加谨慎。农业企业对风险的谨慎导致其在海外投资时更加保守，偏好一些相对风险低的产业和区域。

本节分析了影响企业海外投资的风险因素、风险的识别过程和企业的偏好，为我们的风险评价提供了理论基础。从微观角度来看，企业海外投资的风险影响因素选择主观性大、信息搜集困难，因此企业有效而简单地对风险进行分析就变得至关重要。

8.3 农业企业海外投资风险评价

现有的海外投资风险研究很多都是针对企业的宏观环境的，但企业的经营活动不仅与环境有关，还与企业的行为相联系。现有研究的不足就是很少把环境风险与企业的行为联系、把风险与企业的投资决策相联系。在本节我们的研究将基于企业的角度来分析风险及风险对企业经营的影响。在此我们将主要解决企业在风险评价中存在的信息搜集困难的问题。

8.3.1 农业企业海外投资风险分析方法

企业的投资受到各种风险的影响，有效地把风险因素与农业企业的投资收益联系起来才能深入分析风险对企业投资的影响。解决风险与收益之间的关系必须掌握大量的市场信息，同时必须明确风险与企业收益的关系，而这些对于企业是很难做到的。采取简单可行的方式研究风险与企业的投资行为成为一个很棘手的问题。

为了在信息有限的情况下研究风险对企业投资的影响，我们在该部分将借助蒙特卡罗模拟（Monte Carlo Simulation）的方法来研究企业海外投资风险。蒙特卡罗模拟也称作随机模拟或是统计实验，该种方法需要对随机变量进行大量抽样来描述风险的分布。蒙特卡罗模拟方法的实质就是通过对风险系统中的随机变量模拟来研究一个随机系统。由于每次随机模拟只能得出系统的一个结果，在完成大量模拟后可以根据大数定理和中心极限定理得出相关的结论。蒙特卡罗模拟方法的最大优点是误差只与抽样的次数有关，而对随机变量的特性、维数没有影响。

蒙特卡罗模拟误差：

$$\varepsilon = \frac{\lambda_\alpha \sigma}{\sqrt{n}} \qquad (8-1)$$

某一个风险因素随机变量 X 的均值 μ 和方差 σ^2 都存在，并且 $\sigma^2 \neq 0$；α 为显著性水平，λ_α 为正态差，$\frac{1}{\sqrt{2\pi}} \int_{-\infty}^{\lambda_\alpha} e^{-0.5t^2} dt = 1 - 0.5\alpha$。

蒙特卡罗模拟方法有以下优点：①不受函数的线性与非线性影响；②不受风险因素分布的影响；③受条件限制少；④适合多维问题的分析。但是蒙特卡罗模拟方法也存在一定的局限性：①需要进行大量的模拟，因为模拟的误差与模拟次数是反比例关系，所以为了减少误差需要进行大量的模拟运算；②蒙特卡罗模拟方法所得出的结果是近似结果或是趋势，不是已有数据的精确描述。

蒙特卡罗模拟方法有着很程序化的过程，一般可分为 4 个步骤：①建立农业企业海外投资模型并列出风险清单。要把对农业企业投资重要的影响因素根据相应的结构罗列出来。②确定各因素对农业企业投资的影响程度和风险因素的分布与数学期望。一般可以根据专家的经验或是历史数据得出随机变量的分布和影响程度。③模拟抽样计算。通过计算机进行足够次数的随机变量抽样产生随机数，计算模型结果。④分析模型的结果。如图 8-3 所示。

蒙特卡罗模拟方法还需要对模拟次数 n 进行确定。我们用平均标准差 δ 度量样本的变异性，来评估样本总体的精度。

平均标准差：

$$\delta = \frac{\sigma}{\sqrt{n}} \qquad (8-2)$$

我们利用置信区间的跨度来估计希望获得精度。理想的置信区间跨度为

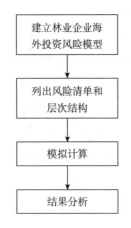

图 8-3 蒙特卡罗模拟流程

R。在置信水平为 α 时，置信区间的跨度为

$$\frac{Z_{\frac{\alpha}{2}}s}{\sqrt{n}} \qquad\qquad (8-3)$$

则：

$$\frac{Z_{\frac{\alpha}{2}}s}{\sqrt{n}} \leqslant R \qquad\qquad (8-4)$$

从而：

$$n \geqslant \left(\frac{Z_{\frac{\alpha}{2}}s}{R}\right)^2 \qquad\qquad (8-5)$$

运用该公式计算模拟次数一般不能一次得出需要模拟的次数，一般先模拟 n_1，后计算出样本标准差 s，然后用式（8-4）进行判断，直到符合所需要的精度。

8.3.2 农业企业海外投资风险模型

农业企业是从事农业生产、加工、服务的企业，所以企业的投资风险体现在企业提供生产或服务的过程之中。为了便于分析，将采用成本收益的方法来分析企业的海外投资与风险的关系。

设企业出售产品或服务的价格为 P（以投资国货币计算），数量为 Q；农业企业的生产成本为 C（以投资国货币计算）；利率为 i（投资国的利率）；汇率为 r（本国货币/投资国货币）；I 为收益的现值；n 为投资的期限（一般为一年）。

企业的收益为：

$$I = \sum_{j=0}^{n} \left[\frac{PQ - C}{(1 + i)^j} \times r \right] \qquad (8-6)$$

式中：产品的需求量是关于价格的函数 $Q = f(P)$。

所以，企业的收益函数变为：

$$I = \sum_{j=0}^{n} \left[\frac{Pf(P)}{(1 + i)^j} \times r \right] \qquad (8-7)$$

首先我们先分析影响价格 P 的因素，农业企业产品或服务的价格一般受到人均收入因素（S_1）、自然因素（S_2）、政治因素（S_3）、社会环境（S_4）、市场环境因素（S_5）等影响。

企业产品服务价格函数为：

$$P = F(S_1, S_2, S_3, S_4, S_5) \qquad (8-8)$$

自然因素细分为：农业生产的适宜程度、自然灾害发生次数、气候变化等。政治因素可包括：政治的稳定程度、政府政策的稳定程度与效率、政府国有化风险、腐败情况、法律的健全程度等。社会环境包括：民族矛盾、宗教、社会习俗等。市场环境包括：替代产品的价格、互补产品的价格、市场需求、要素市场和产品、服务市场的产业结构等。企业经营包括：人力资本、生产技术、投资决策等因素。农业企业的类型不同对各种因素的侧重也不尽相同，农业种植企业可能更容易受到自然风险的影响；生产类型的企业受到市场和成本风险影响的可能性更大。

每个一级因素都是由几个二级因素组成的。因此，可以把一级因素记作 S_i（$i = 1, \cdots, 5$）；二级因素记作 S_{ij}。为了减少价格函数的变量，把一级因素表示成二级因素的函数：$S_i = g(S_{i1}, S_{i2}, \cdots, S_{in})$。

因素 S_{ij} 对价格的影响弹性为：

$$e_{ij} = \frac{\mathrm{d}F}{\mathrm{d}S_i} \cdot \frac{\mathrm{d}S_i}{\mathrm{d}S_{ij}} \cdot \frac{S_{ij}}{P} \qquad (8-9)$$

为了便于统计分析，给出价格影响因素的线性关系：

$$P = \sum_{i=1}^{6} \alpha_i S_i + A \qquad (8-10)$$

式中：A 为其他影响因素的作用。

一级因素与二级因素线性关系为：

$$S_i = \sum_{j=1}^{n} \beta_j S_{ij} \qquad (8-11)$$

从而 $\dfrac{\mathrm{d}F}{\mathrm{d}S_i} = \alpha_i$；$\dfrac{\mathrm{d}S_i}{\mathrm{d}S_{ij}} = \beta_j$。

因素 S_{ij} 对价格的影响弹性为：

$$e_{ij} = \alpha_i \beta_j \frac{S_{ij}}{P} \qquad (8-12)$$

式中：α_i 为一级因素 i 对价格的贡献率；β_j 为因素 ij 在一级因素中的权重。因素 ij 对价格的弹性取决于 α_i 和 β_j。

8.3.3 影响因素的模拟

模型中各因素与关系的求解是我们评价风险的主要障碍。因为单个企业搜集到的信息是有限的，所以我们可以根据历史数据和企业自身的经验来确定风险。在模型中的影响因素都是服从某种分布的随机变量，因此确定影响因素分布的特点在我们的模拟中至关重要。

（1）影响因素分布特点的确定。企业在进行海外投资前必然对可能存在的风险影响因素进行分析，搜集相关的数据，所以我们可以根据经验来确定其分布的特点。

（2）根据已有数据确定函数关系。在我们的模型中有两种关系，一是风险因素对价格、成本、需求量的影响；二是二级风险因素的权重。

（3）根据已知的分布特点产生随机数，进行计算，得出有关收益的信息。

8.4 农业企业海外投资风险控制

风险控制就是改变风险对企业生产经营的影响程度，风险防范主要有风险规避、风险转移两种方法。不管是风险的规避还是转移，其作用方式主要是改变风险发生的概率结构（风险的分布）、对企业的影响程度。所以我们认为风险控制是对影响企业海外投资风险的因素进行干预以达到改变风险分布、损失结构的目的，或是改变企业对风险因素的敏感程度。本节将从这个角度出发来研究农业企业海外投资风险控制。

在前面的研究中，我们把企业海外投资的风险分为可控制风险和不可控制风险，下面我们将从该角度出发来分析海外投资风险的控制方法。

8.4.1　海外投资风险的预警

企业要想防范海外投资风险的发生，就需要认识到企业存在的风险。如果不能正确地预测潜在风险，就无法对风险进行控制，所以企业拥有一套风险识别系统就显得十分重要。

农业企业的规模一般较小、人才储备相对薄弱，很难有充裕的人力、物力去建立一套自身的风险识别系统，这样农业企业的海外投资决策更多的是一种"拍脑瓜"决策。这种决策方式虽然成本低廉，但是在面对复杂的海外投资环境时给企业带来了巨大的潜在风险。在这种情况下，建立适合农业企业海外投资的风险识别系统需要企业、国家的共同参与。

企业要想避免风险带来的损失，首先应该具备风险观念。在企业内部应该建立专门的管理机构，进行日常管理。由于大多数的农业企业内部不具备这样的能力、人力和财力，很难维持风险管理部门的运作，在这种情况下企业可以在进行海外投资前雇用专门的咨询机构提高企业的风险管理能力。政府在资源、信息、能力上都有着企业无可比拟的优势，因此政府应为农业企业提供相关的信息服务和政策咨询，帮助农业企业更多地掌握海外市场的特点。同时政府还应该提供相应的政策、经济上的扶持，减少农业企业在投资中风险对其影响的程度。

总之，建立有效的风险预警机制是企业风险控制的首要任务，关系着企业投资的成败。

8.4.2　海外投资风险的防范

我们把风险分为可控制风险和不可控制风险，有利于针对不同类别的风险进行防范。不可控制风险是与企业的生产经营活动没有关联的，因此该种风险的防范与可控制风险有着许多的不同。下面我们将分别针对具体的风险进行分析。

（1）不可控制风险的防范

不可控制风险包括很多企业海外投资环境因素，这些因素对于单个企业来说是无法改变的。对待这类风险企业应以避免为主，采取措施减少企业的投资损失。

不可控制风险主要是企业的环境所带来的风险，一般政治风险、自然风险和社会风险很多因素都是企业不能左右的。我们将对常见风险因素的防范进行分析。

政治风险包括很多内容，在不同的投资区域，政治风险的影响因素也不同。对政治风险的防范主要是企业采取手段适应外部环境。①利用政府所提供的海外投资保护。中国政府为海外投资企业提供了许多减少风险的措施，并利用海外的使领馆为企业提供相应的服务。企业海外投资应保持与政府机构的密切联系，为企业的海外投资获得政府的支持。②争取投资国政府的支持。海外投资的企业与当地政府保持良好的关系，以便在政治突发事件发生后得到相应的保护。③分散投资风险。企业在海外投资时选择多个投资对象，防止把鸡蛋放在同一个篮子；或是与当地企业进行联合投资，与当地企业形成利益集团。④保险。企业可以根据投资国的政治状况，对可能发生的政治事件带来的损失进行投保，减少政治风险发生时所带来的损失。

社会风险是由不同社会的差异造成的，因此企业很难改变所处的新的社会环境。企业要想在新的社会环境中减少风险发生，首先要尊重当地的社会风俗习惯。企业应该尊重当地的宗教、习俗，与当地居民分享企业发展带来的收益。其次，企业雇用当地劳动力，使当地的居民与企业建立共同利益。

自然风险的发生不以人的意志为转移，对自然风险的防范应以预防为主。企业应建立防范自然风险的基础设施，减少自然灾害带来的损失；同时企业可以对相应的自然灾害损失进行投保，减少灾害给企业带来的损失。

（2）可控制风险的防范

可控制风险一般与企业自身的生产经营活动有关，所以可控制风险的防范也以对企业的生产经营活动的控制为主。可控制风险主要有企业自身的经营风险和市场风险。这些风险的产生与影响程度跟企业的经营活动有着直接的关系，当企业面对这类风险时应以加强自身的管理为主。

企业经营风险包括人员管理风险、投资技术风险、产品风险、企业的营销策略风险等；外部的风险有企业所处的产业特点、市场环境等。企业防范这些风险的措施有：①加强企业的人力、物力、财力的管理，建立适合当地特点的管理体系。②不断创新。企业要想在竞争中立于不败之地，应不断在技术、产品、营销策略上进行创新以适应经营环境的变化。

企业海外投资的风险因投资的地域和产业的不同会有很大的差异。因此企业应该根据实际情况采取有效的风险防范措施并在风险管理中不断创新，为农业企业"走出去"战略的顺利实施提供有力的保障。

8.4.3　风险防范措施对模型的影响

我们针对农业企业海外投资所遇到的风险提出了不同的风险防范措施，这些措施将对模型中的变量和变量关系产生影响。在这部分我们分析风险防范措施的作用机制。

风险的主要防范措施有风险规避和风险转移，其作用方式在模型中是不同的。风险规避的本质是降低风险对投资的影响。规避的方法是降低风险发生的可能性，通过防范措施改变原有风险发生的概率；或是降低影响因素对企业投资的影响，如改变风险对变量的贡献率。风险转移是在不改变现有风险分布状态下，把企业自身的风险部分地转移给其他人，风险转移可以通过保险、与其他人合伙分担等方法实现（见表 8-1）。

表 8-1　风险防范措施比较

风险防范措施	影响变量	影响方式	防范成本
风险规避	风险因素 S_{ij}	$E(S_{ij})$ 降低风险发生的均值；$\sigma(S_{ij})$ 降低风险发生的波动	对影响因素 ij 进行投资：如：建立防范自然灾害的基础设施，资助当地政府
	贡献因素 α_i	减少因素 ij 的影响	对减少因素 ij 的影响进行投资，如技术改造
	权重因素 β_j	减少对因素 ij 的依赖	对减少对因素 ij 的影响进行投资，如因素替代
风险转移	成本 C	增加企业的经营成本	保险投资
	收益 I	与风险分担者分享利润	减少收益

在分析了风险防范措施的作用方式后，我们将分析风险防范措施的成本，即选择合适的风险防范投资额。风险防范一方面减少风险给企业投资带来的损失，增加企业的收益；另一方面风险的防范也带来成本的增加。我们将分析一个风险因素的变化的最优成本选择。

对于风险规避的最优成本选择，在此我们分析的因素对产品的价格具有负作用，可以认为是同类产品市场的企业数量。如果企业的数量越多，竞争程度越高，就会对产品的价格产生负的作用，即 $\alpha_i \leqslant 0$。企业为减少竞争对手给价格和需求量带来的不利影响，就必然要减少竞争对手。假设竞争对手的数量分布为离散型的：

$$p(x_i = i) = p_i \quad (i = 1, \cdots, n) \tag{8-13}$$

竞争企业数量的期望为：

$$E(x) = \sum_{i=1}^{n} x_i p_i \tag{8-14}$$

企业要想减少竞争对手的数量，可以进行技术改造提高产品的性能，或是降低成本阻止其他企业的进入。改变后的企业数量的期望为：$E'(x)$。

收益的差额为：

$$\Delta I = \sum_{j=1}^{n} \frac{P'Q' - PQ}{(1+i)^j} \times r \tag{8-15}$$

所以企业用于风险防范的投资差额应该少于收益的差额。

第九章 林业对外直接投资风险的实证分析

9.1 中国林业对外直接投资风险的影响因素定性分析

随着经济全球化的发展，跨国公司由个别变为普遍，由国家行为变为大众行为。跨国公司的兴起促使国家风险方面的研究逐渐完善，众多的风险评估机构足以强调国家风险评价的重要性，如经济学人智库、国家风险指南、穆迪投资评级机构、标准普尔风险评级机构等。但随着对外直接投资活动的进一步深入发展，关于国家风险宏观方面的研究已难以满足企业的要求，细分行业的国家风险评估应运而生。国家宏观风险指的是对国家投资环境整体评估。风险评价大多从政治、经济、社会和金融四个方面进行〔如 ICRG，Miller（1992）等〕。从微观方面来看，与林业密切相关的因素有森林资源风险、林业政策风险、林业技术风险等。林业对外直接投资具有周期长、资金投入量大、沉没成本较高、潜在风险较多等特征，企业对风险的敏感程度更高，对风险控制的需求更强。本书结合已有研究状况和现实需求，从宏观和微观两方面对我国林业对外直接投资区位风险进行分析，为林业企业风险控制奠定基础。

9.1.1 政治风险

"二战"后，当时作为新兴国家的美国出于对欧洲投资环境信息的迫切需求促使政治风险研究兴起。政治风险是针对东道国政治环境状况提出来的，具有高度的主观性，目前尚不存在一个普遍接受的定义。Stefan H. Roboek

（1971）将政治风险定义为由于政治环境的变化给企业经营造成的巨大影响。Jeffrey D. Simon（1982）认为政治风险是政府政策变动给企业经营造成不利影响。Lensik（2002）认为政治环境的不稳定造成了经济活动的不确定，从而影响企业正常经营。综上，尽管学者们对于政治风险的定义众说纷纭，但都认为政治风险会给企业带来不利影响。

本书将政治风险解释为企业在海外经营过程中，由于东道国的政治经济不稳定而遭受损失。而这种不稳定是由政策变动、战争或内乱和腐败因素造成。本书所指的政策是广义的概念，包括林业政策、进出口政策、企业政策、外汇政策等各类影响林业企业发展的政策因素。战争或内乱指东道国国内政治动乱造成的企业亏损，主要表现在境内战争、革命、暴力游行示威等活动。腐败指由于东道国政治腐败而导致的企业合法权益得不到保障。政治风险以其极大的影响力威胁着我国企业海外经营，研究东道国政治环境对保障企业经营安全、提高企业经营利润具有重大意义。

9.1.2 经济风险

经济风险，顾名思义是指东道国经济环境的变化使得投资经营结果不确定，从而给投资者造成的损失。近年来，金融危机频繁出现给跨国投资带来较大冲击。1997年东南亚金融危机从最初的泰铢暴跌扩展到东南亚国家、再到亚洲新兴国家、最后延伸到欧美，影响全球经济发展。2008年，美国次贷危机愈演愈烈，波及全球。在经济全球化的背景下，经济风险不仅打击发达国家，发展中国家也深受其害。经济危机危害大、影响广，是企业风险防范工作的重中之重。

在已有研究基础上，本书认为可以从以下两个方面划分经济风险：宏观经济环境、金融风险。宏观经济环境是指东道国的经济发展状况对外商直接投资的影响。通常可以用人均GDP、GDP增长率、通货膨胀率、失业率来衡量国家宏观经济状况。一国宏观经济环境的恶化可能造成国内需求的减少、销量的跌落；还可能造成企业融资困难、资本流动性不足、资金链断裂，给企业带来破产危机。金融风险主要包括汇率风险和主权债务危机。汇率风险指汇率因素给企业投资带来的风险。借鉴Stulz和Smith（1985）根据汇率对跨国公司的不同影响，将汇率风险分为交易风险、换算风险和经济风险。交易风险指以东道国货币支付在未来结算兑换本币汇率波动而产生的不确定性。交易风险最为常见，造成的不利影响是货币缩水，可通过适当的套期保值予以规避。主权债务危机指主权国家以主权为担保，资不抵债而造成的债务危机。主权债务危机风险可以用总外债占国内生产总值的百分比、外债服务占货物服务出口的百分比、银行存贷比等风险指标来评价。

9.1.3　社会文化风险

社会文化风险指投资者与东道国存在社会文化差异从而给企业带来的经营障碍，如语言差异、种族差异、宗教差异、风俗差异等。历来也有不少学者关注社会文化风险对企业跨国投资的危害。如李进龙（2013）研究文化差异对企业跨国并购的影响。研究表明企业的跨国并购行为受东道国的制度环境影响，若在经营过程中未能很好地处理同东道国的价值观、意识形态不同的问题，则难以在投资中取得好成绩。王菲（2010）以华为公司为例，说明跨国文化管理存在的困境。跨国文化管理存在文化冲突、沟通障碍、思维差异、宗教信仰差异、民族歧视等问题，给企业的经营管理带来一定的困难。正是由于社会文化风险的存在才会造成跨国公司出现"水土不服"的现象。2007 年，在欧美市场上叱咤风云的韩国三星不得不宣布退出日本电子市场。有着质量第一观念的日本人对外形花哨的三星产品并不"感冒"。不了解当地社会文化，产品未满足当地需求是三星投资日本失败的主要原因。可见我国在对外直接投资过程中应重视社会文化问题，做好社会调研，避免文化冲突给经营上带来不便，同时也要规避文化差异对打开产品销路造成困境。

9.1.4　森林风险

森林风险是针对林业跨国公司的特征而提出的风险因素，通常包括四个方面。自然风险指由于自然灾害造成的森林资源的损失。通常有森林火灾、虫灾、雪灾、旱灾、涝灾等，其中森林火灾是最主要的森林风险。自然风险具有不可抗力性，危害较大，可采取的预防措施少。人为风险指人为因素造成森林资源的损失。一方面表现在生态破坏造成的森林生长困难，如毁林开荒、滥砍滥伐；另一方面表现在经营管理不善降低了投资回报率。政策风险指相关的林业政策的变动给企业运营造成的不利影响。如俄罗斯为促进本国林业加工业的发展，保护本国生态环境，从 2007 年起大幅度提高本国原木的出口关税。俄罗斯限制原料出口对我国资源寻求型对外直接投资企业带来巨大打击，企业不得不加快产业转型步伐，由产品初加工转销国内向林产品深加工转变。技术风险指由于林业科技的发展给企业造成的损失。技术风险分为两种：企业由于技术落后而导致的生产低效率；企业掌握先进技术，但由于新技术不成熟便投入使用给企业带来的危害。尽管新技术研发投入高、不确定因素多、风险大，但从长远来看，科学技术是第一生产力，技术发展是企业成长的助推器。

9.2　中国林业对外直接投资风险的指标体系构建

在林业对外直接投资风险影响因素分析的基础上，本章分别针对资源寻求型和加工贸易型林业企业的特征，建立不同的风险指标，以满足后文进行国家风险评价的需求。

9.2.1　中国资源寻求型林业对外直接投资的风险指标构建

就我国林业对外直接投资现状来看，我国林业对外直接投资仍然以独资为主，独资方式投资达 31.08 亿美元，占投资总额的 79.3%。合资方式投资 4.58 亿美元，占投资总额的 11.7%；并购方式投资 3.51 亿美元，占投资总额的 9.0%❶。社会文化风险更常见于海外并购方式、合资方式进行对外直接投资企业之中，对于独资企业而言影响相对较小，在构建风险指标体系时将其考虑在内。本书指标体系的构建借鉴何琬和孙晓蕾（2009）的研究成果，仅从政治和经济两方面来衡量一国的国内投资环境。在此基础上，本书加入了森林风险指标，以突出林业企业所面临的森林资源不可抗力的风险。综上所述，本书将风险指标划分为三大类别：政治、经济和森林风险。

9.2.1.1　政治指标

经济学家 Daniel Kaufmann，Aart Kraay 和 Massimo Mastruzzi 共同制定了世

---

❶　数据来源：商务部"中国对外投资和经济合作"网站（http：//fec. mofcom. gov. cn）.

界治理指数,为评价一国的政治制度及管理提供新的依据。自 1999 年世界治理指数首次公布以来,越来越多的学者采用 WGI 指标评价国家政治风险(邱立成,赵成真,2012;姚凯,张萍,2012)。本书政治风险指标参考世界银行每年定期发布的世界治理指数(Worldwide Governance Indicators,WGI),包括表达与问责,衡量一国公民参与政治选举的意愿、表达意愿、结社以及新闻自由;政治稳定与无暴力程度,衡量公民对政府被非法方式或暴力手段推翻(如带有政治目的的暴动和恐怖袭击)的感知能力;政府效能,衡量公共服务质量、公务服务水平及其独立于政治压力的能力,政策制定及实施水平以及政府的可信度;监管质量,衡量政府部门制定和实施政策和法规,允许并促进私人部门进一步发展的能力水平;法治水平,衡量法律执行水平以及发生犯罪和暴力的可能性;腐败控制,衡量一国的公务人员利用公权力获取私人利益的水平,包括各种形式的贪污腐败以及国家被私人控制的程度。世界治理指数调查了全球大量的企业、公民和专家学者关于政府管理质量的看法。数据覆盖面广,能够较为全面地衡量一国的治理水平和稳定程度,基本上能够描述东道国国内的政治环境。

9.2.1.2　经济指标

20 世纪 60 年代末世界银行的 Avramovic 从经济方面来评价国家偿债能力,开启了国家风险评价的先河。Avramovic 在 1968 年从投资周期长短角度来选取相应的风险指标。短期投资应考虑到资本的流动性,而保障资本流动性的重要因素——融资能力可以以国家的外债偿还能力来衡量。因此,考虑到国家偿还外债能力的短期风险指标可以定为:出口总量增长率、债务支付比出口总额和外汇储备比进口总额。长期投资需要考虑东道国是否具备外国资本长期生存的经济环境。世行从 GDP 增长率、通货膨胀率、投资总额占 GDP 比重和出口额占 GDP 比重四个方面考虑国家长期经济风险。由于林业行业投资周期较长,本书借鉴世行长期风险指标。结合本书研究重点,选取人均 GDP、GDP 增长率和通货膨胀率衡量一国的总体经济状况;外商直接投资和贸易总额占 GDP 比重衡量一国的投资环境;借鉴何琬、孙晓蕾和李建平(2010)根据企业在投资中应该注意的问题采用企业进入成本和企业解决破产所需时间。数据来自 2013 年世界银行发布的世界发展指数。

9.2.1.3　森林指标

资源寻求型对外直接投资相比于其他投资模式受东道国自然资源的丰饶度影响更大。宋勇超（2013）使用2003—2010年的面板数据，利用扩展的引力模型探讨对外直接投资的动因。结果发现，资源因素很大程度上引导着我国对外直接投资流向。高宇（2012）运用面板数据建立Tobit模型，论证了非洲丰富的自然资源是吸引我国投资的主要原因之一。综上所述，资源因素是我国资源寻求型林业对外直接投资的主要原因，投资结果受资源因素影响明显。基于资源寻求型林业行业特征，本书选取了4个森林风险指标。考虑到东道国森林资源的变化（如东道国遭受森林火灾、虫灾等自然灾害）可能给企业投资带来不确定性，本书采用了森林蓄积量和森林覆盖率两个指标，以确保林业资源长期供给的稳定性；此外选用了原木产量和原木出口量指标，不仅可以描述东道国木材的生产和出口情况，还可以反映东道国的林业政策，即东道国是否对本国的森林采伐以及木材出口进行限制。数据来源于联合国粮农组织两年一次定期发布的《世界森林报告》。森林指标基本上客观衡量了东道国森林资源状况，为资源寻求型林业企业的风险管理提供坚实的基础。

根据我国海关信息网公布的数据，本书对我国2012年或2013年原木进口量来源地排名前30名的国家或地区进行分析。考虑到数据的可得性，本书最终选取了44个国家，对样本国2000—2012年的国家风险进行综合分析。与截面数据和时间序列数据相比，面板数据能够反映不同时期投资环境的动态变化，预测结果更贴近东道国的实际情况。

9.2.2　中国加工贸易型林业对外直接投资的风险指标构建

资源寻求型对外直接投资是我国林业企业普遍采用的"走出去"模式，而加工贸易型对外直接投资则是林业行业未来发展的趋势。相比于资源寻求型对外直接投资对资源因素考虑较多，加工贸易型企业还需考虑到东道国国内市场状况和盈利状况。我国是全球最大的家具出口国，本书用家具代表林业制成品。国内市场缺口以东道国每年从我国进口的家具量来衡量。盈利状况综合反映了公司的经营管理水平和技术状况，可以用森林纯利来表示。采用原木产量、森林蓄积量和森林覆盖率三个指标描述东道国森林资源的丰饶度。

数据分别来源于联合国贸易数据库、2013 年世界银行发布的世界发展指数和 2014 年联合国粮农组织《世界森林状况》❶。根据联合国贸易数据库公布的 2012 年或 2013 年从我国进口家具量前 30 名的国家作为样本国，所有的风险指标如表 9 - 1 所示。

表 9 - 1　中国林业对外直接投资风险评价指标

政治风险	经济风险	资源寻求型森林风险	加工贸易型森林风险
表达与问责	人均 GDP	森林覆盖率	森林蓄积量
政府效能	GDP 增长率	森林蓄积量	原木产量
监管质量	通货膨胀率	原木产量	森林覆盖率
法治水平	外商直接投资	原木出口量	森林纯利
腐败控制	企业进入成本		家具进口量
政治稳定度与无暴力程度	企业解决破产所需时间；贸易总额占 GDP 比重		

9.3　中国林业对外直接投资风险的实证评价

本章采用主成分分析法和 Logit 回归对东道国的国家风险进行分析，分析结果对企业出于风险规避目的的投资区位选择具有一定的指导意义。

9.3.1　中国林业对外直接投资风险评价模型的建立

关于国家风险评价，最常使用的二元选择模型有判别模型、Probit 模型和 Logit 模型。主成分分析也是比较常用的国家风险分析法，它在具体衡量中可以利用数据的协方差阵提取一组综合指标反映原来的指标信息。由于解释变量具有二分类的特点，传统线性概率模型的最小二乘估计存在异方差等一系列问题，参数估计得不到无偏估计值。采用非线性转换，能够克服传统线性概率模型存在的严重异方差问题。但是 Probit 模型要求误差项服从正态分布，而 Logit 模型则放开这一假定，因此本书最终选取 Logit 模型进行风险评价。由于解释变量较多，数据难免会存在多重共线的问题，对原始数据进行主成分分析可以

---

❶　世界粮农组织发布的《世界森林状况》链接：http：//www. fao. org/forestry/sofo/zh/.

很好解决这一问题，并且对原始数据降维有利于简化后续模型估计。除此之外，将主成分得分结果作为分析的经验值，确保参数估计的公正性。本书在已有研究的基础上借鉴 Feder 和 Just（1977）使用的 Logit 模型以及 Dhonte（1975）使用的主成分分析法，综合采用主成分分析法和 Logit 模型对国家风险进行评价打分，从而实现量化中国林业对外直接投资存在的区位风险。

9.3.2 中国资源寻求型林业对外直接投资风险评价的实证研究

9.3.2.1 中国资源寻求型林业对外直接投资风险评价模型的参数估计

为清除原始数据量纲不同给实证结果造成不利影响，本书采用 Z – Score 标准化公式：$Z_{x_{it}} = \dfrac{X_{it} - \overline{X}_i}{S_i}$，对数据进行标准化处理，标准化数据为 $Z_{x_{it}}$。对标准化数据进行相关性分析，由结果可知数据间的相关性较强，其中有 16% 的数据相关系数大于 0.5，变量间存在大量的信息重叠。再对数据进行 Kaiser – Meyer – Olkin（KMO）检验，对数据进行主成分分析的可行性进行判断。结果如表 9 – 2 所示，KMO 值较大，总体 KMO 值达到 0.8779，表明变量的共性较强，主成分分析能够起到很好的约化效果。指标的高度相关性会损害模型预测的准确性，然而直接剔除相关指标必然导致数据的大量缺失，因而有必要采用主成分分析法消除共线性。

表 9 – 2 KMO 检验

变量	变量简称	KMO 值	变量	变量简称	KMO 值
企业进入成本	CBS	0.894	政府效率	GE	0.893
对外直接投资	FDI	0.764	监管原则	RQ	0.919
GDP 增长率	GDPG	0.807	法治水平	RL	0.898
通货膨胀率	DIF	0.921	腐败控制力度	CC	0.937
企业解决破产所需时间	TRI	0.892	森林蓄积量	RP	0.572
贸易量占 GDP 比重	TRD	0.42	原木产量	RS	0.585
人均 GDP	GDPPC	0.945	原木出口量	RX	0.485
表达与问责	VA	0.959	森林覆盖率	RC	0.737
政治稳定程度	PS	0.919	总体	Overall	0.878

使用 Stata12.0 进行主成分分析，得到方差分解结果，前 5 个主成分的累积贡献率已达 0.753%，即保留了原来指标信息的四分之三，可提取前 5 个主成分进行分析。得到的因子载荷矩阵，矩阵中的元素经计算可得到主成分系数，具体结果如表 9 - 3 所示。从系数可以看出，第一个主成分主要反映了六个政治指标和人均 GDP，因此可命名为政治因子；第二个主成分主要反映了对外直接投资、贸易量占 GDP 比重、原木产量和原木出口量，第二个主成分综合了企业需要的贸易信息，可命名为贸易因子；第三个主成分主要反映了 GDP 增长率、贸易量占 GDP 比重、森林蓄积量和森林覆盖率，主要体现了投资的资源导向型，可命名为资源因子；第四个主成分主要反映了企业进入成本、企业解决破产所需时间和原木出口量，体现了投资过程中可能产生的成本，可命名为成本因子；第五个主成分主要反映了企业进入成本、GDP 增长率、通货膨胀率和企业解决破产所需时间，主要体现了经济方面的属性，可命名为经济因子。将提取的 5 个主成分作为新的自变量建立 Logit 模型。根据主成分分析结果计算出每个国家不同时期的主成分得分，取中位数为临界值，对被解释变量进行 0、1 划分（0 为低风险国家，1 为高风险国家）。

表 9 - 3　主成分系数

变量	PCA_1 政治因子	PCA_2 贸易因子	PCA_3 资源因子	PCA_4 成本因子	PCA_5 经济因子
CBS	- 0.065	- 0.031	0.233	0.279	0.402
FDI	0.062	0.309	0.083	- 0.005	0.115
GDPG	- 0.051	0.005	0.37	0.226	0.458
DIF	- 0.058	0.078	0.145	- 0.192	0.322
TRI	- 0.077	0.058	0.236	0.338	- 0.23
TRD	- 0.021	- 0.287	0.395	- 0.275	- 0.03
GDPPC	0.116	0.03	0.101	0.097	0.011
VA	0.129	- 0.031	0.028	0.056	0.038
PS	0.108	- 0.141	0.189	0.145	- 0.05
GE	0.131	- 0.028	0.087	0.049	0.001
RQ	0.133	- 0.022	0.046	0.024	0.05
RL	0.133	- 0.046	0.072	0.095	0.015
CC	0.132	- 0.036	0.037	0.085	0.044

变量	PCA_1 政治因子	PCA_2 贸易因子	PCA_3 资源因子	PCA_4 成本因子	PCA_5 经济因子
RP	0.034	−0.119	0.255	−0.516	0.007
RS	0.034	0.435	0.164	0.026	−0.12
RX	0.013	0.317	0.198	−0.37	0
RC	−0.052	−0.007	0.396	0.139	−0.58

面板数据 Logit 模型主要区分固定效应模型和随机效应模型，首先对数据进行 Hausman 检验，确定模型形式。结果如表 9 - 4 所示，P 值大于 0.05，应采用随机效应模型进行分析。

表 9 - 4　Hausman 检验

变量	固定效应	随机效应	差值	标准差
政治因子	−13.338	−12.735	−0.604	3.831
贸易因子	−12.13	−6.893	−5.236	4.2
资源因子	−6.788	−3.642	−3.146	1.64
成本因子	3.382	1.778	1.604	0.525
经济因子	−0.209	−1.485	1.276	0.876
chi2(5) = (b − B)′[(V_b − V_B) ^ (−1)] (b − B) = 4.52			Prob > chi2 = 0.4771	

对于 Logit 模型，回归系数的经济解释只能从系数符号上进行判断。系数为正，说明解释变量对被解释变量为正向影响；反之为负向影响。建立 Logit 个体随机效应模型，结果如表 9 - 5 所示：参数估计整体显著，政治因子、贸易因子、资源因子和经济因子系数为负，均在 5% 的水平下显著，表明政治环境、贸易环境、资源状况和经济状况对国家风险影响显著，并且条件越优越，国家风险值越小。成本因子不显著，说明对国家风险影响不明显。

表 9 - 5　Logit 回归结果

变量	系数	标准差	Z 值
政治因子	−12.73479 ***	2.996795	−4.25
贸易因子	−6.893464 ***	2.240273	−3.08
资源因子	−3.642404 ***	1.41907	−2.57

续表

变量	系数	标准差	Z 值
成本因子	1.778033	1.153138	1.54
经济因子	-1.485429**	0.616969	-2.41
常数项	-1.168991	1.295695	-0.9

Log likelihood = -58.540881；Wald chi2 (5) = 29.62；Prob > chi2 = 0.0000

Likelihood - ratio test of rho = 0；chibar2 (01) = 8.32；Prob > = chibar2 = 0.002

说明：*** 表示在1%水平下显著；** 表示在5%水平下显著；* 表示在10%水平下显著。

根据 Logit 回归结果，Logit 模型可以设为：

$$\ln \frac{P_{it}}{1-P_{it}} = -12.73479PCA_1 - 6.893464PCA_2 - 3.642404PCA_3$$
$$+ 1.778033PCA_4 - 1.485429PCA_5 - 1.168991$$

以 0.5 作为 Logit 模型的临界值，得分低于 0.5 的国家被认为是国内投资环境较为优越，即低风险国家，记为 0；反之，记为 1。将 Logit 得分结果进行样本内检验。其中有 22 个观测值被误判为低风险，有 16 个观测值被误判为高风险，模型的总正确率达到93%。

9.3.2.2 中国资源寻求型林业对外直接投资风险评价结果及分析

从模型拟合结果来看（见表9-6），44 个东道国中的 15 个政治经济较为稳定的发达国家全部被判断为低风险国家，而其他 29 个发展中国家却有 21 个被判断为高风险国家。因此具有较为稳定的国内政治经济环境的发达国家如果同时具备丰富的森林资源，就会是我国资源寻求型林业企业对外直接投资的最佳选择。而对于森林资源具有绝对优势的发展中国家，其丰富的森林资源可以在一定程度上弥补其在政治经济投资环境上的不足，需要企业根据自身投资需求及自身的抗风险能力来衡量投资利弊并做出选择。

表9-6　国家风险得分

低风险国家	风险得分	环境排名	高风险国家	风险得分	环境排名
美国	0.000278	1	罗马尼亚	0.023399	23
加拿大	0.012998	2	南非	0.023734	24
俄罗斯	0.013448	3	墨西哥	0.024757	25

低风险国家	风险得分	环境排名	高风险国家	风险得分	环境排名
德国	0.014451	4	乌克兰	0.026012	26
法国	0.015473	5	印度尼西亚	0.026062	27
英国	0.0162	6	泰国	0.026251	28
新西兰	0.016523	7	马达加斯加	0.026776	29
比利时	0.016567	8	贝宁	0.02713	30
瑞典	0.016589	9	加蓬	0.027585	31
荷兰	0.01738	10	坦桑尼亚	0.027684	32
丹麦	0.017656	11	圭亚那	0.027865	33
澳大利亚	0.017667	12	莫桑比克	0.028043	34
芬兰	0.017848	13	越南	0.028155	35
巴西	0.019243	14	冈比亚	0.029059	36
智利	0.019749	15	科特迪瓦	0.029231	37
日本	0.020045	16	巴布亚新几内亚	0.0296	38
西班牙	0.020537	17	喀麦隆	0.030221	39
拉脱维亚	0.021377	18	几内亚	0.030286	40
所罗门群岛	0.021427	19	刚果	0.030662	41
意大利	0.02151	20	赤道几内亚	0.031086	42
马来西亚	0.02326	21	中非	0.031234	43
立陶宛	0.023303	22	老挝	0.03164	44

　　从经济角度来看，发达国家稳定的国内政局、完善的法律法规、完备的基础设施、发达的国内市场无疑是企业投资的首选。而对于发展中国家，投资环境排名第三的俄罗斯其森林面积在全球排名第一，是我国林业投资最大的流入地，拥有 291 家中国林业企业。邻国俄罗斯是发展中大国，其优越的地理位置、丰富的林业资源以及一系列促进外商直接投资的政策是吸引我国资本的主要原因。同样具有资源优势以及政策优势的发展中国家还有巴西，巴西森林面积排名世界第二，林业作为巴西的重要行业，依靠不断完善的林业政策、贸易法规以及鼓励外商投资的政策，吸引了大量的国外资本。但其与我国相隔较

远，投资环境排名稍逊于俄罗斯。

而统计结果与现实不符的是：在被判断为低风险国家的西班牙、意大利、丹麦、德国，我国林业海外投资还未曾涉足；跻身于我国设立境外林业企业排名前十位国家的加蓬和老挝却被判断为高风险国家。我国对一些欧洲国家的投资政策、管理体制不适应，且目前对欧洲直接投资方面的研究较少，对一些欧洲国家缺乏了解，也导致了企业对欧洲投资望而却步。而对于统计风险最高的老挝，其劳动力成本低，邻国优势和丰富的森林资源，加上逐渐改善的国内政治、经济投资环境，是我国林业企业在此大量投资的主要原因。虽然近年来老挝政局稳定，经济稳步发展，但是与发达国家相比还是有很大差距。从原始数据来看，老挝的外商直接投资主要来源于周边国家，投资总额不大；企业投资面临的成本因素较高；通货膨胀率波动较大，总体偏高，这造成模型拟合结果不佳。投资环境排名 31 的加蓬，投资环境也存在一定问题。加蓬的通货膨胀率波动过大，且企业投资产生的成本较高，政府效率和腐败控制等方面不力；但是加蓬总体来说政局稳定，自 1974 年中加两国建交以来，两国友好关系促进了商业往来。不仅如此，其丰富的森林资源以及吸引外商直接投资的政策也给我国资源寻求型林业企业创造了广阔的利润空间。

9.3.3　中国加工贸易型林业对外直接投资风险评价的实证研究

9.3.3.1　中国加工贸易型林业对外直接投资风险评价模型的参数估计

同上部分所采用的数据处理方法，首先采用 Z – Score 标准化公式对数据进行标准化处理，清除原始数据的量纲不同对参数估计带来的不利影响。然后采用 KMO 检验方法对标准化数据进行相关性分析，判断对数据进行主成分分析的必要性。KMO 检验结果如表 9 – 7 所示，有近 50% 的变量 KMO 值大于 80%，65% 的变量 KMO 值大于 70%；从总体上来看，数据的相关性达到 71%，数据的相关性较强。若直接使用数据做回归分析必定会导致模型拟合的有偏性。因而数据适合做主成分分析，在保留大部分原始信息的同时达到消除多重共线性的目的，从而优化拟合结果。

表9-7 KMO 检验

变量	变量简称	KMO 值	变量	变量简称	KMO 值
企业进入成本	CBS	0.6554	政府效率	GE	0.8762
对外直接投资	FDI	0.8413	监管原则	RQ	0.8714
GDP 增长率	GDPG	0.7683	法治水平	RL	0.9014
通货膨胀率	DIF	0.6943	腐败控制力度	CC	0.8856
企业解决破产所需时间	TRI	0.7964	森林蓄积量	RP	0.5392
贸易量占 GDP 比重	TRD	0.5428	家具进口量	FE	0.7011
人均 GDP	GDPPC	0.8937	原木产量	RS	0.6254
表达与问责	VA	0.9081	森林覆盖率	RC	0.7777
政治稳定程度	PS	0.9656	森林纯利	FR	0.477
			总体	Overall	0.7077

使用 Stata12.0 进行主成分分析，从方差分解结果可知，前 5 个主成分的特征值大于 1，累积贡献率达到 75.08%，保留了大量的原始信息，可使用前 5 个主成分替代原有的 18 个风险指标，既简化了参数估计，又消除了数据的多重共线性。因子载荷矩阵中的元素经计算可得到主成分系数，结果如表9-8所示。第一个主成分信息覆盖量最大，单个贡献率高达 38.39%，其中 6 个政治指标权重较大，故命名为政治因子。第二个主成分单个贡献率为 14.37%，其中反映资源因素的森林蓄积量和原木产量权重较大，据此命名为资源因子。第三个主成分单个贡献率为 9.18%，重要的影响因素有森林覆盖率、企业进入成本和企业解决破产所需时间，反映了影响投资的成本因素，可命名为成本因子。第四个主成分单个贡献率为 7.55%，企业进入成本、外商直接投资、通货膨胀率和家具出口量所占权重较大，反映了影响投资决策的市场因素，可将其命名为市场因子。第五个主成分的单个贡献率为 5.59%，其中 GDP 增长率和贸易占 GDP 比重权重较大，可命名为贸易因子。第六个主成分的单个贡献率为 5.36%，GDP 增长率所占权重最大，反映了一国宏观经济增长状况，可命名为经济因子。使用已经消除了多重共线性的 6 个主成分作为新的自变量建立 Logit 模型。以主成分得分为依据区分高低风险国家，作为 Logit 分析的经验值。取主成分得分的中位数为临界值，得分高于临界值的为低风险国家，取值为 0；得分低于临界值的为高风险国家，取值为 1。

表 9 - 8　主成分系数

变量	PCA_1 政治因子	PCA_2 资源因子	PCA_3 成本因子	PCA_4 市场因子	PCA_5 贸易因子	PCA_6 经济因子
CBS	-0.067	0.034	0.346	0.387	-0.144	-0.147
FDI	0.064	0.219	-0.149	0.302	0.092	0.094
GDPG	-0.052	-0.017	-0.089	0.060	0.666	0.680
DIF	-0.058	0.025	0.255	0.441	-0.118	-0.121
TRI	-0.070	0.137	0.333	-0.160	-0.030	-0.031
TRD	-0.020	-0.191	0.166	0.147	0.519	0.530
GDPPC	0.115	0.007	0.034	0.167	-0.034	-0.035
VA	0.128	0.002	0.085	-0.013	-0.129	-0.132
PS	0.116	-0.068	0.166	-0.035	0.095	0.097
GE	0.138	-0.034	0.096	-0.030	0.045	0.046
RQ	0.135	-0.024	0.047	-0.006	-0.004	-0.004
RL	0.139	-0.038	0.091	0.008	-0.001	-0.001
CC	0.136	-0.031	0.112	-0.013	-0.016	-0.016
RP	0.002	0.304	0.059	-0.221	0.098	0.100
RS	0.026	0.334	-0.040	-0.040	0.081	0.083
RC	0.005	0.126	0.380	-0.242	0.303	0.309
FR	-0.057	0.043	0.097	-0.096	-0.291	-0.297
FE	0.052	0.225	-0.156	0.316	0.121	0.123

　　面板 Logit 模型分为固定效应模型和随机效应模型两类，因此应对变量进行 Hausman 检验，以确定 Logit 模型的具体类型。结果如表 9 - 9 所示，P 值大于 0.05，应采用随机效应模型。

表 9 - 9　Hausman 检验

变量	固定效应	随机效应	差值	标准差
PCA_1	-47.914	-54.553	6.64	8.252
PCA_2	5.671	-20.064	25.735	28.516
PCA_3	-13.788	-27.952	14.163	10.578
PCA_4	-21.006	-18.652	-2.355	7.032
PCA_5	-3.237	-7.218	3.981	4.882
PCA_6	-15.871	-13.824	-2.047	3.913
chi2(6) = (b-B)'[(V_b-V_B)^(-1)](b-B) =3.14			Prob > chi2 =0.7916	

建立 Logit 个体随机效应模型，估计结果如表 9 - 10 所示：在 1% 的水平下，所有的变量系数均是显著的。并且从系数的符号上看，政治因子、资源因子、成本因子、市场因子、贸易因子和经济因子对东道国的国家风险大小都有显著的负向影响。

表 9 - 10　Logit 回归结果

变量	系数	标准差	Z 值
政治因子	-54.5531***	9.415737	-5.79
资源因子	-20.064***	6.084373	-3.3
成本因子	-27.9515***	5.077416	-5.51
市场因子	-18.6515***	4.605046	-4.05
贸易因子	-7.21768***	2.263489	-3.19
经济因子	-13.8235***	2.984503	-4.63
常数项	253.6638***	44.26306	5.73

Log likelihood = -52.159655；Wald chi2 (6) = 36.89；Prob > chi2 = 0.0000

Likelihood - ratio test of rho = 0；chibar2 (01) = 6.88；Prob > chibar2 = 0.004

注：*** 表示在 1% 水平下显著；** 表示在 5% 水平下显著；* 表示在 10% 水平下显著。

根据 Logit 回归结果，Logit 模型可以设为：

$$\ln \frac{P_{it}}{1 - P_{it}} = -54.5531 PCA_1 - 20.064 PCA_2 - 27.9515 PCA_3 - 18.6515 PCA_4$$

$$- 7.21768 PCA_5 - 13.8235 PCA_6 + 253.6638$$

对模型进行样本内检验。Logit 模型的临界值为 0.5，得分低于 0.5 被认为是低风险国家，国内投资环境较好，适宜林业外商投资，记为 0；反之，记为 1。通过样本内检验可知共 585 个得分中有 18 个误判，其中有 8 个被误判为低风险，有 10 个被误判为高风险，模型整体的准确率达到了 97%。

9.3.3.2　中国加工贸易型林业对外直接投资风险评价结果及分析

根据 Logit 模型计算出国家风险得分，数值越低，国内投资条件越优越，国家风险越低。国家风险得分如表 9 - 11 所示，16 个发达国家中只有以色列被判断为高风险国家，而 29 个发展中国家只有 7 个被判断为低风险国家。

从原始数据来看，所选的 45 个东道国均是森林资源较为丰富的国家，其中俄罗斯、巴西、加拿大、美国森林资源尤为突出，四国森林面积总和接近世界森林面积总和的一半。且这些国家从我国进口林业制成品家具总量较大，国内市场广阔。但相比于低风险国家，高风险国家的政治状况令人担忧。其国内频发的政治动荡、民众游行示威、社会治安问题以及法治水平不高等不稳定因素给企业投资带来较大隐患。但是高风险国家的外商直接投资量普遍较大，间接说明这些国家存在其他适合企业经营发展的投资条件。高风险国家中以发展中国家居多。发展中国家国内经济不发达，劳动力成本较低。为解决发展过程中所需的资金问题，发展中国家实施了一系列吸引外资的政策，为外商投资提供了便利。由于外商直接投资存在技术溢出效应，对于加工贸易方式的投资，发展中国家尤为支持，主要体现在税收方面、市场准入水平、相关基础设施水平等方面，大多数发展中国家为外商投资搭建了一个良好的投资平台。发展中国家森林纯利普遍偏高，说明了低投资成本极大地提高了企业的盈利能力。以色列是高风险国家中唯一的发达国家。以色列森林资源相对不足、劳动力成本高、经济波动较大且阿以矛盾长期存在，这是以色列被归为高风险国家的主要原因。

表 9-11　国家风险得分

低风险国家	风险得分	高风险国家	风险得分
美国	0.000000001	以色列	0.022294
加拿大	0.000000031	土耳其	0.024480
瑞典	0.000000122	文莱	0.025438
澳大利亚	0.000002	安哥拉	0.037275
德国	0.000003	巴拿马	0.039203
新西兰	0.000003	南非	0.039389
荷兰	0.000003	加纳	0.039836
丹麦	0.000004	墨西哥	0.041827
比利时	0.000008	泰国	0.042094
法国	0.000015	俄罗斯	0.043745
日本	0.000017	格鲁吉亚	0.043941
智利	0.000112	印度尼西亚	0.043988
英国	0.000123	沙特阿拉伯	0.044075
西班牙	0.000553	越南	0.044150

低风险国家	风险得分	高风险国家	风险得分
巴西	0.000945	摩洛哥	0.044154
印度	0.007973	乌克兰	0.044155
意大利	0.010126	哈萨克斯坦	0.044156
韩国	0.011292	伊朗	0.044156
波兰	0.012423	肯尼亚	0.044156
马来西亚	0.013598	尼日利亚	0.044156
阿联酋	0.014988	津巴布韦	0.044156
菲律宾	0.020828	乌兹别克斯坦	0.044156
希腊	0.022007		

大部分低风险的发达国家国内政治环境稳定，基础设施完善，经济状况良好，是外商投资的最佳选择。但从现实情况来看，我国大部分林业投资仍流向发展中国家，发达国家投资空间有待开发。对于加工贸易型林业企业，技术也是企业发展不可或缺的因素。发达国家的逆向技术溢出对于提高林产品竞争力、增加林产品附加值有极大的促进作用。而发达国家的保护主义、严格的市场准入是阻碍我国企业投资的主要原因。对此，企业应不断提高自身投资质量，给东道国带来切实利益，逐渐拓展同发达国家的合作，实现互利共赢。被划分为低风险国家的智利、巴西、印度、波兰、马来西亚、阿联酋和菲律宾均为发展中国家，也具有政治不稳定、低投资成本和投资政策优越的特征。此外巴西资源优势突出；印度有明显的劳动力成本优势和广阔的市场优势，森林资源也处于世界领先地位；波兰是欧盟成员之一，以欧盟为依托，市场广阔；马来西亚和菲律宾具有地缘优势以及阿联酋拥有自由的经济政策，如果企业能较好地控制政治风险带来的损害，这些国家也是投资的良好选择。

企业的投资流向还应根据企业的具体情况综合考量。对于成本因素考虑较多的中小企业应选择投资成本低的发展中国家。虽然政治风险仍是发展中国家长期存在的主要问题，但针对这一风险的双边投资协定、多边投资担保机构等对企业规避政治风险起到一定作用。对于资金力量雄厚的大型企业，先进的技术水平和管理水平是保障企业持续稳定发展的源源不断的动力。拥有技术优势和管理优势的发达国家是大型企业投资的不二选择。但综合考虑国家关系因素，投资发达国家是企业未来的投资趋势，当前还需不断提高企业实力，加大市场调研，深入研究当地相关经济政策、法律法规，提前防备政府干预造成的不利影响，提高企业投资质量。

第十章 林业对外直接投资的风险优化控制

本章结合上部分风险评价结果，和刁刚（2014）在其博士论文中对国内未来木材供需状况的测算，利用线性规划模型分析了最佳的投资区域组合，结合东道国国家风险和企业投资动机，分别针对资源寻求型企业和加工贸易型企业的不同企业目标建立了对外直接投资的风险优化模型，度量林业企业在不同区位的最佳投资量，最大限度地实现企业投资目标。

10.1 资源寻求型企业对外直接投资的风险优化分析

10.1.1 资源寻求型企业对外直接投资的线性规划模型

资源寻求型企业以获取海外资源为主要目的，首要目标是资源最大化，林业企业可根据东道国国内木材供求状况获得当地资源，目标函数可设为资源最大化。企业的经营活动受东道国国家风险影响遭受不利损失。假设投资者风险中性，即对风险持客观态度，客观地根据东道国国家风险对获取海外资源的影响做出投资决策。因此，目标函数一可设为：

$$\text{Max} Y_2 = a_1 \frac{b_1}{b} y_1 + a_2 \frac{b_2}{b} y_1 + \cdots + a_{41} \frac{b_{41}}{b} y_{41} + a_{42} \frac{b_{42}}{b} y_{42} \qquad (10-1)$$

式中：$a_i (i=1, 2, \cdots, 41, 42)$ 为 i 国的国家风险权重，风险值越大，国家风险越小，$0 < a_i < 1$，$\sum_{i=1}^{42} a_i = 1$。本书用东道国向中国出口的原木量代表中国

林业企业在当地的资源可获得量。$\dfrac{b_i}{b}$ 为东道国资源权重，$b_i\,(i = 1, 2, \cdots,$ 41，42）为 i 国向我国出口的原木量，$b = \displaystyle\sum_{i=1}^{42} b_i$。$y_i\,(i = 1, 2, \cdots, 41, 42)$ 为在 i 国获取的资源量。Y_1 为通过对外直接投资方式获取资源量的期望值。

以资源最大化为目标忽视东道国环境承受度的开发是掠夺性开发，必定会受到东道国的行政干预。因此，可以假设我国林业企业一年在东道国获取的资源量不大于东道国 2008—2012 年五年原木最小出口量。即

$$y_i \leqslant p_i \quad (i = 1, 2, \cdots, 41, 42) \qquad (10 - 2)$$

式中：p_i 为 i 国五年内原木最小出口量（单位：m^3）。

此外还需依据我国国内木材市场的供需状况决定资源获取量。本书研究未来我国林业企业投资区位选择问题，基于前人对我国未来原木供需缺口的预测，我国 2020 年原木供需缺口为 52790000m^3，我国 2020 年期望资源获取量不大于 2020 年我国原木供需缺口。即

$$Y_1 \leqslant 52790000\text{m}^3 \qquad (10 - 3)$$

从中国林业企业目前对外直接投资流向来看，中国在各地区开展林业投资合作最多的为俄罗斯，为 291 家，占境外林业企业总数的 49.4%；其他亚洲国家企业投资数量为 142 家，占境外林业企业总数的 24%。由上可知，我国林业投资地缘因素明显，我国更倾向于投资具有丰富资源的邻国地区，目标函数二可设为距离目标市场最近。即

$$\text{Min}Y_2 = d_1 y_1 + d_2 y_2 + \cdots + d_{41} y_{41} + d_{42} y_{42} \qquad (10 - 4)$$

式中：d_i 为距离权重。

本研究中国家间的距离采用 CEPPII（2006）计算的加权的国家贸易距离。该国家间贸易距离以城市人口的多少作为权重计算国家主要城市群之间的距离。

10.1.2 资源寻求型企业对外直接投资风险优化模型求解

由上文分析可知，本书要建立双目标线性规划模型分析我国资源寻求型企业 2020 年对外直接投资在各地区的最佳投资量。同时实现两个目标给规划求解带来一定的困难，需要通过把双目标线性规划转换成单目标线性规划来简化

运算过程。本书需要实现在距离目标市场最近的情况下期望资源获取量最大化。因此可把距离因素设为资源获取量的一个权重，从而影响企业区位选择决策。新目标函数为：

$$MaxY_3 = a_1 e_1 \frac{b_1}{b} y_1 + a_2 e_2 \frac{b_2}{b} y_2 + \cdots + a_{41} e_{41} \frac{b_{41}}{b} y_{41} + a_{42} e_{42} \frac{b_{42}}{b} y_{42} \qquad (10-5)$$

式中：$e_i (i = 1, 2, \cdots, 41, 42)$ 为根据 d_i 计算得到的距离权重。e_i 越大距离目标市场越近，运输成本越低，我国林业企业获取木材资源越有利。

一般而言，按照投资动机划分，林业企业对外直接投资可以分为资源寻求型对外直接投资、市场寻求型对外直接投资和技术寻求型对外直接投资。第一种投资的主要目的是获取海外的林业资源，如木材资源，以弥补国内的资源缺口或保证国家资源供给安全。第二种投资的主要目的是在海外设立林业和林产品加工企业，并将加工产品在海外进行销售，以增强企业的全球市场占有率和竞争力。第三种投资的主要目的是通过海外投资获取海外的先进技术，以促进国内林业企业的技术进步与升级。在现实操作中，中国林业对外直接投资主要以第一种和第二种为主，第三种投资较少。对于第一种对外直接投资，以资源寻求型投资为主，以获取海外资源为主要目的。因此，在对投资区位进行评价时，本书主要考虑了资源禀赋和投资风险（成本）两大因素。根据这两大因素设立了目标函数，并形成了约束条件。根据以上约束条件，可求解出中国林业对外直接投资在各个国家获取的最佳资源量。

从求解结果来看，在约束条件下既满足期望资源获取量最大，又满足距离目标市场最近，俄罗斯仍然是我国林业投资的最佳选择，与现实情况相符。马来西亚地缘优势突出，也是目前我国国内木材资源的主要供给地。美国、新西兰、加拿大和澳大利亚虽然与我国距离较远，但其国内森林资源较为丰富，国家风险较小，目前我国与这些国家林业境外合作较多，通过对外直接投资方式和进口方式获取的资源量较大，建议 2020 年继续与这些国家保持良好合作关系，争取互惠互利，合作共赢。法国、德国、西班牙、瑞典和比利时 5 个发达国家的国家风险较小，国内资源丰富，建议 2020 年投资量较大，但就目前我国林业企业投资现状来看，在这些国家的投资量并不大，这与我国林业企业投资缺乏政府系统指导、对于这些市场法律法规缺乏了解息息相关。拉脱维亚、所罗门群岛和立陶宛每年向我国出口的资源量较大，而我国对其投资量不大，未来合作有待加强。目前我国林业企业对越南、加蓬、泰国、圭亚那、刚果（布）和老挝等国家投资量较大，但建议未来投资量较小，一方面是由于这些国家国家风险较大，不建议大量投资；另一方面我国通过直接投资途径从这些国家获得资源量较大，但通过进口方式获取的资源量较小，受约束条件的设置，建议未来从这些国家获取的资源量较小。

10.2　加工贸易型企业对外直接投资的风险优化分析

10.2.1　加工贸易型企业对外直接投资的线性规划模型

加工贸易型企业是指企业对外直接投资以规避贸易壁垒为主要目的，同时获取海外资源、技术、管理水平、市场来提升企业的国际竞争力。企业的经营方式是以东道国国内森林资源为依托，在东道国加工成制成品，并销往海内外市场。企业利润是企业可持续发展、提升国际竞争力的基础，加工贸易型林业企业目标可定为利润最大化。同样，假设企业的盈利受到东道国国家风险的影响，投资者风险中性。因此，目标函数可设为：

$$\text{Max}P = a_1 p_1 y_1 + a_2 p_2 y_2 + \cdots + a_{44} p_{44} y_{44} + a_{45} p_{45} y_{45} \tag{10-6}$$

式中：加工贸易型企业经营利润为 P，$y_i(i=1, 2, \cdots, 44, 45)$ 为企业在各国的投资总额（决策变量）；$a_i(i=1, 2, \cdots, 44, 45)$ 为各国风险值，风险值越大，国家风险越小；$p_i(i=1, 2, \cdots, 44, 45)$ 为各国森林纯利率。

本书从国家层面考虑林业行业总体投资流向。考虑到企业的资金有限，企业的逐利行为需同自身的资金规模相吻合，因此企业在各国投资总额不得大于我国林业海外投资总额（数据统计至 2012 年年底）。即

$$y_i \leqslant 391782 \text{ 亿美元} \tag{10-7}$$

同上，我国林业投资地缘因素明显，我国更倾向于投资具有丰富资源的邻国地区，目标函数二可设为距离目标市场最近。即

$$\text{Min}Y_2 = d_1 y_1 + d_2 y_2 + \cdots + d_{41} y_{41} + d_{42} y_{42} \tag{10-8}$$

式中：d_i 为根据 CEPPII（2006）计算的加权的国家贸易距离。该国家间贸易距离以城市人口的多少作为权重计算国家主要城市群之间的距离。

10.2.2　加工贸易型企业对外直接投资风险优化模型求解

模型处理方式同上，本书要建立双目标线性规划模型分析我国加工贸易型企业对外直接投资在各地区的最佳投资量，通过把双目标线性规划转换成单目标线性规划来简化运算过程。本书需要实现在距离目标市场最近的情况下期望利润最大化，因此可把距离因素设为资源获取量的一个权重，从而影响企业区位选择决策。新目标函数为：

$$\mathrm{Max}P_0 = a_1 e_1 p_1 y_1 + a_2 e_2 p_2 y_2 + \cdots + a_{44} e_{44} p_{44} y_{44} + a_{45} e_{45} p_{45} y_{45} \quad (10-9)$$

式中：$e_i (i=1, 2, \cdots, 41, 42)$ 为根据 d_i 计算得到的距离权重，e_i 越大距离目标市场越近，运输成本越低，社会文化越相似，我国林业企业境外投资越有利。

根据前文所得的约束条件，可以计算得出中国林业加工贸易型企业对外直接投资在各个国家的最佳投资额。根据计算结果，中国对美国、加拿大、澳大利亚、巴西、智利、西班牙、法国、德国、马来西亚的投资额应在 20000 亿美元以上，对新西兰、英国、瑞典、荷兰、丹麦、意大利、印度、韩国、日本的投资额应在 10000 亿 – 20000 亿美元之间，对波兰、希腊、土耳其、阿联酋、菲律宾的投资额应在 5000 亿 – 10000 亿美元之间，对墨西哥、巴拿马、俄罗斯、以色列、加纳、安哥拉、南非、越南、泰国的投资额应在 100 亿 – 5000 亿美元之间，对乌克兰、哈萨克斯坦、乌兹别克斯坦、格鲁吉亚、摩洛哥、伊朗、沙特阿拉伯、尼日利亚、肯尼亚、津巴布韦、南非的投资应小于 100 亿美元。

从总体来看，结合东道国的国家风险计算出的最大化营业利润率为 64.4997%，高于企业一般盈利水平。总投资额与设定的约束条件，到 2012 年止林业对外直接投资总额相差不大，说明资金得到了充分利用。具体看来，西班牙、智利、巴西、荷兰等排名靠前的国家国家风险较低、森林纯利率较高；相反乌克兰、哈萨克斯坦、肯尼亚、尼日利亚等排名靠后的国家国家风险高、森林纯利低。受东道国国家经营水平和森林纯利率影响，给出的具体投资建议符合现实情况，具有一定的指导意义。

10.3　林业投资区位流向建议

本书在风险评价基础上进行风险优化研究，通过对林业企业对外直接投资存在的政治风险、经济风险和森林风险进行综合评估，使得企业对东道国的投资环境有了大致的了解，进而采用线性规划方法进行投资风险优化分析，对企业的资金具体流向有了清晰的界定。根据前文研究可以了解到就目前而言，资源寻求型林业企业是我国林业跨国公司的主体，投资主要集中于俄罗斯、美国、加蓬、老挝、新西兰等国家，相互合作水平较低，恶性竞争问题严峻。在企业发展前期更应做好前期规划，避免盲目投资造成不必要的损失。调整企业投资战略，相互合作形成合力，在全球范围内寻求最优的投资方式，对企业降低投资成本、提高投资效率、扩大资源获取量、保障国内木材供给安全具有重大意义。而加工贸易型企业仍处于起步阶段，是我国林业企业未来发展的趋势。在企业发展前期更应做好前期规划，避免盲目投资造成的不必要损失。具体建议与目前情况不尽相同。对一些国内风险较小、投资环境优越、资源丰富的欧洲国家，企业应具有开创精神，集合各方面资源，了解其国内市场状况、法制法规、国家政策、资源条件和社会文化等信息，积极拓展欧洲市场，扩大资源获取量，满足国内木材需求。政府也应该加强投资指导，为企业投资提供法律指导和政策支持。而对于越南、加蓬、泰国、老挝等国家，虽然目前投资量较大，木材供给已趋近饱和，投资潜力不大，建议维持目前投资现状。根据文章的风险评价结果以及风险优化结果，可以分别针对资源寻求型和加工贸易型企业的投资区位流向提出以下建议。

10.3.1　资源寻求型企业投资区位流向建议

建议未来增加投资地区：美国、法国、德国、西班牙、瑞典、比利时、丹麦、荷兰、日本、澳大利亚等为代表的低风险发达国家以及拉脱维亚、马来西亚、所罗门群岛、立陶宛、乌克兰、罗马尼亚等距离我国较近且森林资源丰富的发展中国家。

通过本书的风险评价及风险优化分析可知，以上低风险发达国家投资环境较为优越，且森林资源丰富，是资源寻求型企业对外直接投资的理想场所。以上发展中国家由于地缘优势明显，且具备丰富的森林资源，也是我国资源寻求型企业投资的良好选择。但目前由于国家双边关系、贸易政策、企业对这些国家缺乏了解且缺少政府权威部门的有效引导，导致投资具有盲目性、投资效率相对低下、对这些国家投资不足。建议未来国家加强引导，为企业对外直接投资提供东道国翔实的投资环境信息、政策法律信息等；在国际舞台上，同更多国家建立更为广泛的贸易伙伴关系，同更多的国家关于金融、经济条款达成共识，为企业投资奠定良好的双边环境。

建议保持投资现状地区：俄罗斯、新西兰、加拿大等应维持目前高投资量，中非、几内亚、冈比亚、坦桑尼亚、科特迪瓦等应维持目前低投资额。

俄罗斯森林资源仍然具有绝对优势，新西兰、加拿大国内政治经济环境较为优越；而中非、几内亚、冈比亚等国家距离我国较远，且国内政治经济状况令人担忧。在可见的未来，其国内的投资环境不会发生较大改变，建议未来保持投资现状。

建议未来减少投资地区：加蓬、老挝、圭亚那、赤道几内亚、刚果（布）、喀麦隆等高风险发展中国家应减少对其投资。

由于国家关系、地缘因素、东道国林业政策等因素，我国林业企业目前在这些国家投资量较大，但考虑到这些国家的投资环境、国家风险及未来的林业资源的可持续性，应逐渐减少对这些国家的投资，开发更具潜力的投资国。

10.3.2　加工贸易型企业投资区位流向建议

建议未来增加投资地区：西班牙、智利、所罗门群岛、澳大利亚、意大利、比利时、德国、印度、瑞典、荷兰、丹麦、法国、智利、英国等具有广阔的国内市场但并未得到开发的国家。

以上国家由于政治形态方面的差异、投资政策等方面的因素，使得我国林业企业未能分享其广阔的市场所带来的收益。例如西班牙、德国、意大利等欧洲国家，我国对其投资政策、管理体制的不适应，对其国内投资环境缺乏了解，导致企业目前对其投资量较少。这就要求我国林业企业具有开拓精神，积极主动地寻求技术上的创新，从而为开辟新市场做好准备。

建议保持投资现状地区：新西兰、加拿大、美国、巴西等我国目前投资较多，建议未来保持目前合作的良好状况；伊朗、肯尼亚、尼日利亚、津巴布韦、乌兹别克斯坦、乌克兰、哈萨克斯坦、摩洛哥等我国目前投资较少，但由于其国家风险、国内市场等因素，建议未来保持较少的投资。

建议未来减少投资地区：俄罗斯、老挝、圭亚那、印度尼西亚、格鲁吉亚等。

俄罗斯虽然具备世界森林面积最大的优势，且与我国为邻国，但随着俄罗斯国内本身具备强大的林业生产能力，我国企业在俄销售林业制成品必定面临激烈的市场竞争，利润空间受到压缩，建议未来对俄罗斯的投资应以资源寻求型企业为主。其他国家也存在资源丰富但国内市场较小的问题，也建议企业根据自身需求进行投资，对于加工贸易型企业应以东道国市场为主要考虑因素。

第十一章 木材资源进口风险评价

11.1 木材资源进口风险的理论分析

本节的主要内容是从理论层面分析我国木材进口来源风险与多元化之间的关系，并解析影响木材进口来源风险的主要因素。

11.1.1 基本理论框架

11.1.1.1 进口来源风险与多元化

对于资源进口国来说，进口来源风险主要指来源国受国际和其国内事件影响而产生的进口中断风险。通常认为多元化是应对资源进口中断、确保资源进口安全的必要途径。多元化的核心是"不要把所有的鸡蛋放到一个篮子里"，这表示多元化可以增强资源进口安全、减少市场中断的风险。根据多元化的思想可以进一步理解资源市场中断的风险：如果进口国仅从一个供应国进口资源，一旦该供应国因为国内或者国外因素导致无法供给资源，进口国将面临所有进口中断的风险；相反，若进口国从两个以上国家进口资源，就可以降低进口中断风险，即使其中一个来源国中断进口，进口国仍旧可以从其他进口国获得供给。综上所述，多元化的目标是分摊依赖度，降低资源市场中断的风险。

11.1.1.2 投资组合理论与多元化

在研究进口资源供给来源时，投资组合理论可以对进口依赖风险进行准确的研究。该理论最初产生于金融领域，也适用于分析资源进口风险和多元化之间的关系，投资组合理论将资源市场中断的风险划分为系统风险和特定风险。系统风险又叫作不可分散风险，是影响整个国际资源市场的风险，在某种程度上，资源进口国受国际资源市场影响。系统风险常常会影响大部分来源国和主要市场，例如在世界资源短缺的情况下，市场对资源的需求量会迅速上升从而导致所有进口国进口价格上升；政变致使国有资源的生产力被跨国公司垄断，或者进口来源国将主要资源作为战略武器使用，都对资源进口国产生影响。

与之相对，特定风险也叫作非系统风险或可分散风险，它主要指单个或个别供应国中断来源所带来的风险。与系统风险区别在于，特定风险的来源非国际事件或国际因素，由此，其风险只对小部分国家产生影响。比如，政治动乱、罢工游行、宗教冲突、恐怖主义等这些事件大多数情况发生在单个国家，对某个进口来源国某一时间段的供应产生影响，由此给从该进口国进口资源的国家带来特定风险。

投资组合理论可用于研究单个资产风险和资产组合风险。通常认为多元化可以通过降低突发性的供给中断和价格上涨引发的风险来提高资源进口安全。从一个国家进口所带来的风险区别于从多个国家进口带来的组合风险，主要在于从两个或两个以上国家进口的风险可能比与这些进口国有关的风险更低。多元化降低供应风险的程度主要由来源国市场和政府政策之间的关系和范围来决定，使用价格变化来衡量风险以及考虑多元化如何降低不同进口成本供应国之间的风险。

但多元化一定能降低进口风险吗？可以先分析以下两种极端的情况。如果进口国从两个国家进口同一种资源，这两个国家是一种相互竞争的关系，两国价格呈负相关。当一个来源国价格上升，另一国家出于扩大市场份额或维持进出口国政治关系的目的更倾向于降价或者保持价格不变，在这种情况下多元化能有效地降低进口风险。如果进口国从两个国家进口同一种资源，这两国互相结成同盟，其价格呈正相关，当一国价格上涨，另一国也随之上涨，在这种情况下，多元化将不能降低风险。资源进口价格变动的情况更多的是界于这两种极端例子之间，大多数时候进口国所面临的是多个来源国呈负相关价格的情形，此时，多元化可以降低风险。

根据以上分析，可以发现多元化与系统风险和特定风险之间的关系。由于导致产生特定风险的时间发生在单个供应国、不受国际市场影响，且各国发生风险不在同一时间段，所以多元化可以降低价格波动和市场供应中断所带来的特定风险。而系统风险被定义为不可避免的风险，在经过投资组合的多元化规避风险之后，剩下的只有不可避免的系统风险。因此，多元化无法降低系统风险或由国际市场引发的组合风险。

11.1.2 木材资源进口风险的影响因素分析

世界经济之间的联系随着经济全球化的发展越来越密切，基于主权国进口资源安全的层面，决策者们关注来源国风险的重点往往在于进口会不会发生供给中断的风险，即来源国供给的安全。而来源国政治、经济、社会等因素的变化往往引发供给中断风险，由此在某种程度上可以说这种进口来源的关键风险正是资源国国家风险。

国家风险，指在全球经济活动过程中由于国家的主权行为变化所造成损失的可能性，它与国家社会变动有关。所有的商业交易都存在一定程度的风险，当进行跨国商业交易时风险更甚。如今研究机构对国家风险的定义还缺乏共识，原因在于国家风险是一个涉及主权国政治、经济、金融、社会、文化、国际关系以及一系列突发事件等十分复杂的范畴；不同的国际交易活动需要分析的国家风险存在不同程度的差异。另外，影响国家风险的因素十分易变，一些新的影响因素也在不断出现。在众多理解中，一个相对更合理和完整的定义是：国家风险主要是不同国家在政策执行、经济结构、社会制度、地理和通货膨胀等多方面的差异造成的风险。

11.1.2.1 政治风险

政治风险是因投资国与东道国政治环境发生变化、东道国政局不稳定、政策法规发生变化给投资国带来经济损失的可能性。政治风险通常包括战争、内乱、征收、征用、没收、国有化、汇兑等发生的风险，是针对东道国整体政治环境而提出来的，因而存在一定的主观性。国内外研究者对政治风险的定义众说纷纭，Root（1972）将它定义为：在本国或国外能够引起一个国际商业运作的利润潜力/资产损失的任何类型的政治事件的可能出现。国内杨德兴教授则认为其关键在于由于政治力量作用使然引发的经济环境不连续构成可能显著影响某个经济组织目标的潜在力量。综上所述，文章将政治风险解释为资源进口时由于东道国的政治环境不稳定而遭受到的损失。这一不稳定通常由国家政策变化、政府稳定性、内外部冲突、法律和秩序、宗教和种族所造成。其中，国家政策变化涵盖了有关木材采伐政策、进出口贸易政策、外汇政策、关税政策等一系列影响木材贸易发展的广义概念。如俄罗斯基于促进国内木材加工业的发展和保护国内生态环境的目的，于 2007 年开始实施提高原木出口关税、限制木材出口政策，这一政策的实施对将俄罗斯作为主要木材进口国的中国而言，其木材贸易受到较大程度的影响。政府稳定性旨在评价政府的执行力，履行申报程序和执政连续性，考虑政府和执政党的凝聚力。内外部冲突是评价暴力事件的程度以及贸易限制、禁运等对投资者产生不利影响的情况。法律和秩序是衡量公正以及守法的程度。宗教种族反映因宗教、种族、国籍、语言差异导致的局势紧张，反映群体的宽容度和妥协度。政治风险以极大的程度影响着来源国的国家风险，由此，研究东道国的政治因素对研究资源进口风险有着至关重要的意义。

11.1.2.2　经济风险

经济风险指因东道国经济情景的不确定性，使投资者蒙受经济损失的可能性。随着经济全球化的不断发展，各国之间的经济联系日益密切，相互产生的经济影响也愈加强烈。1929—1933 年爆发的经济危机在主要资本主义国家蔓延，使整个资本主义世界的贸易额减少了 2/3，其中美国的进出口额下降了70%。1997 年东南亚金融危机导致东南亚地区经济社会遭到重创，出现严重的经济衰退。2008 年始于美国的次贷危机席卷全球，带来全球性的金融危机，对发达国家和发展中国家的经济造成影响。由此发现，经济风险对投资者带来的影响不容小觑。本书认为经济风险包含国家宏观经济形势和金融风险。其中，国家宏观经济形势是指东道国宏观经济运行的周期性波动规律和政府实施的经济政策，主要体现在以下几个方面：国家经济发展阶段和发展水平、经济制度及市场体系、国民收入水平、政府预算和收支状况、贸易与国际收支状况。一个国家宏观经济环境的恶化会导致国内市场萎缩，资本流动不足，经济混乱，投资环境恶化。国家层面的金融风险由主权债务风险、汇率风险组成。主权债务风险主要是指一国以主权为担保对外借债，由于无法偿还债务而造成的风险，可以用总外债占国内生产总值的比重、外债还本付息额占货物服务出口的比重、外债余额占货物及服务出口的比重来衡量。汇率风险是指因以东道国货币进行计价收付的交易中，东道国汇率变化导致投资者蒙受损失的可能性，主要由交易风险、折算风险和经营风险构成，其中交易风险在商品进出口交易中最为常见。

11.1.2.3　文化风险

文化风险是指与东道国文化存在差异这一不确定性因素的影响给投资者带来损失的可能，文化风险主要产生于国际贸易中。按照新制度经济学的观点，作为经济增长既定前提的制度包括正式制度和非正式制度。正式制度以政治政策、经济规则、契约等人们有意识创造的一系列政策法规为代表；非正式制度是指人们在长期的社会交往中逐步形成，并得到社会认可的一系列约束，包括伦理道德、民俗信仰、生活习惯、语言等意识形态方面，这些因素都可以统称为"文化"。在制度对贸易体制的作用中，正式制度当然占据主要地位，但是非正式制度也是贸易活动赖以进行的影响因素，它通过对人的行为选择和激励的作用，以及对正式制度安排的制约，对国际贸易的发展产生重大影响。

11.1.2.4　木材资源风险

不同的国际政治经济活动针对的服务目标不同，需要分析、研究国家风险的侧重点不同，对于木材进口来源国的国家风险而言，木材资源的物质属性是不能忽略的关键因素。针对木材资源国际进口所提出的木材资源风险主要包括可持续风险、技术风险、自然灾害风险、人为砍伐风险。木材作为一种可再生资源，其可持续性是指进口国可以持续从来源国进口木材的稳定性，这种稳定性与木材供给量和森林资源的蓄积量有着密切的关系，由木材产量和蓄积量决定，产量与蓄积量之比越大，表示其可持续性越弱，可持续风险越大。技术风险主要指由于开采技术落后导致的低效率产出。自然灾害风险包含森林火灾、水灾、生物病疫、旱灾，其中森林火灾属于高发性自然灾害。自然灾害风险具有难以预防抵抗性，这类风险所产生的损失往往较大。人为砍伐风险指因滥砍滥伐、毁林耕地等人为破坏造成的生态破坏、再生困难以及森林资源减少等损失。

11.2　木材资源进口风险评价实证分析

该部分是在对进口现状和风险理论分析的基础上，结合资源供给安全指数和投资组合理论建立风险指数模型来评价中国木材进口风险。

11.2.1　木材资源进口风险指数模型构建

风险指数模型建立在投资组合理论基础上，投资组合理论的思想不仅可以应用到金融市场，也可以用来评价进口来源的风险，它可以帮助决策者分析商品进口多元化与其安全之间的关系（Lesbirel，2004）。这一理论的基本思想在于：将商品进口风险分为系统风险和特定风险。资产组合模型不仅可以评价商品进口地区的单一风险，也可以评价组合风险。采用投资组合理论改进后的风险指数模型对资源进口安全进行过研究的还有 Wu 等（2007）和张会清（2014）：Wu（2007）基于风险指数模型研究发现，1996—2004 年中国原油的进口风险指数不断上升，相关政策并未起到降低风险的作用；张会清（2014）的测算结果显示在观察期内中国铁矿石的进口风险指数趋于上行。

模型具体的风险测算方法如下：

通过单指数模型来探索进口国进口价格与世界资源进口价格指数之间的关系，以此估算系统风险系数和特定风险系数。即拟合中国木材进口价格和国际木材价格的回归方程，这一单指数模型如下：

$$P_c = \alpha + \beta P_w + e \qquad (11-1)$$

众所周知，中断意指供求不平衡，也就是说供给中断仅是导致中断产生的原因之一。另外，资源市场供给中断产生的风险程度与资源的可替代性有关；且进口国不仅要考虑来自政治因素导致的供给中断，还要考虑由于产能供应不足和不利于资源安全的市场因素引发的中断。由此这一模型采用进口价格的变化来衡量商品进口中断的风险，可以用来估算由于政治危机和其他事故而导致的供给中断所带来的风险。

观察资源进口价格变化，进口国进口资源的价格随着世界资源进口价格的变化而变化，当世界资源进口价格上升时，某国该种资源进口的价格跟着上涨；当世界资源进口价格下降时，某国进口该种资源的价格相应地下跌，这表示国际资源市场的变化与进口国家进口成本具有相关性。因此，与资源进口成本有关的世界资源进口价格指数不失为衡量这种相关性的一种有效方法。这一价格指数是将主要进口国进口份额与进口价格相乘后加权，该价格指数的回归模型旨在提供一个能综合全面衡量世界资源进口价格变化的方法。

式中：P_c 是 c 国进口商品价格，P_w 是国际市场该商品价格，α 是截距项，β 为待估计的系统风险系数，主要反映进口国进口商品价格变化与世界商品价格变化的关系，揭示了世界商品价格变化给进口国进口该商品带来的价格变化程度，同时也反映一国进口价格变化对世界进口价格变化的敏感程度。e 是误差项，它表示实际资源进口价格对世界进口价格回归模型预测值的总体偏离程度，代表的是进口国进口价格变动中不能被国际价格变动解释的那部分，衡量了从独立于世界资源市场变化的特定供应国进口资源时特定因素对进口价格的影响程度，这也就是投资组合中的特定风险系数。

根据投资组合理论的思想，与商品进口风险相关的表达式如下：

$$\sigma_r^2 = \sigma_{pst}^2 + \sigma_{pet}^2 \tag{11-2}$$

$$\sigma_{pst}^2 = \sum_{i=1}^{n} \sum_{j=1}^{m} \sigma_{wi}^2 \cdot X_{ij}^2 \cdot \beta^2 \tag{11-3}$$

$$\sigma_{pet}^2 = \sum_{i=1}^{n} \sum_{j=1}^{m} X_{ij}^2 \cdot \sigma_{ei}^2 \tag{11-4}$$

式中：σ_{pst}^2 和 σ_{pet}^2 分别表示第 i 年中国木材进口的系统风险和特定风险，σ_{wt}^2 是第 i 年国家该商品年度价格方差，X 是进口国进口该商品的数量，i 是年份，j 是进口来源地，σ_{ei}^2 是误差项 e 的方差。系统风险与特定风险之和即为进口的整体风险，即 σ_r^2。

由于特定风险的计算公式隐含了进口来源地同质性的假定，这与实际不符。在此，本书采用世界银行公布的 WGI（Worldwide Governance Indicators）指数中的政治稳定程度指数来设计风险调整系数 K，借此来对特定风险进行修正，这样可以准确地反映各国风险的变化情况，使结论更具科学真实性。另外，由于木材进口数量较大，会导致系统风险和特定风险的计算结果明显偏大，这在一定程度上不能反映价格因素对进口风险的影响，所以将商品的进口量调整为进口份额来克服这一缺陷。经调整得到系统风险指数 I_{pst} 和特定风险指数 I_{pet}。

$$I_{pst} = \sqrt{\sum_{i=1}^{n}\sum_{j=1}^{m}\sigma_{wi}^2 S_{ij}^2 \beta^2} \qquad (11-5)$$

$$I_{pet} = \sqrt{\sum_{i=1}^{n}\sum_{j=1}^{m}K_{ij} S_{ij}^2 \sigma_{ei}^2} \qquad (11-6)$$

式中：S 为不同来源地在进口国商品进口总量中所占的比例；K 是国家风险系数，$K_{ij} = \sum_{j=1}^{m}(100 - R_{ij})/\max(100 - R_{ij})$，$R$ 是国家风险指数，区间为 $[0,100]$，指数越大表明风险越高。

11.2.2 木材资源进口风险评价数据说明

研究的样本期间为 2000—2013 年，进口国在样本期间的相关数据均来自联合国贸易数据库（2014）。由于国际木材没有统一的现货价格指标，本书根据国际木材年进口额除以年进口量得到价格指标，国际木材进口相关数据和进口来源国的木材产量来自联合国粮农组织数据库（2014）。

11.2.3 木材资源进口风险评价结果

在实证过程中，由于价格变化存在滞后性，所以拟合结果的残差存在自相关性，为克服自相关问题，将单指数模型调整为一阶自回归方程并使用 Cochrane – Orcutt 迭代法来消除误差自相关因素的扰动，这里以原木为例。

$$P_c' = \alpha\ (1-p)\ +\beta P_w' +\xi$$

式中：$P_c' = P_c - pP_{c_{t-t_1}}$，$P_w' = P_w - pP_{c_{t-t_1}}$，$p$ 为残差序列自相关系数。

回归结果如下：

$$P_{c_t} - 0.116P_{c_{t-1}} = 1.559(P_{w_t} - 0.116P_{w_{t-1}}) - 34.04 + \xi$$
$$(0.149) \quad (14.584) \qquad\qquad (-2.696)$$

$$R^2 = 0.9703, \quad AdjR^2 = 0.9644, \quad DW = 2.53, \quad AIC = 7.177, \quad SC = 7.307$$

注：括号中的数字为对应参数的 T 统计值，参数通过了 5% 的显著性检验。

回归结果表明模型的拟合程度相当好，在很大程度上解决了误差自相关问题，参数估计有较高的可靠性，现在将这些值顺序带入相关公式得出样本期间内中国木材进口的风险指标，各项指标结果走势见图 11 – 1 及图 11 – 2。

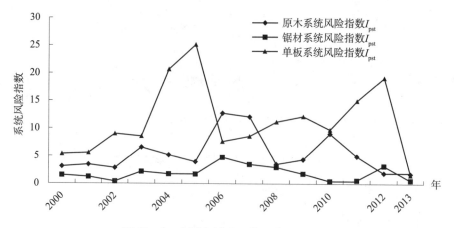

图 11 - 1　中国木材进口的系统风险指数

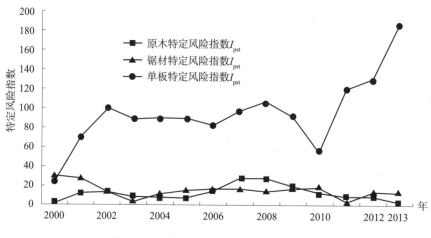

图 11 - 2　中国木材进口的特定风险指数

　　中国木材进口风险测算结果说明：总体上，锯材进口风险最小，原木次之，单板风险最大。其中锯材风险总指数在［10，20］这一区间内波动，仅有 2000 年和 2001 年较高，风险指数分别达到 29 和 32。其风险构成中系统风险指数一直在［1，5］以内波动，而特定风险指数与整体风险指数变化趋于一致，这表明锯材进口风险大小主要由特定风险来决定。在特定风险较高的年份，锯材进口的整体风险走高；在特定风险偏低的年份，锯材进口的整体风险降低。一方面，在 2000 年之前中国木材主要以国内供给为主，木材海外进口量占木材供给量比重非常小，1999 年年底国家因森林和环境保护的目的实施了一系列限制采伐、鼓励木材进口的政策举措，这一政策的落实促使大部分木材供给不得不转向海外进口。另一方面，中国在木材资源海外进口方面经验较少，在进口初期即 2000—2001 年选择木材进口国家时考虑不周全，对来源国国内木材出口行业不了解以及从不同进口国进口木材过程中突发事件发生的可能性预测不准确等，直接导致中国在 2000—2001 年锯材进口的特定风险较高，从而其整体风险走高。在经过了这个由内供到进口的转变过渡期之后，对锯材进口国的情况有了进一步的了解，在选择来源国时更为谨慎合理，使得特定风险指数和整体风险指数逐渐下降，维持在平稳的低水平范围。

原木进口的整体风险指数变化较锯材进口更大。原木进口的整体风险指数主要在 [10, 30] 范围内波动，仅有 2007 年达到 40。原木进口的系统风险指数变化范围是 [1, 6]，2006—2007 年达到最高值 13，特定风险指数起伏不定，整个波动区间为 [2, 28]。往往特定风险指数高的年份整体风险指数也随之走高，整体风险指数的变化大多数年份由特定风险决定，这一点与锯材进口风险一致。原木进口的系统风险指数在 2006—2007 年达到最高值 13，究其原因：国际市场动荡不安，由于美国次贷危机引发了全球经济危机，使世界大多数国家经济衰退，国际贸易大环境恶化，也直接导致木材贸易市场低迷，木材进口的系统风险上升。而在原木进口的系统风险指数走高的同时，其整体风险指数在 2007 年达到 40，创下新高，其他原因来自特定风险指数，而特定风险主要来源于俄罗斯。众所周知，俄罗斯地广人稀，木材资源十分丰富，且俄罗斯政府一直实施开放的木材贸易政策，这使得俄罗斯成为世界上主要的木材出口国。中国与俄罗斯国土相邻；中国与苏联解体前的俄罗斯同为社会主义国家，有着共同的政治渊源，自苏联解体后与俄罗斯政治关系稳固；两国经济联系密切，相互之间有着长期的贸易往来，长久的物资运输促使两国边境交通运输发达；相邻两国之间民族文化交往频繁等。这一系列自然优势、历史联系以及贸易条件促使俄罗斯成为中国实施加大木材进口后的主要来源国，在 2007 年之前，俄罗斯一直是中国的第一大木材进口国，且进口量远远高于其他国家。然而在 2007 年俄罗斯颁布了一系列限制木材出口的相关政策和法令，这一举措直接导致中国能够从俄罗斯进口木材的总量急剧下降，来自俄罗斯的进口中断风险上升，而原木首当其冲。

相较于锯材和原木，单板的风险指数变化幅度最大，风险指数最高。总体的风险指数波动范围为［90，190］，仅有 2000 年最低，为 29。系统风险指数变化区间为［5，15］，与整体风险指数相比，系统风险指数十分低，单板的特定风险指数在［100，190］之间变动，由此说明单板的进口中断风险主要来自特定风险，这一特征与锯材和原木一致。总体风险指数在 2000 年最低时，特定风险指数仍为 24，占总体风险指数的绝对比重较高，而总体风险指数异于其他年份的主要原因在于中国单板进口量低。在进口增长初期的木材进口总量中，原木和锯材为第一、第二进口品种，而单板的较少使用量促使其海外进口数量极少，其进口量少的直接影响是进口风险偏小。而在 2002 年开始，单板进口量相应有所上升，但其进口量增长的速度仍不及其风险指数上升的速度。单板的特定风险指数随着进口量一路飙升，总体风险指数居高不下，远远高于锯材和原木风险指数。原因在于单板进口国，即来自进口国的国家风险引发的进口风险。

总之，这三种木材的特定风险指数在大部分年份均高于系统风险指数，而且风险指数在不同年份都经历了先急剧上升后缓慢下降的波动趋势，这说明在中国木材进口量扩增的同时，进口风险也在不断增加，而且风险主要来源于特定风险。三种木材的系统风险指数在 2006—2007 年达到最高，在 2012—2013 年下降到最低，比较而言：单板、原木、锯材的系统风险由高到低。三种木材特定风险走势起伏不定，原木特定风险指数在三种木材中波动最平稳，于 2007—2008 年达到最高，其整体与锯材特定风险指数相近；锯材特定风险指数从 2011 年起波动较大；单板特定风险指数为三种木材最高、上下起伏最明显。

具体来看，锯材系统风险指数比原木和单板都小，最大值仅为 2006 年的 4.8，在样本期间该指数整体反应为下降趋势，但有过三次区域内的极大值，分别是 2003 年达到 2.2，2006 年达到 4.8 和 2012 年达到 3.2，最后在 2013 年降为 0.6。特定风险波动起伏不定，在观察期间有过两次极小值点，分别是 2003 年的 4.3 和 2011 年的 3.2。锯材的特定风险指数在整个分析期间大致可以划分为三个阶段，2000—2003 年是持续下降阶段，2003—2010 年是上升阶段，并在这一期间于 2000 年达到 30.8 的最高点，最后是波动起伏最大的阶段，这个阶段初期该指数直接下降到 3.2 的最低点，继而在 2012 年一路升至 13.7 的高度，2013 年基本与前一年持平。

11.2.4　木材资源进口风险特征分析

原木、锯材、单板三种木材的系统风险指数均在2007年左右达到最大值，一方面原因在于2007年世界经济危机发生导致世界经济形势下行，全球经济环境恶化，而国际木材贸易作为全球经济的一部分其贸易条件随之下降。另外，俄罗斯作为世界国土面积第一大国，同时拥有世界上最丰富的森林资源，这使得俄罗斯成为世界木材交易的主要贸易国，其木材进出口政策的变化对全球木材贸易市场有着极大的影响。而俄罗斯于2007年为保护本国木材加工业的发展，提高了木材出口关税，严格限制原木等初级加工木材直接出口量，该调整政策一经出台直接对国际原木等初级木材市场的供给产生影响，加大了国际木材贸易供应中断的风险。最后，由于美国、澳大利亚、加拿大、新西兰等资本主义发达国家逐渐减少木材进出口量，促使世界木材出口市场转移到一些经济发展水平较低、森林资源相对丰富的非洲和亚洲国家。但随着国际社会对全球环境一体化的重视程度加深，许多国际组织和环境公益组织对这些经济欠发达、森林资源丰富的发展中国家和地区的木材砍伐合法性问题的重视程度也日益上升，致使世界木材市场的供给中断可能性进一步加深，木材进口系统风险走高。因此我国从俄罗斯进口木材比例下降，而从巴布亚新几内亚、印度尼西亚等发展中国家和美国、加拿大等发达国家进口木材数量增加。

根据三种木材进口的特定风险变化走势图不难发现：我国单板进口的特定风险居高不下，且波动起伏不定，最主要原因在于单板进口来源国较少且主要进口来源国都是国内政治风险较高的国家。原木的特定风险指数值最低，变化幅度最小，仅在俄罗斯颁布限制该国木材出口量时特定风险指数有所升高，之后迅速下降到平均水平，主要原因在于我国原木进口所选取国家较多、进口地分散而稳定，且这些来源国森林资源丰富、木材出口政策宽松，所以原木进口所面临的特定风险不高。锯材进口量略小于原木但比单板进口量大得多，其进口集中程度略偏高于原木，且进口来源国的政治比较稳定，综合导致锯材进口特定风险略高。

第十二章　木材资源进口风险优化控制

本部分基于风险评价结果基础上，为降低木材进口风险，建立了木材进口结构优化模型。

12.1　木材资源进口风险优化理论分析

从理论层面分析：观察木材进口风险指数，发现有两种途径可以降低进口风险值。①从系统风险指数入手，国际市场价格方差和系统风险系数的下降会使系统风险指数降低，即在其他因素不变的情况下减少国际市场价格波动对国家进口价格的影响。②将特定风险指数作为出发点，使风险调整系数、进口份额和误差波动指标的乘积减小，改变从优化进口地的结构和进口来源国进口的份额降低特定风险。

系统风险指数主要由系统风险系数和进口国进口木材的价格来决定，想要降低系统风险指数就必须要降低系统风险系数或降低进口木材的价格。但系统风险被定义为不可避免的风险，单个进口国无法改变系统风险系数。而就中国木材行业情形来看，国内木材加工行业企业多、规模小，在国际木材市场地位微弱，是国际市场价格的接受者，中国在现阶段无法改变木材进口价格，所以主要通过改变系统风险指数来降低木材进口整体风险不可行。

特定风险指数由进口国国家风险系数和特定风险系数共同决定，进口国无法改变来源国的国家风险系数，导致产生特定风险的时间发生在单个供应国、不受国际市场影响，且各国发生风险不在同一时间段。所以从低风险国进口商品，从而改变进口来源国降低国家风险系数和特定风险系数的多元化方法可以降低价格波动和市场供应中断所带来的特定风险。

此外，木材进口风险指数的测算结果也表明中国木材的进口风险主要由木材进口的特定风险决定，可以通过减小木材进口风险中的特定风险指数来降低木材进口整体风险。

特定风险指数中的风险调整系数和误差波动指标都是进口来源国特征所决定的外生变量，而进口份额是内生变量，进口份额同样也是系统风险指数的一个影响因素。在这种背景下，通过优化进口结构、调整进口来源地的进口份额的木材进口多元化策略使降低木材进口风险具有可行性。

12.2 木材资源进口风险优化模型

中国木材进口以改变进口风险为主要目标，首要目标是风险最小化。在根据中国进口木材总量和木材出口国可出口量的情况下，做出从哪些来源国进口木材以及从来源地进口木材的数量分配的决定。

具体的思路：在考虑进口来源国向中国出口木材的总量和进口来源国木材的总出口量两方面因素的情况下，求解风险最小时，中国从不同进口来源地进口木材的数量。

以上这种有明确目标函数和约束条件，求解目标函数值的问题通常采用数学规划模型来解决。

目标函数：

$$f(x) = Ipst + Ipet = \sqrt{\sum_{j=1}^{m} \sigma w^2 S_j^2 \beta^2} + \sqrt{\sum_{j=1}^{m} K_j S_j^2 \sigma e^2}$$

（1）主要进口来源国向中国出口木材总量的约束条件为：$S_1 + S_2 + \cdots + S_m = S$。其中，$S$ 为主要进口来源国向中国出口木材的总量。

（2）进口来源国向中国出口木材数量的约束条件为：$S_j min \leqslant S_j \leqslant S_j max$，$S_j min$ 和 $S_j max$ 分别为进口来源国 j 向中国出口木材的下限和上限，$S_j min = Qi \cdot gl$，$S_j max = Q_i \cdot gu$，Q_i 是出口国 j 在 i 时期的木材总出口量，gu 和 gl 分别为主要出口国 j 在 i 年向中国出口木材的上下限的比例，有 $0 \leqslant gl \leqslant gu \leqslant 1$。

由此，求解风险最小时，中国从不同进口来源地进口木材的数量问题可以转为下面的非线性规划模型：

$$\min f(x) = \sqrt{\sum_{j=1}^{m} \sigma w^2 S_j^2 \beta^2} + \sqrt{\sum_{j=1}^{m} K_j S_j^2 \sigma e^2}$$

$$s.t \begin{cases} S_1 + S_2 + \cdots + S_m = S \\ S_j \min \leqslant S_j \leqslant S_j \max \end{cases}$$

通过求解该规划模型，得出整体风险最小的情况下中国向主要进口国进口木材的数量。另外，文章在把握出口国木材出口限制政策时主要考虑到出口国对中国出口木材进行限制和非限制两种情况。出口国实现木材出口限制是指出口国向中国出口木材的数量介于历年出口量的最大值和最小值之间；非限制是指出口国向中国出口木材数量介于零出口量和出口国当年出口总量之间。

非限制情况的约束 1：$gl = 0$，$gu = 1$，这表示出口国对中国进行出口木材的数量不加限制，这一约束条件相对宽松，优化以后的最优风险可能达到所考虑情形的最小风险值。

有限制情况的约束 2：$gl = \min(v)$，$gu = \max(v)$，其中 v 表示历年出口国向中国出口木材占该国木材总出口总量的比例。这一约束条件充分考虑了出口国对中国历年的木材出口量，约束较强，更符合实际情况。

12.3 木材资源进口结构优化结果

实证数据均来自联合国贸易数据库、联合国粮农组织数据库（2014）。文章使用 Lingo 软件来求解该非线性规划问题，求得 2000—2013 年风险最小时中国从主要进口国进口木材的最优数量，并将两种约束情况所求得最优数量带入风险指数模型，计算最优数量的特定风险，与实际特定风险进行比较。

分析结果如表 12 - 1，表 12 - 2 和表 12 - 3 所示。

表 12 - 1 2000—2013 年原木主要调整国向中国出口量占中国进口总量比例的均值

国家	实际	约束 1	差额 1	约束 2	差额 2
俄罗斯	51.7%	4.8%	- 46.9%	25.1%	- 26.7%
印度尼西亚	1.0%	1.0%	0.0%	0.8%	- 0.1%
美国	3.6%	6.2%	2.6%	10.0%	6.4%
加拿大	1.8%	7.5%	5.7%	5.8%	4.0%

国家	实际	约束1	差额1	约束2	差额2
新西兰	10.1%	8.2%	-1.8%	13.5%	3.5%
乌克兰	0.4%	5.4%	4.9%	2.9%	2.4%
澳大利亚	1.8%	4.2%	2.4%	3.5%	1.8%
法国	0.7%	6.4%	5.8%	2.1%	1.5%
缅甸	2.6%	4.7%	2.1%	3.8%	1.2%

表 12-2　2000—2013 年锯材主要调整国向中国出口量占中国进口总量比例的均值

国家	实际	约束条件1	差额1	约束条件2	差额2
俄罗斯	19.1%	2.0%	-17.1%	7.0%	-12.1%
印度尼西亚	11.9%	2.0%	-9.9%	7.6%	-4.3%
美国	11.9%	3.5%	-8.4%	8.4%	-3.4%
泰国	9.5%	2.2%	-7.3%	6.6%	-2.9%
芬兰	0.9%	18.1%	17.2%	5.8%	4.9%
瑞典	0.6%	8.0%	7.4%	5.0%	4.4%
德国	2.3%	5.2%	3.0%	5.5%	3.2%
智利	1.9%	3.8%	1.9%	4.8%	2.9%
新西兰	3.5%	7.9%	4.4%	5.6%	2.1%

表 12-3　2000—2013 年单板主要调整国向中国出口量占中国进口总量比例的均值

国家	实际	约束条件1	差额1	约束条件2	差额2
越南	18.6%	2.7%	-15.9%	7.8%	-10.7%
马来西亚	32.2%	5.4%	-26.8%	27.5%	-4.7%
柬埔寨	3.1%	2.4%	-0.7%	1.9%	-1.3%
印度尼西亚	6.9%	3.1%	-3.8%	5.7%	-1.2%
美国	10.3%	6.3%	-4.0%	13.7%	3.4%
巴布亚新几内亚	2.6%	2.9%	0.3%	5.6%	3.0%
加纳	0.4%	4.8%	4.5%	2.5%	2.2%
德国	2.1%	9.0%	7.0%	4.1%	2.1%
泰国	0.3%	1.9%	1.6%	2.1%	1.9%
巴西	1.0%	4.8%	3.9%	2.8%	1.8%
加拿大	1.3%	10.1%	8.9%	2.9%	1.6%

12.4　木材资源进口优化策略分析

从样本期的调整量看，原木进口最主要的调整国是俄罗斯、美国、加拿大、新西兰等国。俄罗斯虽然森林资源丰富，但其木材出口政策变动往往较大，因此带来的贸易不确定性也较强，且其国内政治稳定程度不属于高水平行列，所以优化过程中需要逐步减少从俄罗斯进口量，将进口量分摊到美国、加拿大、新西兰等国内政治稳定、与中国贸易连续性强的国家。锯材进口需要减少从俄罗斯、印度尼西亚、泰国等风险水平较高、国内政治不稳定国家的进口量，增加从芬兰、瑞典、德国、智利、新西兰等森林资源丰富、国家稳定的发达国家进口；单板最大调整国是越南和马来西亚，原因在于越南国内政局动荡、贸易环境不稳定，马来西亚国土面积小、森林资源可持续性不强。为优化单板进口结构，应将进口量调整到美国、巴布亚新几内亚、加纳、德国等资源丰富、与中国贸易往来相对频繁稳定的国家，虽然这些国家（如巴布亚新几内亚和加纳）相较于美国、德国的国家风险可能稍高，但中国对这些国家有着长期的经济援助、帮助这些国家建设社会基础设施，中国与非洲国家的政治交往频繁，这些因素都将有助于降低中国从这些国家获取木材资源的风险。

图 12-1、图 12-2、图 12-3 描述了原木、锯材、单板在三种情况下的进口风险。约束 1 和约束 2 的风险状况与实际风险状况在总体变化趋势趋于一致，但两种约束的风险值远小于真实风险值，约束条件越宽松所得到的进口风险值越小。中国对进口风险的防范在于调整进口国的进口量，将风险较高国家的进口份额分摊到风险较低国家，在保证进口量的同时降低整体进口风险。约束 1 和约束 2 都是降低风险的途径，约束 1 表示中国从进口国进口木材数量无限制的情况，在较大范围内调整进口量，达到风险最小。这是一种比较理想的情况，中国可以将出口国的木材总出口量全部进口，也可以完全不进口。约束 2 考虑样本期内从进口国进口木材的最大量和最小量，以此作为强约束来确定约束范围，缩小了进口量的调整范围，所得风险值较约束 1 更高也更符合实际情况。这说明约束 2 比约束 1 更适合作为降低木材进口风险的可行方案。

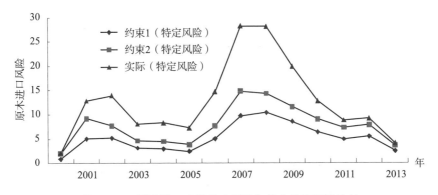

图 12 – 1 原木进口实际特定风险与优化特定风险比较

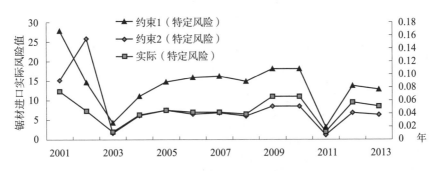

图 12 – 2 锯材进口实际特定风险与优化特定风险比较

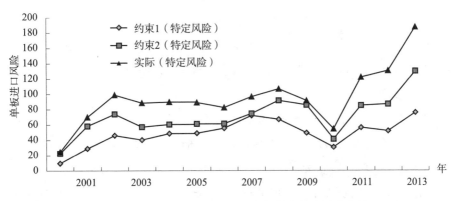

图 12 – 3 锯材进口实际特定风险与优化特定风险比较

12.5　木材资源进口风险优化的结论与建议

由于社会经济的发展使木材的需求不断增加，在国内木材供给无法满足木材消耗的背景下，中国从海外获取木材资源的数量越来越大。在木材海外进口量增加的同时，对海外木材资源的依赖性越来越大，而这种对资源外部供给的依赖性的增大凸显了我国木材进口的重要性。由此，衡量我国木材进口的风险、保障木材进口的安全十分重要。

仅仅用进口依赖性，没有考虑国际资源市场供给中断风险的多样性，不足以衡量资源进口风险。相比之下，投资组合理论可以从理论和方法层面提供更有用的指标来衡量资源进口风险。从理论上讲，投资组合理论可以将不同的风险进行归类，并说明这些风险和多样化之间的关系；从方法上讲，该理论可以提供方法衡量不同类型的风险，并评价每一类型的风险在整体风险中的重要性。该方法可以用于政策的制定、实施、评估阶段。

资源安全性具有重要的政策意义，缺乏对风险认识的准确性和清晰性可能会产生严重后果和代价。而资源进口依赖性的变化对进口风险的影响不能确定，如果只是盲目地减少对某一供应国的依赖性，转而依赖的进口国家风险更大，会使进口风险上升。同样的，在系统风险持续小于特定风险的情况下，增加资源的战略储备比实施多元化、加强外交以及改善贸易关系相结合的方式所需要的成本更高。因此，进行风险评估并以此提出有针对性的政策措施来确保资源进口安全更有效。

本书借助投资组合理论的基本思想建立了衡量资源进口风险的风险指数模型，该模型将资源进口风险定义为系统风险和特定风险之和。由此，文章分别计算了2000—2013年中国原木、锯材、单板进口的系统风险和特定风险水平。评价结果说明：锯材进口整体风险最低、波动最小，原木次之，单板整体风险最高、波动最大。首先，这三种木材进口的整体风险水平主要由其特定风险水平来决定。其次，三种木材进口的系统风险水平都不高，两次系统风险波动原因在于主要木材出口国出口政策调整带来的国际木材市场变化和世界经济危机影响木材贸易市场使木材世界市场条件恶化。最后，三种木材的特定风险水平居高不下，这既是导致木材进口整体水平高的主要原因，同时也是优化木材进口结构、降低木材进口风险的主要突破口。

中国木材进口风险评价结果反过来论证了投资组合理论衡量风险性质和特征的有效性。由于导致产生特定风险的时间发生在单个供应国、不受国际市场影响，且各国发生风险不在同一时间段，所以将风险分散到资源供给的不同地区的多元化策略可以降低价格波动和市场供应中断所带来的特定风险。

根据多元化理论，从改变特定风险的角度，本书研究了降低中国木材进口风险的优化结构，并将优化结果与实际结果相比较。木材进口优化结果显示多元化是降低进口风险的有效途径。在不考虑来源地出口数量历史的情况下，中国可以以来源国产量为限尽可能多地向各国进口木材数量，该种条件下的进口风险指数最低，但与实际情况相差较多。另外，在对中国从各国进口的历史数量以及该国可出口的数量综合考虑的前提下，所得的木材进口风险比实际风险更低，这一条件与实际情况更为符合，具有实施的可能性。

在中国木材进口需求量不断上升和进口依存度居高不下的情况下，为降低木材进口风险，决策者应该尽快调整木材进口的来源结构。首先，中国应减少对俄罗斯原木进口的进口量，降低依赖性，转而增加向美国、加拿大、新西兰等国家的进口数量。其次，锯材需要减少从俄罗斯、印度尼西亚、泰国这样国内政治不稳定国家的进口量，增加从芬兰、瑞典、德国、智利、新西兰的进口量。原木和锯材是我国木材进口的主要品种，这两个进口品种主要调整至发达国家，可以避免木材合法性带来的影响，从而降低进口的整体风险。最后，单板最大调整国是越南和马来西亚，为优化单板进口结构，应将进口量调整到美国、巴布亚新几内亚、加纳、德国等资源丰富、与中国贸易往来相对频繁稳定的国家。

本书在木材进口风险问题的研究中进行了些许创新。首先，将金融学领域的投资组合理论引入木材进口风险，将风险划分为系统风险和特定风险来评估中国木材进口风险水平。其次，将最初的投资组合理论模型稍加改进，将计算组合风险的绝对量改为份额量，凸显了非进口量因素对风险水平的影响。最后，在保证中国木材需求量的同时，建立了降低进口风险的优化策略途径。由于木材进口结构的研究属于风险决策问题，受到理论方法和数据的局限，学者对此的研究以定性分析为主，本书根据风险评估结果利用规划模型进行了定量分析，实证结果具有一定的指导性和参考性。

本书由于受到现有条件和研究方法的限制还存在一些不足之处，如模型所进行的是事后评估，并不能做到预测；所使用的数据跨度较短，这在一定程度上可能并不能完全反映整体；对外来风险的分析更多地融入了个人的主观判断。尽管有这些不足，投资组合理论方法在定量分析资源进口风险时依然可以提供有效的帮助，将该方法应用到木材进口风险的评价，定性分析中国木材的进口风险水平，希望能为以后的研究尽到绵薄之力。

第十三章　农林产业对外直接投资的模式选择

　　在前面章节中本书分析了农林产业对外直接投资的动因、产业选择、区域选择以及对投资风险的管理。本章的研究目的是在此基础上探究农林产业的海外投资模式。因为目前农林产业海外投资规模较小，但预计未来投资规模将有显著增长，因此本章仍有很强的前瞻性意义。图 13 – 1 是本章的技术路线图。本章的研究将分两个部分展开。在规范分析部分，本章将首先从投资模式的分类入手，以对投资的控制程度为切入点，结合投资的动机和区位因素对投资模式进行综合分析。在实证研究部分，本章将首先分析目前中国农林产业对外投资模式现状，进而探讨现有模式的原因和缺陷，最后提出未来的发展趋势及对策建议。

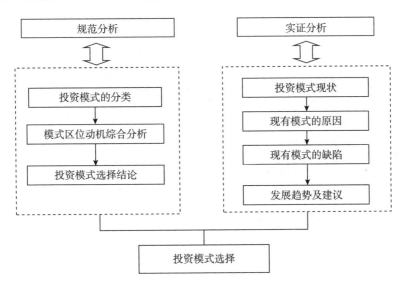

图 13 – 1　农林产业对外投资模式研究的技术路线

13.1 企业海外投资基本模式

海外投资模式，是跨国公司的产品、资本、技术、管理技能等生产要素进入其他市场的途径❶。农林企业以何种方式进入目标国市场将直接影响到企业的收益、面临的竞争程度、风险的大小，正确选择企业跨国投资的进入方式是企业进行海外投资最重要的决策。企业进入方式的选择是在对企业自身分析的基础上，对海外投资的区域特点、产业特点和风险特点进行综合分析，选择符合自身实际情况的海外经营方式。

农林企业跨国经营既可以从事农林产品贸易，也可以从事农林产品的生产和深加工，这样进行农林海外投资的企业包括生产企业、贸易企业和服务企业等多种类型。从前面的分析来看，中国农林企业的跨国经营活动主要集中在为争夺海外市场进行的贸易投资和资源寻求型的海外投资。企业跨国投资的目的、自身实力、经营策略的不同产生了不同的跨国经营方式。下面我们将对此进行分类介绍。

13.1.1 跨国贸易经营

企业跨国贸易投资的目的是把中国具有比较优势的农林产品销往海外市场。这是中国农林企业进入海外市场最简单的方式。由于中国一些农林产品的生产和深加工在劳动力成本、生产技术上都有着较高的生产效率和较低的生产成本，中国农林企业把相当部分的产品出口到世界各地。但是这种海外投资的方式容易受到东道国对农林产品进口配额、关税、反倾销政策影响，导致中国的农林产品贸易企业面临较大的投资风险。

（1）在东道国设立销售分公司

中国的很多农林企业为了把产品销售到国外，在东道国建立了销售办事处或是销售分公司。这些销售机构是国内企业的分支机构，主要任务：获得海外市场信息，了解市场规则；向东道国推销自己的农林产品。一般企业派往海外

---

❶ 张树明，徐莉. 中国企业 FDI 的海外进入模式及其投资绩效的实证研究［J］. 山东大学学报（哲学社会科学版），2006（6）.

的营销机构是具有独立法人资格的，而销售公司具有独立的法人资格。

（2）农林产品零售企业

农林产品零售企业利用自己的品牌优势在海外设立零售企业，一般要求国内的农林企业具有一定的规模和比较成熟的品牌。零售业可以面对面地与国外消费者接触，能及时把海外市场的信息反馈到国内。

13.1.2　对外生产经营性投资

对外投资经营通过股权收购、直接新建等方式在东道国进行生产经营活动。农林企业对外投资可以通过证券和直接投资的手段实现。对外直接投资的农林企业主要从事生产经营活动，具体的形式有独资经营、合资经营等。

（1）独资经营

独资经营是企业在海外设立拥有全部股权的子公司并独立经营的投资方式[1]。农林企业独资经营一般多是在海外设立自己的加工企业或是从事种植业。独资公司可以通过购买东道国已有的企业，或是在东道国投资建立新的企业。中国海外投资多采用此种投资方式，并且在张树明、徐莉的研究中认为该种投资方式有较高的收益率[2]。

（2）合资经营

农林企业合资经营是与东道国相关企业共同设立公司，承担生产经营责任，分享经营成果的经营方式。合资经营减少了企业所要投资的成本，降低了投资风险，容易被东道国市场接纳，但同时对海外公司的控制能力也被削弱，受到合资公司的制约。

农林企业跨国经营的模式是多种多样的，不同时期、不同国家、不同投资目的都会产生不同的投资模式。企业应该根据企业的情况对区域、风险、投资目的进行分析选择合适的投资方式。农林作为基础产业，在海外投资时可以根据实际情况不断进行投资模式的创新，加快中国农林企业"走出去"的步伐。

---

[1]　潘伟光. 经济全球化与中国农业企业跨国发展［M］. 北京：中国农业出版社，2004：134.

[2]　张树明，徐莉. 中国企业 FDI 的海外进入模式及其投资绩效的实证研究［J］. 山东大学学报（哲学社会科学版），2006（6）：130－135.

13.2 农林企业海外投资模式选择的综合分析

农林企业海外投资决策时对区域、产业、企业自身特点等因素进行权衡，选择最优的投资方式。企业选择合适的投资模式会减少海外投资风险，增加收益。本书拟对农林企业在海外投资模式选择上以资源寻求型和市场寻求型进行分类研究，分析农林企业海外投资模式规律。

13.2.1 企业对投资的控制

Anderson 和 Gatingnm 依据对海外企业控制的程度把投资模式划分为：高度控制模式、中度控制模式和低度控制模式❶。本书将以此为基础分析资源寻求型和市场寻求型农林企业海外投资模式的选择方法。高控制程度投资方式对海外企业的绝对控制，一般多采取在并购时占有被并购企业的绝大部分股份，或是在东道国独资建立企业。这种投资模式的优势是能完全掌控企业，受其他投资者的限制小，具有较强的主动性；缺陷是初始投入资源较多，投资风险独自承担，灵活性差，管理难度大，撤出成本高。中度控制海外投资模式，多采用合资经营或是股份收购的方式。中度控制的企业可以对企业有较多的控制权力，降低了投资的风险，具有较强的灵活性；但是中度控制的投资成本仍然较高，退出和经营管理有一定的难度。低度控制海外投资，以少量参股或是契约的方式进行投资，这类投资模式多以获得收益为目的，对企业的参与程度不高。低度控制模式投资成本较低，风险小，撤出和进入较容易，融资难度不大；但在企业的控制和灵活性上比较差（见表 13 - 1）。

表 13 - 1 企业投资模式比较

控制模式	份额	成本	管理	复杂度	撤出	周期	进入	限制	独立性	市场
高度控制	高	高	难	高	难	长	难	多	强	强
中度控制	中	中	难	高	中	短	易	少	中	中
低度控制	低	低	易	低	易	短	易	少	弱	弱

❶ Anderson, Gatingnm. Models of Foreign Entry: A Transaction Cost Analysis and Propositions [J]. Journal of International Business Studies, 1986, 17 (3): 1 - 26.

为了分析的方便，以企业海外投资占总投资的比例来衡量控制程度，所占的比例越大说明企业拥有的控制能力越强。令 I' 为农林企业的投资额，则该企业海外投资的比率为：$\phi = \dfrac{I'}{I}$。在我们的分析中，投资比率决定着企业在海外投资所能获得的利润和承担损失的份额，比率越大获得利润越多，同时承担的风险也越多。所以企业海外投资模式是由所投资的区域、投资的行业、海外投资风险和企业自身状况 4 个因素共同决定的。

13.2.2 投资区域因素的影响

投资区域是由多重因素决定的，对于资源寻求型农林企业来说，生产农林产品所需的自然资源的数量、质量、价格等是最为关键的因素；对于市场寻求型的农林企业来说，投资国市场规模的大小、竞争程度、技术水平、法律规定等更为重要。这里假设有 n 个因素会对企业区域选择产生影响，记作 $s_i = (s_1, s_2, \cdots, s_n)$。由此我们可以得出一个关于影响因素和区域适合投资度的函数，记作：$e_i = e(s_1^i, s_2^i, \cdots, s_n^i)$。其中，$\dfrac{\partial e_i}{\partial s_j^i} \geq 0$ 说明该种因素对海外投资有正影响作用；$\dfrac{\partial e_i}{\partial s_j^i} < 0$ 说明该影响因素对海外投资有不利影响因素。因为每个区域内影响因素的状况是不一样的，所以我们可以把所有投资区域进行比较得出关于所有地区适宜投资的程度，这样就形成了投资地域空间集合。企业在进行区域选择时就是对集合中的不同区域进行排序、比较选择适合自己的区域。

不管是资源寻求型的农林企业，还是市场寻求型的农林企业，它们在一定时间和技术条件下存在一个生产函数，资源寻求型农林企业的生产函数是关于农林产品种植的投入产出关系，市场寻求型农林企业的生产函数是关于农林产品加工投入产出关系。因此我们在这里可以构造一个生产函数 $q = f(x)$，它符合生产函数的一般特性。其中，$x = (x_1, x_2, \cdots, x_n)$ 为农林企业生产的投入要素集合。每种投入要素对应的价格集合为 $p = (p_1, p_2, \cdots, p_n)$，每种投入要素的价格是关于区域的函数，记作：$p_i = g(e_i)$，说明在不同的区域投入要素的价格是不同的。在 $\dfrac{\partial p_i}{\partial s_j} = \dfrac{dg(\cdot)}{de_i} \dfrac{\partial e_i}{\partial s_j} > 0$ 时，说明该影响因素对投入要素的价格有正的贡献，$\dfrac{\partial p_i}{\partial s_j} = \dfrac{\mathrm{d}g(\cdot)}{\mathrm{d}e_i}\dfrac{\partial e_i}{\partial s_j} < 0$ 时该影响因素有负的贡献。农林企业在海外投资的风险损失函数为 $T = T(e_i)$，其中 e_i 的分布函数为 $\varphi(e_i)$。

13.2.3 投资模式选择模型

农林企业在进行投资选择时首先应该确定合适的生产能力，然后在此基础上选择合适的区域和投资方式。企业将以收益最大化的原则对投资的区域和投资模式进行选择。

农林企业生产成本最优化：

$$\min \sum_{i=1}^{n} p_i x_i$$
$$s.\,t.\,f(x) = q \tag{13 - 1}$$

一阶条件：

$$\frac{\partial L}{\partial x_i} = p_i - \lambda\,\frac{\partial f(x)}{\partial x_i} = 0$$

$$\frac{\partial L}{\partial \lambda} = q - f(x) = 0 \tag{13 - 2}$$

农林企业要素需求函数为：

$$x_i = x_i(p,\ q) \tag{13 - 3}$$

因为 $p_i = g(e_i)$，则要素需求函数可以记作：

$$x_i = x_i(e_i,\ q) \tag{13 - 4}$$

企业的生产成本函数为：

$$c = \sum_{i=1}^{n} p_i x_i = c(e_i, q) \tag{13 - 5}$$

因为企业的生产成本就是企业所需要的投资，即：$I = c$。

企业所生产产品的价格为：$p = p(e_i)$，如果是资源寻求型的企业，这就是产品的价格；如果是市场寻求型的农林企业，这就是国内产品的价格。国内的价格记作：$p^* = p(e^*)$。

企业生产的平均成本为：

$$AC = \frac{c}{q} = AC(e_i) \tag{13 - 6}$$

如表 13-2 所示，如果一种农林产品的价格高于在某区域生产的价格，那么企业就应该选择该区进行投资。但是能满足 $p^* > AC + T$ 的区域会有很多不同的因素组合，记作 $e^1 > e^*$。因为 $e^1 > e^*$ 的集合会有很多，企业会根据自身实力和偏好进行选择。投资区域的选择不是唯一的，而是根据企业偏好的特点决定的。

表 13-2　投资区域与投资目的

价格关系	区域比较	投资目的	投资可选模式	控制程度
$p^* \geqslant AC + T$	$e^i > e^*$	资源寻求	新建企业、并购	较高
$p^* < AC + T$	$e^i < e^*$	市场寻求	设立贸易公司、新建企业、并购	中等以下

农林企业的利润函数：

$$\pi = p(e)q - c(e,q) - E(T(e_i)) \qquad (13-7)$$

投资收益为：

$$I' = \phi\pi = I(e,q) \qquad (13-8)$$

投资控制程度函数：

$$\phi = \frac{I'}{\pi} \qquad (13-9)$$

农林企业海外投资的收益是由收益率（控制程度）、区域和产量（企业生产规模）三个因素共同决定的。收益率反映企业投资模式的选择，收益率越高所能分到的收益也越多，同时承担的风险也越大。因此在确定的情况下企业对收益率的确定是由其自有实力和筹集资金实力决定的，在存在风险的情况下，收益率的决定不仅要考虑自有实力还要权衡企业对风险的偏好。假设企业存在一个关于损失的效用函数 $u = u(T(e))$，从而可以根据企业效用函数的特性来确定企业投资模式与风险的关系。当企业是风险厌恶者时，即企业自身实力较弱，企业会选择较低的控制程度；当企业是风险偏好者时，即企业自身拥有较强实力，企业具有较强的风险承受能力。投资的控制程度还与区域有关，不同的投资区域将导致不同的投资政策。

农林企业投资模式的选择与企业的经济实力、风险的偏好程度、投资的目的以及投资区域有密切的关系。企业在选择投资模式时首先要确定海外投资的目的是资源寻求还是市场寻求。有了明确的投资目的后，企业根据自身技术、经济实力等状况，然后以国内的生产成本、价格与在海外投资时的情况进行比较，形成海外投资的备选区域。企业在明确了所要投资的行业、投资区域后，根据自有资金的状况、对风险的偏好等确定采用恰当的投资模式（见表 13 - 3）。控制程度的投资模式对资本、风险承受力都有较高的要求，比较适合资源寻求型的农林企业。而市场寻求型的农林企业一般在国内具有一定的规模，但整体的实力还是无法达到发达国家的水平。在资金不是很充裕、技术不是很先进的情况下进行海外投资，应该选择那些风险相对较低、成本较低的投资方式。

表 13 - 3 投资模式选择

实力	变化趋势		投资模式	风险程度	风险承受	投资目的	区域
	高	高控制模式	新建，完全控股	高	较高	资源寻求	资源丰富
I	↑	中控制模式	参股，联合经营	中	中	市场寻求	比较优势
	低	低控制模式	参股	低	较低	市场寻求	比较优势

13.3 中国农林企业海外投资模式现状

中国农林海外投资长期徘徊在投资总量的 1% ~ 3%，虽然在比例上没有较大变化，但是在投资总量上有了较大增长。越来越多的农林企业走出国门利用海外资源或是开拓海外市场，这为农林企业"走出去"积累了宝贵的经验。在本部分我们将对已有农林企业投资模式进行总结分析。

13.3.1 投资模式的现状特征

中国农林企业在进行海外投资时一般采用循序渐进的方式，在投资模式上是先易后难，在投资区域上是由近及远，在控制模式上是投资的高程度控制。总体而言，中国农林企业的海外投资还处于起步阶段。

（1）先易后难

中国农林企业"走出去"一般先采取贸易的形式，然后逐渐进行生产性投资。中国的农林企业规模比较小，承担风险的能力差，国际投资的人才储备也不足，但是由于在一些农林产品生产和加工方面有着很大的成本优势，出口成为农林企业"走出去"的首选方式。经过一段时间的发展，中国的农林企业为了更好地把自己的产品销往国外，纷纷在出口国设立自己的销售分支机构或是贸易公司。这种投资方式在农林企业海外投资中是最普遍的形式，也是农林企业现有条件下较为合理的投资选择。同时一部分实力较强的农林企业为了弥补国内农林资源的不足，或是为了避开关税等贸易壁垒更好地服务东道国市场而进行生产性投资。由于这些企业海外投资、管理经验不足，多采用独资或是合资的方式，很少企业采用股份收购的方式。从总体来看，中国的农林企业海外投资模式还处于一个较低阶段，但由于企业实力的不断增强正逐步向更高阶段迈进。

（2）由近及远

在模型中，企业投资模式的选择不仅与自身实力、偏好有关，还与企业投资的区域有关。中国农林企业在进行海外投资时遵循区域选择先熟悉后陌生的原则，由近及远地逐步推动。因为中国周边国家与中国在文化、制度等方面有很多的相似处，企业在进行海外投资时大多可以照搬国内模式，这样一般对企业的控制程度较高。

（3）控制程度高

由于前述原因，中国农林企业在进行海外投资时大多照搬国内模式，企业对投资的控制程度较高，一些企业甚至将国内的物质资源和人力资源搬往海外。

13.3.2　投资现状的原因

中国农林企业在海外投资时，一般多数企业有较高的控制程度。张树明在研究中指出，中国企业在海外投资时企业的控制程度与收益成正比[1]。从农林企业投资现状来看，大多数农林企业也多选择控制程度较高的投资模式。选择这种投资模式既有企业自身的原因，也有其外部环境的原因。

（1）企业投资动机

中国农林企业的投资动机主要集中在市场寻求型和资源寻求型。市场寻求型的农林企业在海外投资，在低级阶段主要采用设立销售公司的方式，这种投资方式对企业的要求不高、风险不大，因而企业更有动力进行单独经营；在较

---

[1]　张树明，徐莉. 中国企业 FDI 的海外进入模式及其投资绩效的实证研究［J］. 山东大学学报（哲学社会科学版），2006（6）：130-135.

高级阶段，市场寻求型的农林企业会采取横向一体化的方式在东道国设厂生产、销售。资源寻求型农林企业的海外投资多是获得国内急需的农林产品来替代进口，维持国内市场的稳定，所以资源寻求型的农林企业在海外投资时更关心获得资源的数量，为了得到更多的资源一般采取独资的方式对企业进行完全控制。

（2）企业投资规模

中国农林企业的投资规模总体不大，每年的投资量在 10 亿美元以下。虽然农林企业的投资规模有增长的趋势，但是在以后相当长的一段时间内还会维持一个较低的水平。较小的投资规模使企业在融资方面的压力不大，企业一般依靠自有资金或是国内资金筹集渠道就能完成投资。投资规模较小也使企业面临的投资风险损失较小，企业面临较小风险使高控制投资模式所带来的损失也相对较小。

（3）海外经营经验不足

在中国第二、第三产业才刚刚开始加快海外经营的步伐，基础薄弱的农林企业更是步履艰难。农林企业在海外投资时采用较高控制程度的投资模式多是因为缺乏对其他模式管理的能力，不能很好地利用海外资本为自己的生产经营服务。在经营管理中，较高的控制程度可以更容易对企业的员工、风险进行控制，减少不必要的损失。

13.3.3 资源寻求型企业控制程度更高

"走出去"的农林企业有相当一部分是资源寻求型的企业。这些企业中又有很大一部分是国有大型农林企业，这些企业进行海外投资的主要目的是保证国家主要农林产品的供给，在保证一定经济利益的同时更关心所能获得农林资源的多少。这类农林企业在进行海外投资时为了对所投的农林资源和生产的产品进行有效的控制，一般采用独资方式经营。有的企业甚至把国内的生产设备和人员全部搬到海外进行生产。资源寻求型的农林企业在进行海外投资时，因为考虑更多的是资源获取的稳定性和安全性，多会采用很高程度的投资模式，所以这类企业所面临的风险也比一般企业要高得多。

中国农林企业海外投资还处于起步阶段，所采用的投资模式也相对简单。但是这种简单的海外投资模式是与中国农林企业自身能力相适应的，一般具有较高的投资回报率。

13.4　对外投资模式的未来趋势及建议

随着中国企业"走出去"战略的实施，海外经营经验的日益增加，农林企业投资模式也会随着内外部环境的变化有所突破。未来中国农林企业将在争夺国际农林产品市场和获取更多的国际农业资源上进行更多的海外投资，为了适应更大规模的海外投资，农林企业应适时调整自己的投资模式，实现企业的跨越式发展。

13.4.1　中国农林企业投资模式缺陷

在前一节中分析了中国农林企业海外投资的特点，在此我们将分析在这些特点下的海外投资存在的问题与缺陷。中国农林企业投资模式比较单一，在这种高控制模式下的中国农林企业虽然能在有限的条件下实现海外投资的高收益率，但是这种投资模式会随着企业的发展暴露出越来越多的问题。

（1）投资风险大

中国农林企业在现阶段多采用较高控制的投资模式，可以较为有效地应对海外投资带来的风险。现有的投资模式在中国农林企业规模不大、经营管理水平不高的情况下能有效地应对海外投资过程中的管理和市场风险，减少风险带来的损失。但是随着企业规模的扩大，用这种简单的管理方式应对国际投资风险就会变得越来越不适应发展的需要。首先，公司规模的扩大意味着风险所带来的损失成倍增加，这些损失聚集到一定程度后是单个企业很难负担得起的，一旦发生轻则"伤筋动骨"、重则破产。其次，随着公司规模的扩大，管理的层次必然增加，这样集中的控制方式很难实现对企业的有效管理。

（2）融资方式单一

农林企业进行海外投资时，一般是运用自有资金进行投资。这些资金多来自企业经营利润的积累或是借贷来的资金，极少数上市的农林企业可以通过国内金融市场进行融资。中国农林企业的融资渠道过于单一，并且主要集中在国内。农林企业因为其生产的特点导致其资金周转速度慢，加上融资渠道单一，限制了企业在海外发展的速度。单一的融资渠道很难实现风险的分散，使中国农林企业在海外生产经营时多是单打独斗。

（3）管理水平不高

中国企业刚刚参与国际竞争，在跨国经营管理方面的经验不多，尤其是农林企业在这方面的缺陷更大。中国农林企业在海外经营时，很多企业不仅把资金、技术带到了东道国，甚至把国内的员工带到海外，这样使我们的企业很难融入东道国的市场中。高度集中的投资模式使我们的管理权主要在中方人员手中，东道国的员工很难参与企业的经营管理，文化的差异很难使东道国的员工服从企业的管理，给企业的发展带来了隐患。

13.4.2　未来发展趋势及建议

随着经济实力的增加，中国农林企业在经济实力、管理水平上将会有很大的发展，现有海外投资中存在的问题也会随着时间的推移逐步改进。中国农林企业目前存在的问题是企业发展中的一个必经过程，是现阶段条件限制的无奈之举，经过一段时间的发展壮大必然朝着更合理的方向发展。

（1）投资控制程度降低

农林企业"走出去"进入海外市场利用海外资源的同时还要在海外融资，实现资金来源的多元化。资金的多元化可以实现企业的跨越式发展，弥补中国农林企业资金不足的现象；资金的多元化可以降低企业的经营风险，把企业海外经营的风险转化为社会风险；资金的多元化可以实现与东道国利益共享风险共担，实现融入当地社会和市场的目的。中国农林企业降低对企业的控制程度主要是改变传统的融资方式，扩宽融资渠道。例如与东道国企业合资经营、在东道国股票市场上市、对东道国企业进行参股等方式。

（2）建立品牌优势

中国农林企业投资多是生产性投资，通过较为先进的技术和廉价的资源提供优质的产品。然而中国的农林企业没有形成自己的品牌，很多时候虽在技术、产品上有优势，但是投资的回报率并不高。所以中国农林企业在以后的海外经营中应加强品牌的投资，提升自身形象。

（3）向服务型农林企业发展

因为中国的农林企业在海外投资时多是具有比较优势的企业，这种情况使得农林企业的投资主要集中在加工和种植业，而服务性的农林企业很少有进行海外投资的。未来一个阶段中国农林企业应向农林产品零售服务和技术、金融服务两个方向发展。中国农林产品零售企业比较薄弱，很难实现产品产销一条龙所带来的优势，使中国的农林产品很难走向国际市场。未来一个阶段中国的农林企业应在发挥自己的生产优势基础上逐步向零售业发展。

现阶段，中国农林企业在"走出去"方面只迈出了很小的一步，未来一段时间会有更多的农林企业走出国门，在农林各领域内参与国际市场的竞争，因而也会呈现出更多样的投资模式。

第十四章　农林产业对外直接投资的政策选择

农林企业"走出去"战略的实施不仅需要农林企业的发展壮大，还需要政府采取积极的政策措施给予帮助和引导。本章的研究目的是在前面企业微观行为分析的基础上，从宏观层面探索政府在"走出去"战略中的角色职能，提出能为弱势的农林企业对外投资保驾护航的支持性和保障性的政策建议，并探讨相关政策的实施效果，从而为构建有效的对外投资制度环境提供依据。

图 14-1 是本章研究的技术路线图。本章将从外部分析入手，采用定性研究方法，在当今外国海外投资促进政策的背景下，通过比较分析，为我国相关政策的研究提供借鉴基础。然后，本章将着重进行内部政策分析，首先仍采用定性方法，对资源寻求和市场寻求两种投资的特点进行比较，并分别针对两类投资提出相应政策建议。最后，本章将从定量的角度，对投资政策的实施效果进行仿真模拟，对所提出的政策建议进行检验。

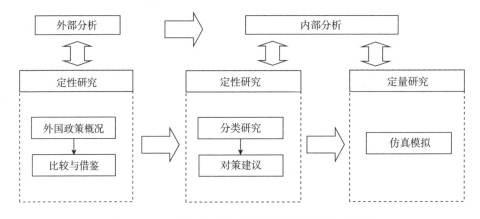

图 14-1　农林企业"走出去"政策分析的技术路线

14.1　外国政府海外投资政策与借鉴

14.1.1　外国政府海外投资政策概况

在目前各国对本国对外投资所实行的政策中，韩国、日本以及美国的投资促进政策较为完善，也比较典型。以下将这三个国家的政策作为代表进行简要介绍。

（1）韩国促进海外投资政策

第一，放松外汇管制。20 世纪 80 年代中后期韩国国际收支出现顺差，政府慢慢放松了对外直接投资的控制，简化了申请的相关手续，加快了审批程序；1992 年韩国又颁布了《外汇管理规定修正案》和《海外直接投资制度改善方案》等涉及海外投资的相关制度和法律以支持企业的海外投资；接着韩国又于 1994 年开始实行"限制目录单"制度，放开了对外直接投资的行业控制（除少数政府规定的业务范围外）。第二，完善海外投资审批与监督制度。海外投资审批与监督制度的执行由韩国银行负责，韩国银行下设"海外投资事业审议委员会"（由韩国银行及其他 13 个政府部门的官员组成）。第三，建立海外投资促进与保险制度。1978 年韩国制定了《海外投资开发促进法》，次年颁布了《海外资源开发促进法令》，《搞活海外投资方案》于 1987 年 4 月制定。第四，海外直接投资的政策优惠与保护制度。韩国政府制定了海外资源开发项目免征所得税制度、税收控制制度和海外投资损失准备金制度。第五，建立海外投资服务制度。韩国政府通过经常性的海外投资服务制度来满足韩国企业进行海外投资时对相关服务的需求，目前这种海外投资服务主要由韩国进出口银行和大韩贸易投资振兴公社提供。韩国进出口银行是一个由政府设立的旨在贯彻韩国对外经济贸易政策的政策性银行，它既为韩国企业提供海外投资信贷服务，又为其对外投资提供信息服务。

（2）美国促进海外投资政策

美国促进海外投资政策主要体现在海外投资保证制度、海外投资税收及保护制度、海外投资情报及援助等几个方面。首先，作为国际投资保护的重要法制之一的海外投资保证制度也是资本输出国保护与鼓励本国私人海外投资的国内法制度。其次，美国海外投资税收及保护制度，资本输出中性（对居民全球所得税实施税收管辖并采用抵免法消除国际重复征税）是美国鼓励对外投资税收政策的特色，政策的具体内容会根据对外投资的发展适时调整。最后，海外投资情报及援助，为了充分利用发展中国家投资机会，鼓励海外投资，美国政府极其重视对东道国相关情况的了解和投资机会的把握。比如对与投资计划有关的技术或资金资料所进行的可行性研究或投资前调查所需资金，予以全部或部分资助。

（3）日本促进海外投资政策

日本政府实行的一系列对外投资自由化的海外投资政策为企业对外直接投资的快速发展铺平了道路，扫清了日本企业对外投资自由发展的障碍。首先是日本的海外投资保险制度。与美国不同，日本采取单边保险制度，即完全作为国内法所规定的制度，它以"不以日本与东道国订立双边投资协定"作为法定条件。其次是海外税收优惠制度。日本在鼓励海外投资税收政策方面采取了税收抵免法（以资本输出中性为原则）和税收饶让抵免，对发展中国家为吸引日本企业对其直接投资所给予的税收减免优惠视为已纳税款，允许从国内法人税中抵扣，并把针对股息、利息和使用费等投资所得的减免额作为抵免对象。再次是设立海外投资亏损准备金。日本的亏损准备金制度包括对外直接投资亏损准备金制度（1960年）、资源开发对外直接投资亏损准备金制度（1971年）、特定海外工程合同的对外直接投资亏损准备金制度（1974年）以及大规模经济合作合资事业的对外直接投资亏损准备金制度（1980年）。最后是延迟纳税与受控外国公司法规。根据延迟纳税的规定，日本对在境外已按当地法律注册的子公司采取不分红不纳税、分红纳税的原则，对本国股东取得的股息则征税。受控外国公司法律于1978年采用，目的是为了防止国外子公司留存利润以避税，规定对于一定条件的国外子公司，将其留存金按国内股东的持股比例计算，与该股东的所得合并征税，同时规定这部分股息适用外国税收抵免，从国内股东的法人税中抵扣。

14.1.2　外国海外投资促进政策的比较与借鉴

由于政府在企业"走出去"过程中发挥着不可或缺的重要作用，研究和比较有关国家和地区政府采取的"走出去"政策措施，从中汲取一些有益启示，对中国加快实施"走出去"战略有着十分重要的积极意义。

（1）建立促进和保障"走出去"的法律体系

为更好地发展外向型经济，日本制定了涵盖对外贸易和投资的方方面面的一系列法律法规，如《外汇和外贸管理法》《出口信用保险法》《贸易保险法》《进出口交易法》《贸易保险特别会计法》等。韩国和新加坡等在有关法律法规方面也不逊色。在行政法规方面，韩国从 20 世纪 70 年代起制定了《外汇管理规程》《扩大海外投资方案》等法律条例。通过一整套系统的法律法规及政策安排，有关国家和地区不但根据自身经济发展需要明确了海外投资基本战略，而且也使得海外投资有章可循、有法可依，并切实维护了投资者利益。目前，中国关于企业"走出去"的立法明显滞后，应加快建立相关的法律法规体系。在立法中，可以借鉴国外特别是与中国发展历程相近国家和地区的成熟法律制度，也要充分考虑中国国情，同时兼顾中国经济长期发展的需要。

（2）对企业"走出去"给予必要的税收优惠

一些国家和地区考虑到其企业的国际竞争力根本无法同大跨国公司相比，为实施赶超战略，往往给予本地企业"走出去"以各种政策支持，其中税收支持就是一个重要手段。中国台湾和日本、韩国等地区和国家，对海外投资企业特别是从事境外加工和资源开发的企业，给予相当优惠的出口退税、减税和免税待遇。这些地区和国家还通过出口企业评定制度对出口企业进行分级，对业绩好的企业给予政策优惠或奖励。新加坡将本国赴海外投资企业所得税的免税期延长到 10 年（比给予外国投资者的优惠免税期还长 2 倍至 3 倍），并对国内企业用于海外投资的创业基金给予免税待遇。中国香港对企业在境外获取的利润调回也免征所得税。目前，我国已经与 60 多个国家签订了避免双重征税协定，并制定了出口退税政策，对境外加工贸易项下作为实物投资的出境物资实行出口退税。未来中国应根据实施"走出去"战略的需要，加快同有关国家和地区签订避免双重征税协议。还可以考虑对在海外开发战略性资源、获取先进技术以及开拓高风险市场但符合国家经济战略的企业，给予适当幅度的减免税优惠。

（3）建立海外投资风险基金

很多国家和地区为实现自身经济发展的战略意图，以各种形式设立了海外投资风险基金，推动企业开发风险较高的市场。例如，日本建立了由政府和参与该制度的企业分摊的海外投资损失准备金制度。根据该制度规定，首先，在一定标准内企业海外投资的部分损失可以得到补偿，因自然灾害、战乱等不可抗力造成的损失还可享受高比例补偿。其次，参与准备金的企业还可以从准备金中提用一定比例的资金作为海外再投资。又如，法国制定了国家政策性保险业务财务核算制度，将中期和商业开拓保险业务归入国家政策性保险，即由国家承担出口信用风险，具体执行由法国外贸保险公司（COFACE）进行，如果执行中 COFACE 出现亏损，国家给予补偿并承担支付责任。再如，美国的私人海外投资公司（OPIC），隶属于美国联邦政府，有专为政治风险担保的业务，对于政治动乱、财产被没收以及货币不可兑换等三种原因给海外投资公司造成的损失，给予一定补偿。虽然中国已成立出口信用保险公司，开始了对境外投资风险的承保业务，但由于没有专项资金的支持，该业务覆盖的范围和促进作用十分有限。中国有必要为企业建立一定数额的海外投资风险基金，对符合国家经济发展战略但风险较高的海外投资给予适当支持，以降低企业风险。

（4）加大海外投资的金融支持力度

无论是发达国家还是新兴工业化国家和地区都对其海外投资以一定金融支持。日本、韩国等均建立了便捷有效的海外投资融资制度，政府、银行、保险公司和其他金融机构共同参与，为企业投融资提供便利。近来，日本、韩国的进出口银行正在努力扩大与海外直接投资有关的融资和保险业务，扩大承保范围，开发新险种，降低保险费，简化承保手续等。日本、马来西亚等还鼓励其跨国公司在境外上市融资。美国政府下属进出口银行专门承担商业银行无法接受的风险，向美国海外投资企业提供更多的资金支持。目前，中国已为企业"走出去"提供了一些金融支持手段。例如，中央外贸发展基金、援外合资合作项目基金、援外优惠贷款以及有关银行对从事境外加工贸易企业提供专项资金扶持；国内银行对境外加工贸易项目提供的人民币中长期贷款以及境外加工贸易企业申请经批准的周转外汇贷款，均可申请中央外贸发展基金予以贴息等。我们应尽快将这些金融措施进行整合，筑成一个相对完整的支持体系，加大对企业"走出去"的资金支持力度。

（5）逐步减少海外投资限制，简化审批程序

相对而言，发达国家对企业"走出去"管理比较宽松，但对双边政府磋

商的高科技项目、军事项目、特大型投资项目以及政治色彩比较浓厚的极少数国家投资项目，还是要进行严格的审批和限制。新兴工业化国家由于资源和条件制约，政府对企业投资的方式、地区以及项目等大都实行较为严格的限制。日、韩等国经验表明：新兴工业化国家对企业"走出去"的管理都经历了一个从以行政审批管理为主到以法律金融管理为主、从以直接管理为主到以间接管理为主、从紧到松的过程。20世纪80年代末以来，有关国家和地区加快了为企业海外投资"松绑"的步伐。目前，日、韩已基本取消对海外投资的各种限制，废除了外汇管制。马来西亚、泰国、日本和韩国等都已经将超大型投资项目由原来的审批制改为备案制。目前中国海外投资的行政审批程序过于烦琐，对企业"走出去"的积极性产生抑制，同时对企业开拓国际市场的步伐进行了牵制。基于此，我国应该根据资金来源和企业性质制定相应的审批程序。对于民营企业用自有资金开展"走出去"业务，可以用备案制代替审批制；对于企业使用国内的借贷资金开展"走出去"业务，可通过保险公司或银行等市场经济主体来进行风险控制，政府部门只负责核查；为防止国有资产流失，对于国有企业开展"走出去"业务仍要有一定的审批制度，但对于符合国家发展战略的项目，也应尽量缩短审批周期，简化审批程序，外汇等配套管理措施要及时到位，其中，外汇收支管制状况应与企业开展"走出去"业务密切相关。目前，中国还应该改革外汇管理体制，在不开放资本项目的前提下增加用汇规模，既保证国企又保证民企"走出去"所需外汇，对中央管理的企业在年度用汇总规模中单独切块保障。

（6）放宽对商务人员出入境的限制

无论以何种形式"走出去"都离不开商务人员的跨境流动。为了给企业在境外开展业务创造便利，不少国家和地区都在积极商签互免签证协议。通过实施互免签证协议，有关国家和地区对来自对方的商务人员给予多次入境签证或免签的待遇，从而大大方便了商务人员往来，降低了企业运营的成本（包括时间成本和劳务成本），提高了工作效率。随着对外开放的不断扩大，中国对商务人员的出入境管理制度也正在逐步放宽，尤其是对民营企业商务人员出入境的管理需要进一步放宽。同时应尽快制定《加强境外企业和人员领事保护工作的实施办法》，在今后必要的时候可以尝试为商务人员开设出入境的快捷通道。

（7）对资源开发型和科技开发型海外投资予以特殊扶持

东亚很多国家和地区（如日、韩、马等）对在海外从事资源开发和科技开发的企业均提供补贴或政策性贷款，并指导海关对这些企业在海外开发并输送回国内或区域内的资源性产品进一步减免关税，银行对这类项目提供优惠贷款。日本通过官企合资形式的"金融矿产事业团"对海外资源勘采给予融资支持。日本还对战略矿产实行特别贷款制度，如铀矿勘探还款期最长可达 18年。无论获取高新技术，还是开发海外的森林、石油等战略性资源，都是促进中国经济发展所需要的，也是中国"走出去"战略的重要任务之一。鉴于此，中国今后可以加强对从事这些业务的企业的扶持力度，通过一些特殊的优惠政策和制度来推动有关项目尤其是农业对外投资的进行。

（8）利用政府双边经贸活动和双边投资保护支持企业"走出去"

美国、日本、欧洲以及世界很多国家和地区在进行高层互访时都会有一个庞大的"企业家代表团"跟随。这些企业家代表团往往会借助高层领导会晤之机推动一些大型合作项目的进展，或者为更多大型项目的中标寻找机会。许多国家和地区还致力于推动与有关方面签订双边投资保护协定。此外，日本政府还通过对外开发援助（ODA）支持本国企业技术转让、市场开拓和扩大出口。我们要借鉴美、欧、日等发达国家和地区的做法，充分发挥政府在国际市场开拓中的作用，通过双边磋商和高层互访为企业"走出去"提供情报和有效保护。目前，中国已经与 100 多个国家签订了双边投资保护协定，还要推动其他尚未与中国签订双边投资保护协定的国家尽快签订有关协定。与此同时，把对外援助同支持企业"走出去"更紧密地结合起来。中国已经加入世贸组织，我们要深入研究世贸组织关于保护投资和开放市场的有关规则，充分运用和捍卫我们的权利，通过多种途径为中国企业开展"走出去"业务提供支持和保护。

（9）完善信息服务

各国各地区在实施"走出去"中都十分重视信息的收集、整理和发布。为做好信息工作，各国政府除了充分发挥驻外使领馆和代表机构的窗口作用外，还调动各种国内外行业协会、外国企业协会、进出口商会和已经积累国外投资经验的大型企业的积极性，发挥其信息灵通、联系面广、专业性强等优势。日本的贸易振兴会派驻机构就遍布世界各地，主要进行与贸易和对外投资有关的市场调研，并受政府和相关企业委托推介本国产品及品牌，取得了明显效果。东芝、三菱等公司也专门设立信息服务或经济研究部门，并对外提供有偿服务。韩国于1988年建立了海外投资信息中心，韩国银行和KOTRA也开设了投资信息中心，为企业提供设计海外投资、可行性研究及其他策划和市场拓展服务。中国应加快建立健全信息服务体系，构建以政府服务为基础、相关企业和中介机构充分参与的信息网络，为企业能够在第一时间抓住"走出去"的商机创造条件，提供信息和服务支持。

（10）加大对人才的培养力度

为适应企业"走出去"开展跨国经营对人才的需求，有关国家和地区在这方面也采取了一些措施。如美国建立了小企业发展中心，其分支机构遍布各州，规模达到950个，主要为小企业提供培训服务。还设立了"退休经理服务中心"（吸收约13000名高级退休商业管理人员），为企业提供对外投资的咨询和培训服务。丹麦的IFU专门招募在工商金融企业具有相当工作经历并具有硕士以上商科或金融学历的高层次人才，将他们派遣到世界各办事处从事项目管理工作。对其中有培养前途、工作业绩优秀的项目管理人员，进行高层次的业务培训。当前，跨国经营人才的缺乏是困扰中国企业"走出去"的一个重要问题。我们可以尝试借鉴其他国家的经验，采取建立培训中心、公开招募人才、举办培训班等方式，加强对"走出去"人才的培养。

总之，综合比较有关国家和地区"走出去"的发展历程，从中总结出一些带有共性的发展规律和模式，特别是政府在实施"走出去"所发挥的作用以及所采用的措施，对中国"走出去"战略的顺利实施有着很好的借鉴意义。

14.2　两种农林企业海外投资的特点比较

在本书的分析中可以发现，中国的农林企业海外投资可分为两个发展方向：一个是以资源寻求为目的海外投资，另一个是以市场寻求为目的投资。资源寻求型的农林企业投资的目的是为了解决国内短缺的农林资源，为国内市场提供充足的农林产品。市场寻求型的农林企业利用生产或是技术的比较优势打开海外市场。由于农林企业海外投资的动机不同，其所需要的政策支持也不尽相同，所以要分析政府对农林企业的海外投资政策，首先要分析不同投资目的农林企业的特点。

14.2.1 资源寻求型农林企业海外投资特点

研究表明当一国的人均 GDP 在 1000 美元左右时，经济发展对资源的需求将由国内供给转向国外供给。中国经济持续、快速的发展对中国农林产业提出了更高的要求。但是由于中国农林资源相对匮乏，很多农林产品需要大量进口，如木材、大豆等，资源寻求型的农林海外投资将会随着经济的发展越来越多。

（1）资源寻求型农林企业海外投资的目的

简单来说，这种类型农林企业的投资就是利用海外资源生产国内产量不足的农林产品。资源寻求型农林企业在满足国内农林产品需求时，还承担了具有政府宏观调控的部分职能。这些职能包括：保证国内农林产品的供给稳定与安全，稳定国内农林产品市场的价格水平。农林企业海外投资所起的这些作用是投资行为产生的外部性，政府应该对这些外部性进行一定的经济补偿。中国资源寻求型的农林企业在追求经济效益的同时还承担了政府的部分社会责任，然而这些企业也因海外投资面临着更多的风险和成本的增加，如企业海外投资带来的政治风险、文化损失、海外投资的经济风险等。如果政府不能采取有效的措施支持该类农林企业，企业就很难实现对海外的资源投资，而会更多地采取进口农林产品来满足国内的需求。

（2）中国资源寻求型农林企业投资主体

中国资源寻求型农林企业在追求自身利益最大化的同时，还间接起到政府宏观调控的作用。中国是一个大国，对农林产品的需求巨大，很多农林产品供需缺口很大，这就要求资源寻求型的农林企业具有较大的规模和实力。由这两点我们可以发现具备这些能力的农林企业在中国很少，一般只有国有大型农林企业有条件进行农林资源的海外投资。中国的农林企业投资主体一般规模很小，抗风险能力差、资金不足，对国内的投资都很吃力，在海外投资更是无从谈起。中国的国有大型农林企业（如中粮集团、中国农垦集团）具有雄厚的经济实力、规模大、抗风险能力强，还有部分海外投资的经验。所以资源寻求型海外投资的农林企业投资主体一般是国有大型农林企业。

（3）资源寻求型农林企业产业选择

资源寻求型农林企业产业选择的方式一般是后向一体化，选择生产所需的初级农林产品进行投资。农林产品种植业的投资周期一般很长，这样企业将会面临更多的政治、经济、自然风险，企业所面临的成本压力也会变大。中国农林企业资源寻求的主要目的是缓解国内资源的紧缺，提供更多的农林产品。所以投资的重点多是一些需要大宗进口的农林产品或是本国不能生产的农林产品。

（4）资源寻求型农林企业投资方式

资源寻求型农林企业海外投资是为了获得农林产品，为了加强对企业的控制一般采用独资形式或是占绝大部分股权形式。这种投资模式的优点是我方可以有效地对产出进行控制，保证产品供给国内。但是这种投资方式增加了投资者的风险，投资者单独承担风险或是承担大部分风险，一旦损失发生将给企业带来沉重的打击。

（5）资源寻求型农林企业的投资区域

资源寻求型农林企业选择投资区域时，首先要考虑的是自然资源丰富的程度和投资成本。如中国大量进口的大豆、木材在很多区域都是能生产的，但是成本差异很大。如欧美发达国家大豆和木材在资源的存量和技术上都具有优势，然而由于健全的法律、高额的工资、税赋，中国的农业企业很难在这些国家进行投资。中国资源寻求型农林企业所投资的区域一般是发展中国家，这些国家自然资源丰富、人力成本低、法律不健全降低了资源开发的成本。在低成本的同时，这些投资区域也存在高风险：政治不稳定、民族矛盾多、政府腐败、矛盾冲突时有发生等。这些风险都给中国农林企业在海外资源投资带来额外的成本增加。

14.2.2　市场寻求型农林企业海外投资特点

市场寻求型农林企业海外投资是发挥本国在农林生产、加工或是技术上的优势，进入海外市场获得超额利润。国内市场竞争的加剧和资本收益率的降低使这种类型农林海外投资在中国越来越多。市场寻求型农林企业将成为中国农林企业"走出去"战略的主力军。

（1）市场寻求型农林企业海外投资的目的

市场寻求型农林企业进行海外投资主要是为了进入海外市场，获得更多的经济利润。随着中国工业化进程的加快，农林深加工企业面临的竞争压力越来越大，利润空间越来越小，市场的生存环境越来越困难。这样一来，一些发展程度不如我们的国家成为中国农林投资的目的地，这些国家市场的竞争程度不是很激烈，还有很大的利润空间。我们的农林加工企业进入这些国家进行海外投资就是为了获得更高的投资回报率。

（2）市场寻求型农林企业的投资主体

市场寻求型农林企业的投资主体是多样的，规模也参差不齐，既有大型的深加工企业，也有个人，但是这些投资主体一般在国内某一个领域内具有很强的竞争力，长期从事所投资的产业。这些投资主体对市场有很好的把握、具有丰富的投资经营经验和风险控制能力。

（3）市场寻求型农林企业投资产业选择

市场寻求型农林企业的产业选择一般是前向一体化或是横向一体化，以服务海外市场为投资目的。市场寻求型农林企业在进行海外产业选择时一般多是自己熟悉的产业，或是在此基础上的延伸，投资的产业风险不大。因为中国很多农林企业是以出口为目的，在海外进行的投资多是销售方面的投资，如设立销售公司或是办事处。市场寻求型较高层次的投资多是横向一体化，在海外设立农林的生产、加工企业，在东道国生产、销售。

（4）市场寻求型农林企业海外投资方式

市场寻求型的投资方式也是多种多样的，如独资、合资、收购等。企业可以采用灵活的投资方式避免、分担因对海外环境的不适应带来的风险。中国农林企业在海外投资时多选择独资的方式或是与当地企业合资，这使得中国农林企业所要承担的风险损失仍然很大。

（5）市场寻求型农林企业海外投资区域

中国市场寻求型农林企业所投资的区域主要集中在发展中国家，因为中国农林企业相对这些国家的企业在资金、技术、规模、经营经验上都具有比较优势。同时中国农林企业由于海外经营经验不丰富，很难很快地进入欧美等发达国家的市场。而中国的周边国家在经济发展水平、社会习惯、与中国的关系方面都对中国农林企业的海外投资有利，所以现阶段中国农林企业海外投资多集中在与中国接壤的东南亚国家。

中国农林企业在"走出去"时形成了自己的投资特点，这些特点是政府进行政策制定的依据和基础。政府为农林企业提供有效的服务、制定合理的政策将直接影响着中国农林企业"走出去"的步伐。

14.3　促进农林企业海外投资的政策建议

实施农林企业"走出去"战略需要政府制定专门适合农林企业海外投资特点的政策。这些政策将对中国农林企业的海外战略起到积极作用。中国政府鼓励农林企业的政策和服务远远不能满足中国农林企业海外投资发展的需要。在本部分我们将对此提出政策建议，以提高政府对企业服务的质量。

14.3.1　促进资源寻求型企业海外投资的政策建议

在前面分析了资源寻求型农林企业投资特点，我们将以此为基础提出政策建议以推动农林企业更好地获得海外资源。

（1）制订海外资源投资计划

中国有很大一部分农林资源是不足的，为了弥补这些资源的不足，政府应该鼓励企业有计划地去开发海外资源。海外资源投资计划应该包括：确定中国急需用海外投资进行进口替代的农林产品，明确缺口的大小、产品的等级等；确定可以投资该种农林产品的区域；制定出投资战略。国家的投资计划将是企业进行资源寻求型投资的指导性文件，企业可以根据自身情况确定合适的投资地域和投资规模。同时国家要管理企业的投资计划，防止盲目投资。国家应该实行资源寻求型农林企业海外投资申报制度，对企业的投资规模、区域进行登记，以利于对输入国内农林产品的数量进行管理，以防蜂拥而上过度投资。

（2）加快国有大型农林企业改革的步伐

资源寻求型农林企业投资的主体多是国有大型企业，这些企业规模大、经济实力雄厚，但在经营管理中也有着很多缺陷。虽然中国的国有企业经过了长达40年的改革，但是仍然有很多方面不适应跨国经营：现代管理体制不健全，中国的农林企业过去很多是农垦公司，它们具有丰富的生产经验，但管理相对落后，尤其是对跨国经营的管理；企业负担过重，在改革中国有企业的包袱不断减轻，但农林企业在这方面的工作相对迟缓；管制过严、缺乏活力，国有农林企业过去很长一段时间是听从国家计划指令，缺乏市场竞争的积极性，使企业"走出去"的动机不强。所以，鼓励资源寻求型农林企业"走出去"应加快国有农林企业的改革步伐，通过建立现代管理体系给企业更多的自主经营权。

（3）加强进口农林产品控制

中国部分农林产品由于资源有限导致生产不能满足需求，很多时候我们采用进口的方式满足国内需求。在微观层面上，进口产品价格便宜、风险小，既可以减少企业的风险，又能满足市场的需求；但在宏观层面，如果过分地依赖进口将会使中国的农林产品市场安全受到极大挑战，还有部分国家向中国倾销农林产品以实现对中国农林产品市场的控制。鼓励农林企业"走出去"寻找合适的资源，生产急需的农林产品是维护中国市场安全的重要手段。政府应该在不违反 WTO 关于农林产品的规定的前提下，对进行资源寻求型农业海外投资给予税收、政策、法规上的倾斜，使企业有动力去用海外投资替代进口产品。

（4）给予关税特别优惠政策

资源寻求型企业需要国家给予更多的税收优惠政策，以减少海外投资带来的成本增加。如企业生产的农林产品销售到国内应该免征关税。资源寻求型农林企业进行投资是为了满足国内市场的需求，如果再对其产品课税，企业就面临双重关税的危险，使农林产品的生产成本增加，降低了在国内市场的竞争力。资源寻求型农林企业在国内购买生产资料应该免征关税。中国企业所需的生产资料很大一部分需要在国内购买，对这些生产资料进行征税会增加企业的生产成本，同时面临在国内征出口税，在东道国征进口税，双重征税最终会提高农林产品价格。

（5）提供资金支持

资源寻求型农林企业进行海外投资需要大量的资金进行固定资产投资（购买或租用土地、生产设备等），而企业的自有资金是有限的，因而政府应为企业提供相应的资金支持，如低息贷款，因为资源寻求型的农林企业生产周期长，面临的风险多，导致收益率偏低，所以政府对这类企业的贷款应该低于其他类型的企业。再如，直接投资或是入股，由政府直接给国有农林企业拨款，鼓励其进行海外投资。

（6）与东道国建立良好关系

农业资源投资要求对东道国的农林资源尤其是土地长期使用，这样很容易受到东道国土地国有化、武装冲突、宗教冲突的影响。这就需要中国政府与东道国保持良好的外交关系，在必要的情况下要求东道国对中国的农林投资进行保护，以防止企业巨额损失的发生。

14.3.2　促进市场寻求型企业海外投资的政策建议

市场寻求型农林企业进行海外投资是为了获得更高的利润，更多的是为了商业目的。政府对这类企业的政策应采用市场的手段，减少行政干预，为其发展创造好的环境。

（1）建立完善的信息服务体制

信息在投资中扮演着举足轻重的作用，农林海外投资的成败很大程度上取决于企业对信息掌握的程度。然而单个企业很难搜集东道国的信息，并且收集信息的成本是很高的，所以国家应建立专门的海外信息服务中心为企业提供信息服务。由于农林企业的特殊性，对东道国的农林自然资源的信息比其他类型的企业更加关注。政府在为农林企业提供信息服务时应更加关注农林企业的特点，尤其是中国有比较优势的农林产业。

（2）建立完善的农林企业保险制度

农林企业的跨国经营比工业企业面临更多的风险，而且风险发生的概率更大。政府应该针对农林企业海外投资建立专门的保险公司为企业提供合适的险种，提高市场寻求型农林企业的抗风险能力。

中国的农林企业正在随着国家对农业的重视不断发展壮大，"走出去"已成为政府和企业的共识。政府为企业的跨国投资保驾护航，将会极大地提高海外投资的积极性，壮大中国的农林企业。

14.4　政府政策对农林企业海外投资效果的仿真分析

政府对农林企业"走出去"促进政策最直接有效的是经济手段，经济手段主要包括税收政策和补贴政策。为了说明政府政策的作用形式和效果，本部分将在第四章的仿真模型中加入政府政策部分来说明税收和补贴的效果和福利变化。

农林资源寻求型的海外直接投资在我国并没有大规模地发生。虽然我国大豆、木材等农林产品大量依赖进口，具备了进行资源型海外投资的必要条件，但外部因素的作用和政府政策的不到位使企业对资源寻求型投资没有动力。政府应在税收和补贴方面支持企业"走出去"，寻求国内短缺的农业资源实现进口部分替代。

为说明税收和补贴对资源寻求型投资行为的影响和福利变化，在此处引入一个农林海外投资生产函数。该函数是关于投资和农林产品产出的函数，记作：$Q^f = q[I_\mu(t-1)]$；其中 $I_\mu(t-1)$ 是 $t-1$ 时期因为农林产品需求大于供给的部分总价值的一部分，记作 $I_\mu(t) = \mu p(t-1)[Q^d(t-1) - Q^s(t-1)] = \mu p(t-1)NX(t-1)$。其中，$\mu$ 是海外投资比率（$0 < \mu < 1$）。为了分析的简便，令该生产函数与国内农林产品函数具有相同的资本产出率，则该函数为：$Q^f(t) = W + W_1 I(t-1)$。本国的关税均为 s，海外投资的风险损失为 $L(t) = \theta I(t-1)$（$0 < \theta < 1$），则资源型农林企业海外投资的风险生产函数为：$Q^f(t) = W + W_1(1-\theta)I(t-1)$。

国内农林产品的供给为：
$$Q^{sum}(t) = Q^s(t) + Q^f(t) \tag{14-1}$$

国内农林产品的价格变化为：
$$p(t) = c_1 Q^d(t) - c_2[Q^d(t) + Q^f(t)] \tag{14-2}$$

资源寻求型农林投资单位农产品的成本为：
$$c(t) = \frac{I(t)}{L(t)} \tag{14-3}$$

资源寻求型农林投资的政府补贴：
$$W(t) = c(t) - p(t) \tag{14-4}$$

把资源寻求型方程引入农林产品供求关系模型中，形成新的供求关系模型。在此基础上进行50年的农林产品供求仿真程序。用仿真的结果来分析资源寻求型投资对农林产品价格、供给量、对外依存度和补贴的发展趋势，进而说明政府的促进资源型投资政策对农林产品供求的影响。

首先，我们的模型是一个农林产品需求大于供给的状态，由于受自然资源

的限制，国内农林产品供给能力不足，随着经济的发展供需缺口变得越来越大
（见图 14 - 2）。同时农林产品的价格和对外依存度也随之缓慢增长（见
图 14 - 3 和图 14 - 4）。把用于进口农林产品的资金用于资源型投资，并把所
生产的农林产品销售给本国，这样可以降低本国农林产品的对外依存度、延缓
价格上升的趋势。当前我国也处于部分农林产品严重的需求大于供给的状态，
但并没有出现大规模的资源寻求投资，主要是因为风险和关税导致生产的成本
过高。企业进行资源型投资生产出的农林产品运回国内并没有太强的竞争力，
而进口农林产品要比出去投资成本更低，这样就需要政府给予政策性补贴以鼓
励资源型投资。从仿真的结果来看，海外农林投资的成本在投资较少的阶段要
远远高于本国农林产品的价格，政府的补贴政策会鼓励越来越多的农林企业
"走出去"进行投资，进口的农林产品的资金转移到资源型农林产品投资上，
减少了对进口的依赖度（见图 14 - 4）。同时政府的这种补贴政策壮大了农林
企业的实力，降低了生产的成本，使农林产品的价格增长速度减缓，增加了国
内的福利（见图 14 - 3）。

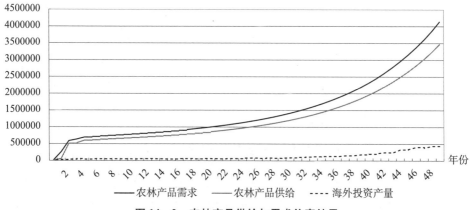

图 14 - 2　农林产品供给与需求仿真结果

　　政府对农林的补贴在开始的阶段会很高，但投资量小，即使单位农林产品
补贴得很多，政府的成本也不会很大。随着投资量的增加，国内农林产品价格
呈下降趋势，政府的单位农林产品补贴的数量也在减少。从仿真的结果来看，
在第 26 年农林产品就不需要政府的补贴，在以后的期限里还会产生负补贴
（见图 14 - 3）。仿真的结果说明，政府促进农林海外投资的政策在短期内有一
定的财政压力，长期内企业实力的壮大反而会减轻政府的压力。

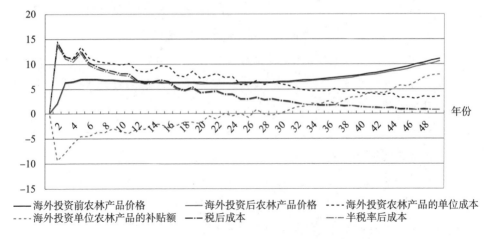

图 14-3 农林产品价格与海外投资成本仿真结果

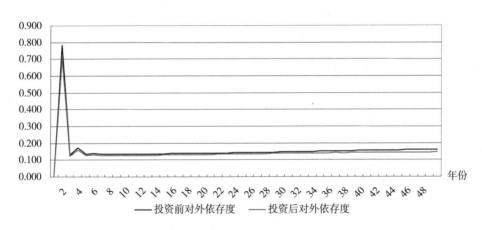

图 14-4 资源寻求型投资对农林产品进口依存度的影响

其次，分析税收对农林产品的影响，资源型农林投资是用国外的自然资源为本国生产农林产品进行进口替代，所以对进入本国的农林产品不应该再征收关税。如果征收关税将会增加企业的成本，而这种成本最终因政府的补贴转嫁给政府。从仿真结果来看，关税只能提高农林产品的价格，减少资源型投资的数量。政府的补贴政策对市场寻求型农林投资的最主要影响方式是通过降低企业在海外投资中的风险成本来提高农林企业的竞争力，其作用方式与资源寻求型正好相反。政府的补贴政策能防止国内农林产品市场的过度竞争、提高农林产品价格、转移多余的生产能力。

第十五章 研究结论与研究展望

本书从农林企业对外直接投资理论和实践的两个方面研究了中国农林企业"走出去"战略的基本问题。在理论部分归纳了企业对外投资的一般理论,在此基础上分析了中国农林企业对外直接投资的动因和发展趋势。然后从"走出去"战略实施的角度对投资产业选择问题、投资区域等问题进行了实证分析,并对企业的投资模式、风险管理和政府政策等具体问题提出了建议。农林产业是我国的弱质产业,农林企业的发展远远落后于其他产业。中国农林企业"走出去"在很大程度上还是一个愿景,不过伴随着中国经济实力的壮大和政府对农林产业的重视,中国农林企业大规模地走出国门将会指日可待。当前,已有一批农林企业在产品加工和资源开发方面率先走了出去,成为中国农林企业参与世界竞争的先行者。本书的研究立足于农林企业的现状,在条件有限的情况下比较系统地研究了农林企业实施"走出去"战略的基本问题,对处于萌芽阶段的农林企业海外直接投资问题进行了前瞻性研究。

15.1 研究结论

本书从规范和实证两个层面对中国农林企业"走出去"战略的基本问题进行了分析。在资料有限的条件下运用规范模型、仿真模拟、统计检验等方法克服了农林企业对外直接投资文献少、数据短缺的困难,在方法上和研究思路上进行了创新。研究表明:在投资动因方面,中国农林企业对外投资将向两个方向发展,即资源寻求型投资和市场寻求型投资。其中资源寻求型投资将是未来相当长时期内的主要方向。在产业选择方面,宏观上农林企业未来投资将会聚焦在大宗产品的种植投资上，近期将以木材等的海外种植投资为主；微观上企业将选择后向一体化、前向一体化、横向一体化等发展路径，从而使产业选择表现出多样化特征。在区位选择方面，资源寻求型企业的投资应该由近及远，优先在农林资源丰富的邻近区域展开投资；而市场寻求型企业由于竞争优势所限，应将投资目的地集中在发展中国家。在投资模式方面，中国农林企业的选择趋向单一，独资形式将占有主导地位。其中，资源寻求型企业将为追求资源控制力而采取单独投资经营，市场寻求型企业将选择独资或合资的经营模式，虽然这种投资模式的选择将会增大未来的投资风险。具体而言，本书的关键性结论如下。

15.1.1 中国农林企业"走出去"的动因

中国农林企业对外直接投资受到中国农林产品进出口的影响。农林产品的进口是资源寻求型农林企业对外直接投资的必要条件，农林产品的出口是市场寻求型农业对外投资的必要条件。但是，存在农林产品的进出口现象并不能直接导致对外投资行为的发生，对外投资行为还取决于农林企业自身状况和国际投资环境。中国的农林产品在整体上基本能满足国内的需要，但总量上偏紧，一些关系国计民生的农林产品大量依赖进口，同时还有一些农林产品大量出口。然而，目前我国并没有出现农林企业的大规模对外投资，这是因为：①我国农林企业自身实力不强，在经营管理、风险管理、资金实力等方面没有参与国际竞争的实力；②农林产品的进出口成本低于海外直接投资，导致我国农林企业更偏好于进出口贸易，大量廉价农林产品的进口打击了资源寻求型的农业海外直接投资，同时另一些大量出口的农林产品又挫伤了市场寻求型农业海外直接投资；③政府政策缺失，我国农林产业发展的政策对农林产业对外投资，尤其对资源寻求型农林企业对外投资没有形成有效的支持。这些因素导致中国农林企业对外直接投资的积极性不高。

15.1.2 中国农林企业对外投资的产业选择

中国农林企业对外投资产业的选择主要由投资的动因决定，资源寻求和市场寻求将是两个大方向。资源寻求型投资的产业是国内农林资源不能生产、生产能力不足或资源不足的产业，市场寻求型对外直接投资的产业则是我国具有优势的农林产业。我国农林产业对外投资产业选择的依据可以归纳如下：资源寻求型农林投资以农林产品大量进口为必要条件，超额需求产生的过剩资本将推动资源寻求型产业发展；市场寻求型产业以大量农林产品出口为必要条件，大量农林产品出口代表了较强的竞争能力。

15.1.3　中国农林企业对外投资的区位选择

农林企业海外直接投资在区域上主要受到东道国市场规模、中国对东道国的出口量、东道国自然资源的丰裕程度以及东道国的工资水平影响。在对发达国家的直接投资中，市场规模和出口是最主要的决定因素；而对发展中国家直接投资中，市场规模、出口和东道国自然资源丰裕度是最主要的决定因素，而东道国自然资源的丰裕程度起到了更为重要的影响作用。自然资源寻求型投资的区位选择更偏好那些自然资源丰富、劳动力成本低的区域；市场寻求型投资则更偏好那些市场规模大的区域。中国对外投资的区域差异较大，根据各地区影响因素的程度呈现不同的特点。

15.1.4　政府政策将直接影响农林企业海外直接投资

由于中国农林企业自身的特殊性和海外直接投资的高风险性，导致其在进行海外直接投资时更容易受到政策的影响。政府应根据农林企业的投资动因（资源寻求还是市场寻求）采取不同的支持手段。政府政策通过降低企业的成本使资源寻求型企业能与进口贸易相竞争，从而减少农林产品的直接进口，降低进口替代率。同时，政府政策还能通过提升市场寻求型农林企业的竞争能力有效促使国内优势农林产业参与国际竞争。政府农林政策是现阶段推动中国农林企业"走出去"的主要动力，政府应积极引导农林企业进行海外投资。

15.2　研究的难点与创新点

15.2.1　研究难点

农林企业海外直接投资是现阶段比较热的话题，但在世界对外直接投资总量中农林投资所占比重很小，这为我们的研究增加了不少的难度。中国农林企业总体上还处于资本积累阶段，在规模和技术上，实际上是很难"走出去"。但是，中国农林企业"走出去"又是一个不可逆转的趋势。这样，本书的研究面临理论和现实两方面的考验：在理论方面，现有的对外直接投资研究多集中于第二、第三产业，几乎没有研究农林投资的，而现有的 FDI 理论也很难应用到农林产业上，从而为深入研究设置了障碍。在现实方面，中国农林企业对外投资很少，数据相当匮乏，使得我们的研究缺少来自实证资料方面的支持。

15.2.2 研究创新点

农林企业"走出去"战略的研究面临理论和现实的双重困难，所以必须在方法上创新才能深入地研究农林企业的海外直接投资。本书的创新之处有如下四个方面。

（1）代表性

本书把中国农林企业"走出去"问题作为发展中国家弱质产业跨国投资问题的代表，揭示了其动因机制及战略规律，突破了以往研究局限于发达国家垄断产业的理论限制，为解释发展中国家弱质产业中的企业国际化行为进行了有益的探索和尝试。研究具有一定的普遍适用性和代表性。

（2）原创性

关于对外投资的已有研究中，针对制造业企业"走出去"的研究比较丰富，但对农林企业"走出去"行为进行研究的成果非常缺乏，因此运用经济学和统计学方法研究农林企业的"走出去"行为，为中国农林企业"走出去"投资设计战略框架，具有一定创新性。

（3）前瞻性

目前中国农林企业对外投资尚处于尝试性的阶段，投资的理论与实践均不成熟。在此阶段，对企业投资的动因、行为和战略展开系统研究，具有很强的前瞻性。基于对未来中国对外投资将大幅增长的判断，本书对即将走出国门的农林企业提供了指导和参考。

（4）新颖性

本书运用控制论的方法分析了中国农林企业"走出去"的特点，并根据已有的投资理论把中国农林企业对外直接投资分为市场寻求型和资源寻求型两类，说明了产生这两种情况的必要条件和影响两种投资行为的因素及作用方式，并以此为线索分析了投资的产业选择、区位选择和政府政策等。控制论模拟和仿真的方法能有效地模仿现实情况来解释中国农林企业投资的动因。本书最主要的创新点就是把工程分析的方法引入对外投资分析中，在缺乏实证数据的情况下将农林产业对外投资的效果科学而有效地展示出来。

15.3　研究的缺陷与展望

15.3.1　研究的缺陷

因为客观条件的限制和时间的关系，本书还存在很多的不足和需要完善的地方。

（1）缺乏对农林企业对外投资特点的深入考察

本书的研究主要从宏观和中观的角度展开，对具体的农林企业关注不够。虽然这些宏观方面的研究对产业和国家政策具有一定指导意义，但是对于企业参考价值略显不足。这是本书研究的主要缺憾，中国农林企业不同于其他国家的农林跨国公司，在经营管理、融资上有着自身的特点。这些特殊性将会影响到企业的投资决策，缺乏对具体农林企业的研究也使本书的深入程度受到限制。

（2）对农林企业"走出去"战略的效果缺乏验证

本书认为农林企业"走出去"会给企业和国家带来福利上的改善，具体的投资效果是否如研究所说，还需要对"走出去"战略的效果进行评价。农林企业的海外投资是否能提升农林产业的竞争力？是否能加速农林产业的现代化进程？是否能为经济快速发展提供坚实的基础？这些问题仍然有待于深入研究，它们将会影响中国农林企业国际化的进程。

15.3.2　进一步研究的展望

由于农林企业海外直接投资还处于起步阶段，加之实证资料的缺乏，导致本研究中存在不足和遗憾，这将是未来研究完善的主要方向。未来随着国家实施"走出去"战略的深入，农林企业越来越多地走向国际市场，将会为该研究提供更丰富的研究资源，为研究的进一步深入提供客观条件。在本书的基础上，进一步的研究将着重解决以下问题：

（1）进一步完善数据验证模型

下一步的研究应搜集更多的数据来检验现有模型。在此基础上进一步分析中国农林产业适合投资的不同区域，为企业对外投资提供更详细的指导建议，使研究更具有现实意义。

（2）对农林企业海外直接投资情况深入调查

农林企业是进行对外投资的主体，行业整体的投资行为是许多微观主体的聚集。因此，对农林企业进行深入的调查，进一步研究中国农林企业的特点、海外直接投资的影响因素、投资模式选择的特点、风险管理方法等，则能极大地丰富本书的研究。

本书对农林企业"走出去"战略进行了探索性的研究，在理论上取得了一些突破，为中国农林企业"走出去"建立了理论依据，对发展趋势做出了预测，对农林企业海外直接产业选择、区位选择、投资模式、风险管理进行了初步的探索。这些研究在农林企业"走出去"战略的研究中迈出了艰难的一步。期待将来会有更多的中国农林企业"走出去"，实现利用国内国际两种资源，为中国经济的腾飞做出贡献。

主要参考文献

[1] 联合国贸易与发展会议（UNCTAD）. 世界投资报告：2000—2016 年度.

[2] 中华人民共和国外交部官网：http：//www. fmprc. gov. cn/chn/ziliao.

[3] 中国企业对外直接投资分析报告. 中国经济出版社：2007—2016 年度.

[4] 刘风根. FDI 投资区位的决定因素的实证研究——来自中国对外直接投资的经验数据 [J]. 科学决策，2009（7）：1 - 7.

[5] 王玉宝. 论中国对外直接投资的产业选择 [J]. 生产力研究，2009（6）：124 - 132.

[6] 陶涛，麻志明. 中国企业对外直接投资的动因分析 [J]. 改革与战略，2009（2）：152 - 155.

[7] 何本芳，张祥. 我国企业对外直接投资区位选择模型探索 [J]. 财贸经济，2009（2）：96 - 101.

[8] 刘源超. 发展中国家对外直接投资的理论与模式研究 [D]. 北京：北京大学，2008：24，130 - 142.

[9] 胡博，李凌. 我国对外直接投资的区位选择——基于投资动机的视角 [J]. 国际贸易问题，2008（12）：96 - 102.

[10] 徐雪，谢玉鹏. 我国对外直接投资区位选择影响因素的实证分析 [J]. 管理世界，2008（4）：167 - 168.

[11] 陈漓高，张燕. 对外直接投资的产业选择：基于产业地位划分法的分析 [J]. 世界经济，2007（10）：28 - 38.

[12] 张为付. 中国企业对外直接投资的区位选择和路径安排 [J]. 国际贸易问题，2006（7）：106 - 110.

[13] 潘伟光. 经济全球化与中国农业企业跨国发展 [M]. 北京：中国农业出版社，2004：113 - 128.

[14] 程惠芳. 用引力模型分析中国对外直接投资的区位选择 [J]. 世界经济，2004

(11)：23 – 30.

[15] 魏巧琴. 中国海外直接投资主导产业选择框架 [J]. 数量经济技术经济研究，2002 (8)：113 – 116.

[16] 赵春明，何艳. 从国际经验看中国对外直接投资的产业和区位选择 [J]. 世界经济，2002 (5)：38 – 41.

[17] 钟昌标. 我国实施"走出去"战略的产业选择和区位选择 [J]. 管理世界，2001 (3)：195 – 196.

[18] 唐帅，宋维明. 中俄林业合作面临的形势和发展趋势 [J]. 双多边合作，2013 (11)：52 – 55.

[19] 刘超. 林业企业对外投资研究 [J]. 林业经济，2006 (10)：72 – 74.

[20] 高雪峰，宋维明. 中国对非洲林业直接投资问题分析 [J]. 林业经济，2010 (1)：90 – 93.

[21] 张兵，盛强，汤建中. 中国林业对外直接投资的区域战略 [J]. 资源科学，2000，22 (5)：11 – 15.

[22] 宋维明，程宝栋. 未来中国木材资源获取途径探究 [J]. 北京林业大学学报，2006，12 (5)：23 – 29.

[23] 张鹏. 我国企业对外直接投资风险及预警机制研究 [D]. 山东：山东财经大学，2012.

[24] 姚凯，张萍. 中国企业对外投资的政治风险及量化评估模型 [J]. 经济理论与经济管理，2012 (5)：103 – 111.

[25] 宋勇超. 中国对外直接投资目的效果检验——以资源寻求型 OFDI 为视角 [J]. 经济问题探索，2013 (8)：123 – 129.

[26] 刁刚. 中国木材供给及政策研究 [D]. 北京：北京林业大学，2014.

[27] 李冰，王立群. 我国原木进口变化驱动因素的实证分析 [J]. 国际贸易，2011 (1)：35 – 41.

[28] 刘颉. 我国原木进口变化趋势及其影响因素 [J]. 林业经济，2010 (2)：109 – 112.

[29] 问泽霞，张晓辛. 中国是世界森林资源的"黑洞"？ [J]. 林业经济问题，2010 (3)：200 – 203.

[30] 印中华，宋维明. 我国原木进口与木质林产品出口关系的实证分析 [J]. 国际贸易问题，2009 (2)：27 – 32.

[31] 唐帅，宋维明. 我国原木进口价格波动及影响因素的实证研究 [J]. 价格月刊，2013 (2)：16 – 19.

[32] 刘小航，谢满华. 中国木材进口现状及对策建议 [J]. 林业经济，2013 (8)：47－49.

[33] 张晓丽，张大红. 我国原木进口价格波动影响因素分析 [J]. 价格理论与实践，2012 (12)：46－47.

[34] 唐帅，宋维明. 我国原木进口现状及面临的形势分析 [J]. 林业经济，2012 (5)：34－37.

[35] 苏兴国，陈文汇. 中国木材进出口量和木材进口价格之间动态影响机制分析 [J]. 林业经济问题，2014 (1)：57－60.

[36] 刘璠，聂华. 我国木材的贸易格局与市场策略 [J]. 国际贸易问题，2004 (9)：33－38.

[37] 印中华，田明华. 我国大量进口木材的利弊分析 [J]. 林业经济，2006 (9)：47－48.

[38] 项贤春，程宝栋. 我国原木进口的对外依赖性分析 [J]. 林业经济，2009 (12)：54－55.

[39] 高红电，聂影. 原木统计分类与中国进口品种结构分析 [J]. 林业经济，2008 (5)：55－57.

[40] 程宝栋，宋维明. 2009 年我国木材产品进出口贸易分析 [J]. 北京林业大学学报，2009 (4).

[41] 杨红强，聂影. 中国木材供需矛盾与原木进口结构分析 [J]. 世界农业，2008 (7)：54－56.

[42] 张希颖. 中国原木进口量价齐增的原因及对策 [J]. 林业经济问题，2011 (3)：200－202.

[43] 唐帅，宋维明. 我国原木进口贸易及其影响因素的实证分析 [J]. 世界林业研究，2013 (3)：88－90.

[44] 姜馨. 我国原木进口量影响因素的实证分析 [J]. 中南林业调查规划，2010 (3)：70－71.

[45] 史祎美. 影响原木进口的因素分析 [J]. 企业家天地，2007 (11)：37－38.

[46] 魏旸艳，陆文明. 中国木材进口影响因素分析 [J]. 世界林业研究，2009 (2)：78－80.

[47] 张蕾，蔡志坚. 中国木材进口影响因素效应分析 [J]. 林业经济问题，2011 (4)：319－323.

[48] 李智沛. 中国主要林产品进口影响因素分析 [D]. 北京：北京林业大学，2009.

[49] 宋维明，程宝栋. 未来中国木材资源获取途径探究 [J]. 北京林业大学学报，2006 (2).

[50] 张路. 国有资本境外投资的风险控制及评价研究 [D]. 北京：财政部财政科学研究所，2012.

[51] 刁钢，程宝栋. 中国木材进口风险分析 [J]. 林业资源管理，2014 (2)：21－25.

[52] 刘旭，陆文明，宁悠良. 中国人造板国际竞争力研究 [J]. 中国林业产业，2016 (3)：192－194.

[53] 范悦，程宝栋. 中国主要木质林产品出口竞争力分析 [J]. 中国林业经济，2011

(1)：5－8.

[54] Petrauski S M F C, Marques G M, Silva M L, et al. Competitiveness of Brazil in the wood international market [J]. Cerne, 2012 (126)：401－412.

[55] 吴雅瑜，杨文，陈佳. 中国纸制品产业的国际竞争力实证研究——基于主要贸易出口国的国际竞争力比较 [J]. 中国林业经济，2014 (3)：44－48.

[56] 庞新生，宋维明，刘蕊. 中国纸和纸制品国际竞争力评价分析 [J]. 价格理论与实践，2016 (3)：152－155.

[57] 高广茂，程宝栋，等. 我国木质家具出口市场结构的实证分析 [J]. 世界林业研究，2012，25 (1)：60－63.

[58] 林伟明，戴永务，余建辉. 木制家具产业国际竞争力影响因素的实证研究 [J]. 东南学术，2014 (6)：135－143.

[59] 戴永务，余建辉. 后危机时代中国人造板产业国际竞争力与决定因素的实证分析 [J]. 林业科学，2014，50 (10)：113－122.

[60] 邱晓兰，余建辉，戴永务. 低碳视角下中国造纸产业国际竞争力影响因素分析——基于一般化双钻石模型 [J]. 福建论坛，2015 (2)：39－45.

[61] 郑义，林恩惠，刘燕娜. 技术创新对木材加工业低碳贸易竞争力的影响 [J]. 林业经济问题，2015，35 (1)：38－43.

[62] 石小亮，张颖. 林产品贸易发展格局与预测 [J]. 经济问题探索，2015 (1)：140－150.

[63] 张英豪，奉国强. 中国木材供需现状与趋势 [J]. 林业经济，2015 (2)：68－72.

[64] 田康，李剑泉，叶兵. 中国林产品国际贸易壁垒类型现状与趋势 [J]. 世界农业，2014 (9)：48－52.

[65] 廖灵芝，吕苑青. 中国林产品贸易壁垒研究综述 [J]. 林业经济问题，2015 (6)：558－561.

[66] 单永娟，石小亮. 中国木质林产品出口贸易结构性风险实证分析 [J]. 福建林业科技，2015 (4)：224－228.

[67] 王香芬. 中国木质林产品对外贸易格局分析及展望 [J]. 世界农业，2014 (8)：181－196.

[68] Chhetri, Puma B. Sustaining Agriculture in Upper Mustang：Challenges and Opportunities [J]. Journal of Sustainable Agriculture, 2006, 27 (4)：109－124.

[69] Tae Hoon, Oum Jong－Hunpark. Multination Firms Location Preference for Regional Distribution Centers：Focus on the Northeast Asian Region [J]. Transportation Research Part E, 2004, 40 (5)：101－121.

[70] Mary Amiti, Katharine Wakelin. Investment Liberalization and International Trade [J].

Journal of International Economics, 2003 (11): 101 – 126.

[71] Helgason, Magnus Sveinn. Estimates of Investment in Icelandic Agriculture, 1900 – 1945 [J]. Journal of Economic History, 2003, 63 (6): 570 – 590.

[72] Barry F, Gorg H, Mcdowell A. Outward FDI and the Investment Development Path of a Late – industrializing Economy: Evidence from Ireland [J]. Regional Studies, 2003, 37 (4): 341 – 349.

[73] L G Branstetter, R C Feenstra. Trade and Foreign Direct Investment in China: a Political Economy Approach [J]. Journal of International Economics, 2002 (58): 335 – 358.

[74] Harzing, Anne – Wil. Acquisition versus Green field Investments: International Strategy and Management of Entry Modes [J]. Strategic Management Journal, 2002 (23): 211 – 227.

[75] Zhao H, Y Luo. Product diversification, ownership structure, and subsidiary performance in China's dynamic market [J]. Management International Review, 2002, 42 (1): 27 – 48.

[76] Luo Y. Capability Exploitation and Building in a Foreign Market: Implications for Multinational Enterprises [J]. Organization Study, 2002, 13 (1): 48 – 63.

[77] Glebocki Benicjusz, Rogacki Henryk. Regions of Growth and Stagnation in Poland: Changes in Agriculture, Industry and International Markets [J]. European Urban & Regional Studies, 2002, 9 (1): 53 – 66 .

[78] Mathur I, M Singh, K C Gleason. The Evidence from Canadian Firms on Multinational Diversifieation and Performance [J]. The Quarterly Review of Economies and Finance, 2001, 41 (2): 561 – 578.

[79] Dunning J H, Kin C S, Lin J D. Incorporating Trade into the Investment Development Path: A Case study of Korea and Taiwan [J]. Oxford Development Studies, 2001, 29 (2): 145 – 154.

[80] Pantzalis C. Does Location Matter? An Empirical Analysis of Geographic Scope and MNC Market Valuation [J]. Journal of International Business Studies, 2001, 32 (1): 133 – 155.

[81] T Reardon, C B Barrett. Agro industrialization, Globalization, and International Development, An overview of Issues, Patterns, and Determinants [J]. American Journal of Agricultural Economics, 2000 (23): 195 – 205.

[82] Kwok C C Y, D M Reeb. Internationalization and Firm Risk: An Upstream – Downstream Hypothesis [J]. Journal of International Business Studies, 2000, 31 (4): 611 – 630.

[83] Diaz – Bonilla, E Reca. Trade and Agro industrialization in Developing Countries: Trends

and Policy Impacts [J]. American Journal of Agricultural Economics, 2000, 23 (3): 219 – 229.

[84] Letson Perry. Why U. S. agriculture should support foreign aid [J]. Rural Cooperatives, 2000, 67 (2): 23 – 67.

[85] Yao Shujie. How important is Agriculture in China's Economic Growth? [J]. Oxford Development Studies, 2000, 28 (1): 33 – 49.

[86] Cantwell J A. A survey of Theories of International Production, in Christos [M]. The Nature of the Transnational Firm, 1991: 16 – 63.

[87] Cantwell John, Tolentino, Paz Estrella. Technological Accumulation and Third World Multinationals [J]. International Investment and Business Studies, 1990 (9).

[88] P G Grub, J H Lin, M Xia. Foreign Investment in China: A Study and Analysis of the Factors Influencing the Attitudes and Motivations of US Firms [J]. China and India: Foreign Investment and Economic Relations, Research in International Business and International Relations, 1990 (4).

[89] Graham, Edward M. Exchange of threat between multinational firms as an infinitely repeated no cooperative game [J]. International Trade Journal, 1990, 4 (3): 259 – 277.

[90] Dunning J H. The Eclectic Paradigm of International Production: A Restatement and Some Possible Extensions [J]. Journal of International Business Studies, 1988, 19 (1): 1 – 31.

[91] Rama Ruth. Do transnational agribusiness firms encourage the agriculture of developing countries? The Mexican experience [J]. International Social Science Journal, 1985, 37 (3): 331 – 344.

[92] Louis T Well. Third World Multinationals: the Rise of Foreign Investment from Developing Countries [M]. Boston: The MIT Press, 1983.

[93] Ozawa T. International Investment and Industrial Structure: New Theoretical Implications from the Japanese Experience [J]. Oxford Economic Papers, New Series, 1979, 31 (1): 72 – 92.

[94] Kojima Kiyoshi. Direct Foreign Investment: A Japanese of Multinational Business Operations [M]. London: Croom Helm, 1978: 268 – 280.

[95] Dunning J. Trade, location of economic activity and the MNE: A search for an eclectic approach [M]. London: MacMillan Press, 1977.

［96］Hymer S. International Operation of National Firms: A Study of Direct Foreign Investment ［M］. Boston: MIT press, 1976: 65 – 90.

［97］Buckley P, M Casson. The Future of the Multinational Enterprise ［M］. London: Macmillan, 1976: 42 – 57.

［98］S H Hymer. The International Operations of National Firms: A Study of Direct Foreign Investment ［M］. Cambrige: MIT Press, 1960.

［99］Kiyoshi Kojima. Japan and a New World Economic Order ［M］. London: Croom Helm, 1977: 190.

［100］R Vernon. International Investment and International Trade in the Product Cycle ［J］. Quarterly Journal of Economics, 1966 (80): 190 – 207.

［101］Louis J, Wells Jr. Multinationals and the Developing Countries ［J］. Journal of International Business Studies, 1998, 29 (1): 101 – 114.

［102］Sanjaya Lall. The New Multinationals: the Spread of Third World Enterprises ［J］. John Wiley and Sons, 1983 (21): 250 – 268.

［103］Brewer, Rivoli. Politics and Perceived Country Creditworthiness in International Banking ［J］. Journal of Money, Credit and Banking, 1990, 22 (3): 357 – 369.

［104］Kent D, Miller. A Framework for Integrated Risk Management in International Business ［J］. Journal of International Business Studies, 1992, 23 (2): 311 – 331.

［105］M Kabir Hassan. Country risk and stock market volatility, predictability, and diversification in the Middle East and Africa ［J］. Economic Systems, 2003 (27): 63 – 82.

［106］Duncan H, Meldrum. Country risk and foreign direct investment ［J］. Business Economics, 2000 (5): 1 – 16.

［107］Etienne Musonera. Country Risk Factors: An Empirical Study of FDI Determinants in SSA ［J］. Journal of International Management Studies, 2008 (21): 71 – 80.

［108］P L Hammer. Modeling country risk ratings using partial orders ［J］. European Journal of Operational Research, 2006, 175 (2): 836 – 859.

［109］Juliana Yim, Heather Mitchell. Comparison of country risk models: hybrid neural networks, logit models, discriminant analysis and cluster techniques ［J］. Expert Systems with Applications, 2005, 28 (1): 137 – 148.

［110］J M Oetzel, R A Bettis, M Zenner. Country Risk Measures: How Risky Are They? ［J］.

Journal of World Business, 2001, 36 (2): 128 – 145.

[111] Bee Yan Awa, Yi Lee. Firm Heterogeneity And Location Choice Of Taiwanese Multinationals [J]. Journal of International Economics, 2008, 75 (1): 167 – 179.

[112] Gene M Grossman, Elhanan Helpman, Adam Szeidl, Slaughter. Optimal Integration Strategies for The Multinational Firm [J]. Harvard Institute of Economic Research, 2003 (13): 1 – 40.

[113] Hanson, Gordon H, Mataloni, Raymond J, Slaughter, Matthew J. Expansion Strategies of U. S. [J]. Multinational Corporations, Brookings Trade Forum, 2001 (8433): 245 – 294.

[114] Lenski, Noel. Failure of Empire: Valens and the Roman State in the Fourth Century A. D [M]. Berkeley: University of California Press, 2002.

[115] Barr D H C. China's Pulp and Paper Sector: An Analysis of Supply – demand and Medium Term Projections [J]. International Forestry Review, 2004 (6): 254 – 281.

[116] Bull G Q, Nilsson S. An Assessment of China's Forest Resources [J]. International Forestry Review, 2004 (6): 210 – 220.

[117] Sill J. The Need to Cut China's Illegal Timber Imports [J]. Science, 2008 (2): 184 – 186.

[118] Marije, Neil D. Market Signals of Unsustainable and Inequitable Forest Extraction [J]. World Development, 2014 (5): 155 – 168.

[119] RISI. China's Timber Supply Outlook 2011 – 2015 [R]. RISI new Study, 2010.

[120] Jansen J C, Arkel W G, Boots M G. Designing indicators of long-term energy supply security [R]. Hague: Netherlands Environmental Assessment Agency, 2004 (4): 21 – 25.

[121] Sun Xiaolei, Tang Ling, Li Jianping. Modeling on Oil – importing Risk under Risk Correlation [C]. Computational Sciences and Optimization, 2009, 2 (4): 25 – 27.

[122] Coqa C L, Elena Paltsevab. Measuring the security of external energy supply in the European Union [J]. Energy Policy, 2009 (11): 1 – 34.

[123] Lesbirel S H. Diversification and Energy Security Risks: The Japanese Case [J]. Japanese Journal of Political Science, 2004 (5): 1 – 22.

[124] Li X G. Diversification and Localization of Energy Systems for Sustainable Development and Energy Security [J]. Energy Policy, 2005 (33): 2237 – 2243.

[125] Wu G, Wei Y M, Fan Y, Liu L C. An Empirical Analysis of the Risk of Crude Oil Imports in China Using Improved Portfolio Approach [J]. Energy Policy, 2007 (35):

190 – 199.

[126] Jinhwan Oh, Siswadi, Jihee Kim. The competitiveness of Indonesian wood – based products [J]. Review of Urban & Regional Development Studies, 2015, 27 (1): 40 – 67.

[127] Baek J. Does the Exchange Rate Matter to Bilateral Trade between Korea and Japan? Evidence from Commodity Trade Data [J]. Economic Modelling, 2013 (30): 856 – 862.

附　录

附录1　农林产业对外投资动因与福利分析仿真程序

1　模拟程序

a0 = 1.012；a1 = 1.097；a2 = 0.329；a3 = 0.24；a4 = 1.4；a5 = -1；a6 = 0.42；a7 = 0.56；a8 = 2.1；a9 = -1.5；%参数矩阵 A 赋值

c1 = 0.000007；c2 = -0.000005；%价格曲线赋值

k0 = 10000；k1 = 12000；%外生变量赋值

b1 = 96259；b2 = 3645；b3 = 10000；b4 = 13000；d = 20；%初始状态赋值

t = 50；%模拟次数

A = ［a0 0 0 0；0 a1 0 0；a2 a3 a4 a5；a6 a7 a8 a9］；%系数矩阵 A

disp（′- - - - - - - - - - -稳定性分析- - - - - - - - - - -′）；

result = fun_1（A）%供求系统稳定性分析

disp（′- - - - - - - - - - -供求模型仿真- - - - - - - - - - -′）；

［x，y，w，z，p，n，s，i，v］= fun_2（a0，a1，a2，a3，a4，a5，a6，a7，a8，a9，c1，c2，k0，k1，b1，b2，b3，b4，d，t）%供求系统

disp（′- - - - - - - - - - -外生变量冲击- - - - - - - - - - -′）；

［k］= fun_3（k0，k1）%外生变量冲击作用

k0 = k；

disp（′- - - - - - - - - - -外生变量冲击仿真- - - - - - - - - - -′）；

［x，y，w，z，p，n，s，i，v］= fun_2（a0，a1，a2，a3，a4，a5，a6，a7，a8，a9，c1，c2，k0，k1，b1，b2，b3，b4，d，t）%外生冲击后供求系统仿真

disp（' － － － － － － － － － －需求投资产出率外生冲击仿真 － － － － － － － － －'）;

a2 = 0. 55;%由城市化引起的林产品消费结构变化导致需求量的变化

a3 = 0. 8;%林产品加工业生产效率和投资增加导致需求量增加

a7 = 0. 45;%由于资源供给不足导致的林业投资产出率的下降

result = fun_1（A)%供求系统稳定性分析 [x，y，w，z，p，n，s，i，v] = fun_2（a0，a1，a2，a3，a4，a5，a6，a7，a8，a9，c1，c2，k0，k1，b1，b2，b3，b4，d，t)%需求结构变

2　调用函数程序

2.1　稳定性分析函数程序

```
function result = fun_1（A）
n = size（A）;%确定 A 矩阵维数
A_eig = eig（A）;%求解 A 的特征根
A_eig_abs = abs（A_eig);%求解矩阵的模
flag = 0;
count = 0;
for i = 1：n
    if（A_eig_abs（i）＞1）flag = 1; count = count + 1; end;
end
if flag = = 0 disp（'系统稳定'）;
else disp（'系统不稳定'）;
end
result = flag;
```

2.2　差分方程仿真程序

```
function [x，y，w，z，p，n，s，i，v] = fun_2（a0，a1，a2，a3，a4，a5，a6，a7，a8，a9，c1，c2，k0，k1，b1，b2，b3，b4，d，t)%迭代法解差分方程
x（1）= b1; y（1）= b2; w（1）= b3; z（1）= b4;%初始状态
i = 0；v = 0;
for k = 2：t
    x（k）= a0 * x（k - 1);%人口曲线
```

```
y (k) = a1 * y (k - 1);% GDP 曲线
w (k) = a2 * x (k - 1) + a3 * y (k - 1) + a4 * w (k - 1) + a5 * z (k - 1) +
k0;%需求曲线
z (k) = a6 * x (k - 1) + a7 * y (k - 1) + a8 * w (k - 1) + a9 * z (k - 1) +
k1;%供给曲线
p (k) = (d + c1 * w (k) - c2 * z (k)) /1.03^k;%价格
n (k) = w (k) - z (k);%进口或出口量
s (k) = n (k) /w (k);%进口依存度
if (n (k) > 0)
    disp ('需求大于供给——进口');
    i = i + p (k) * n (k);%累计进口额
else
    disp ('需求小于供给——出口')
    v = v - p (k) * n (k);%累计出口额
end;
    end
```

2.3 外生变量冲击函数

```
function [k] = fun_3 (k0, k1)%外生变量冲击作用
x = normrnd (1, 0.5);
if (x < 1)
    k = k0 * (1 + unifrnd (0.2, 1));
    disp ('需求外生冲击');
else k = k1 * (1 + unifrnd (0.2, 1));
    disp ('供给外生冲击');
end
```

2.4 海外投资对供求关系的影响函数

```
function [x, y, w, z, p, n, s, i, l, c, v, q, a, e, o] = fun_5 (a0, a1, a2, a3,
a4, a5, a6, a7, a8, a9, c1, c2, k0, k1, b1, b2, b3, b4, d, t, u, u1, j, m)%迭代
法解差分方程
x (1) = b1; y (1) = b2; w (1) = b3; z (1) = b4;%初始状态
```

```
i（1）=100;%资源寻求型初始状态
v（1）=0；d（1）=0;%市场寻求型初始状态
c（1）=0;%资源寻求林产品初始价格
l（1）=0;
a（1）=0;
e（1）=0;
o（1）=0;
for k=2：t
    r=unifrnd（0.1，0.3）%随机风险
    x（k）=a0*x（k-1）;%人口曲线
    y（k）=a1*y（k-1）;%GDP曲线
    w（k）=a2*x（k-1）+a3*y（k-1）+a4*w（k-1）+a5*z（k-1）+
k0;%需求曲线
    z（k）=a6*x（k-1）+a7*y（k-1）+a8*w（k-1）+a9*z（k-1）+
k1;%供给曲线
    p（k）=（d+c1*w（k）-c2*z（k））/1.03^k;%价格
    n（k）=w（k）-z（k）;%进口或出口量
    s（k）=n（k）/w（k）;%进口依存度
    i（k）=p（k）*n（k）;%进口额
    l（k）=u+u1*（1-r）*m*i（k）;%海外投资林产品产量
    c（k）=（i（k）/l（k））/1.03^k;%生产成本
    e（k）=（1+j）*c（k）/1.03^k;%资源寻求投资林产品税后价格
    o（k）=（1+j/2）*c（k）/1.03^k;%资源寻求投资林产品税后价格（税率变
为一半）
    q（k）=（d+c1*w（k）-c2*（z（k）+l（k）））/1.03^k;%海外投资后的
林产品价格
    v（k）=q（k）-c（k）;%补贴额
    a（k）=n（k）/（w（k）+l（k））;%资源寻求型林业投资后的对外依存度
end
```

附录 2 农林产品供求仿真数据

年份	人口	GDP	农林产品需求	农林产品供给	农林产品价格（已折现 0.03）	净出口（＋进口，－出口）	对外依存度（＋进口依存度，－出口依存度）
1	96259	3645.000	10000	13000	20.000	0	0.0000
2	97414	3998.600	43544	55970	19.403	－12426	－0.2854
3	98583	4386.400	48001	62641	18.897	－14640	－0.3050
4	99766	4811.900	48047	62702	18.347	－14655	－0.3050
5	100960	5278.700	48542	63442	17.819	－14900	－0.3070
6	102170	5790.700	49000	64135	17.306	－15135	－0.3089
7	103400	6352.400	49470	64854	16.807	－15383	－0.3110
8	104640	6968.600	49948	65593	16.323	－15645	－0.3132
9	105900	7644.500	50434	66354	15.853	－15920	－0.3157
10	107170	8386.000	50929	67139	15.397	－16210	－0.3183
11	108450	9199.500	51433	67949	14.954	－16517	－0.3211
12	109760	10092.000	51946	68787	14.524	－16841	－0.3242
13	111070	11071.000	52469	69654	14.106	－17186	－0.3275
14	112410	12145.000	53002	70553	13.701	－17551	－0.3311
15	113750	13323.000	53546	71486	13.307	－17940	－0.3350
16	115120	14615.000	54101	72455	12.925	－18354	－0.3393
17	116500	16033.000	54668	73464	12.554	－18796	－0.3438
18	117900	17588.000	55248	74516	12.194	－19268	－0.3488
19	119310	19294.000	55841	75614	11.844	－19773	－0.3541
20	120750	21165.000	56449	76762	11.505	－20314	－0.3599
21	122190	23218.000	57071	77965	11.175	－20894	－0.3661
22	123660	25470.000	57709	79226	10.855	－21517	－0.3729
23	125140	27941.000	58364	80551	10.545	－22187	－0.3802
24	126650	30651.000	59037	81946	10.244	－22909	－0.3880
25	128170	33625.000	59729	83416	9.951	－23686	－0.3966
26	129700	36886.000	60442	84968	9.667	－24526	－0.4058
27	131260	40464.000	61176	86609	9.392	－25432	－0.4157

年份	人口	GDP	农林产品需求	农林产品供给	农林产品价格（已折现0.03）	净出口（+进口，－出口）	对外依存度（+进口依存度，－出口依存度）
28	132840	44389.000	61935	88347	9.124	－26412	－0.4265
29	134430	48695.000	62718	90191	8.865	－27473	－0.4381
30	136040	53418.000	63528	92150	8.613	－28622	－0.4506
31	137680	58600.000	64367	94236	8.368	－29868	－0.4640
32	139330	64284.000	65238	96458	8.131	－31220	－0.4786
33	141000	70520.000	66142	98830	7.901	－32687	－0.4942
34	142690	77360.000	67083	101370	7.678	－34282	－0.5110
35	144400	84864.000	68063	104080	7.462	－36016	－0.5292
36	146140	93096.000	69086	106990	7.252	－37902	－0.5486
37	147890	102130.000	70154	110110	7.049	－39955	－0.5695
38	149670	112030.000	71273	113460	6.851	－42192	－0.5920
39	151460	122900.000	72445	117070	6.660	－44629	－0.6160
40	153280	134820.000	73676	120960	6.475	－47285	－0.6418
41	155120	147900.000	74970	125150	6.295	－50183	－0.6694
42	156980	162240.000	76334	129680	6.121	－53346	－0.6988
43	158860	177980.000	77773	134570	5.952	－56797	－0.7303
44	160770	195250.000	79293	139860	5.789	－60567	－0.7638
45	162700	214190.000	80903	145590	5.631	－64684	－0.7995
46	164650	234960.000	82609	151790	5.478	－69183	－0.8375
47	166630	257750.000	84421	158520	5.330	－74101	－0.8778
48	168630	282750.000	86348	165830	5.187	－79478	－0.9204
49	170650	310180.000	88401	173760	5.049	－85357	－0.9656
50	172700	340270.000	90590	182380	4.915	－91789	－1.0132

附录3 外生需求冲击仿真结果

年份	外生需求冲击农林产品需求	外生需求冲击农林产品供给	外生需求冲击农林产品价格（已折现0.03）	外生需求冲击净出口（+进口，－出口）	外生需求冲击对外依存度（+进口依存度，－出口依存度）
1	10000	13000	20.000	0	0.000
2	53770	55970	19.470	－2200	－0.041
3	72542	84115	19.152	－11572	－0.160
4	71157	82028	18.577	－10871	－0.153
5	71795	82984	18.044	－11189	－0.156
6	72239	83655	17.523	－11416	－0.158
7	72711	84376	17.019	－11665	－0.160
8	73188	85114	16.529	－11926	－0.163
9	73674	85876	16.053	－12201	－0.166
10	74169	86661	15.591	－12491	－0.168
11	74673	87471	15.142	－12798	－0.171
12	75186	88309	14.706	－13123	－0.175
13	75709	89176	14.284	－13467	－0.178
14	76242	90075	13.873	－13833	－0.181
15	76786	91007	13.474	－14222	－0.185
16	77341	91977	13.087	－14636	－0.189
17	77908	92986	12.712	－15077	－0.194
18	78488	94038	12.347	－15549	－0.198
19	79082	95136	11.993	－16054	－0.203
20	79689	96284	11.649	－16595	－0.208
21	80311	97486	11.315	－17175	－0.214
22	80949	98748	10.991	－17798	－0.220
23	81604	100070	10.677	－18469	－0.226
24	82277	101470	10.372	－19190	－0.233
25	82969	102940	10.075	－19968	－0.241
26	83682	104490	9.788	－20807	－0.249

年份	外生需求冲击农林产品需求	外生需求冲击农林产品供给	外生需求冲击农林产品价格（已折现 0.03）	外生需求冲击净出口（＋进口，－出口）	外生需求冲击对外依存度（＋进口依存度，－出口依存度）
27	84417	106130	9.509	−21714	−0.257
28	85175	107870	9.238	−22694	−0.266
29	85958	109710	8.975	−23755	−0.276
30	86768	111670	8.720	−24904	−0.287
31	87608	113760	8.473	−26150	−0.298
32	88478	115980	8.233	−27501	−0.311
33	89383	118350	8.000	−28969	−0.324
34	90323	120890	7.774	−30564	−0.338
35	91303	123600	7.554	−32297	−0.354
36	92326	126510	7.342	−34184	−0.370
37	93394	129630	7.136	−36237	−0.388
38	94513	132990	6.936	−38473	−0.407
39	95685	136600	6.742	−40910	−0.428
40	96916	140480	6.554	−43567	−0.450
41	98211	144680	6.373	−46465	−0.473
42	99574	149200	6.196	−49627	−0.498
43	101010	154090	6.025	−53079	−0.525
44	102530	159380	5.860	−56848	−0.554
45	104140	165110	5.700	−60966	−0.585
46	105850	171310	5.545	−65465	−0.618
47	107660	178040	5.395	−70383	−0.654
48	109590	185350	5.250	−75759	−0.691
49	111640	193280	5.110	−81639	−0.731
50	113830	201900	4.974	−88070	−0.774

附录 4 农林产品加工业投资比率和消费结构变化

年份	需求率冲击 农林产品需求	需求率冲击 农林产品供给	需求率冲击 农林产品价格 （已折现 0.03）	需求率冲击 净出口 （＋进口， －出口）	需求率冲击 对外依存度 （＋进口依存度， －出口依存度）
1	10000	13000	20.000	0.000	0.000
2	77084	55569	19.622	21515.000	0.279
3	129350	133240	19.741	－3885.400	－0.030
4	125810	127160	19.117	－1350.800	－0.011
5	127920	129530	18.583	－1607.300	－0.013
6	129540	131120	18.058	－1581.900	－0.012
7	131290	132870	17.549	－1581.700	－0.012
8	133110	134690	17.055	－1575.600	－0.012
9	135020	136590	16.576	－1566.400	－0.012
10	137030	138580	16.111	－1553.400	－0.011
11	139130	140670	15.660	－1536.100	－0.011
12	141350	142870	15.223	－1514.300	－0.011
13	143690	145180	14.798	－1487.300	－0.010
14	146160	147620	14.387	－1454.700	－0.010
15	148770	150190	13.988	－1415.900	－0.010
16	151540	200000	13.601	－1370.200	－0.009
17	154480	155800	13.226	－1317.000	－0.009
18	157600	158860	12.862	－1255.300	－0.008
19	160930	162110	12.510	－1184.500	－0.007
20	164470	165570	12.169	－1103.600	－0.007
21	168250	169260	11.839	－1011.600	－0.006
22	172300	173200	11.519	－907.240	－0.005
23	176630	177420	11.210	－789.430	－0.004
24	181270	181930	10.910	－656.770	－0.004
25	186250	186760	10.621	－507.800	－0.003
26	191610	191950	10.341	－340.880	－0.002

年份	需求率冲击 农林产品需求	需求率冲击 农林产品供给	需求率冲击 农林产品价格 （已折现0.03）	需求率冲击 净出口 （+进口， −出口）	需求率冲击 对外依存度 （+进口依存度， −出口依存度）
27	197380	197530	10.070	−154.240	−0.001
28	203590	203530	9.809	54.094	0.000
29	210290	210000	9.557	286.250	0.001
30	217520	216970	9.314	544.590	0.003
31	225340	224500	9.080	831.700	0.004
32	233790	232640	8.854	1150.400	0.005
33	242950	241450	8.637	1503.800	0.006
34	252880	250980	8.428	1895.400	0.007
35	263640	261310	8.228	2328.800	0.009
36	275320	272520	8.036	2808.200	0.010
37	288020	284680	7.852	3338.100	0.012
38	301810	297890	7.676	3923.400	0.013
39	316810	312250	7.508	4569.600	0.014
40	333140	327860	7.349	5282.600	0.016
41	350930	344860	7.197	6068.900	0.017
42	370300	363360	7.053	6935.800	0.019
43	391410	383520	6.918	7891.000	0.020
44	414440	405500	6.790	8943.100	0.022
45	439570	455610	6.670	10102.000	0.023
46	466990	455610	6.559	11377.000	0.024
47	496920	484140	6.456	12781.000	0.026
48	529620	515300	6.361	14325.000	0.027
49	565350	549320	6.274	16024.000	0.028
50	604390	586500	6.196	17892.000	0.030

附录5 中国农林企业对外投资区位选择面板模型单位根检验报告

附表1 变量 ODI 的检验结果

Method	Statistics	Prob.
PP – Fisher Chi – square	205. 260	0. 0000
PP – Choi Z – stat	– 1. 87948	0. 0301

附表2 变量 GDP 的检验结果

Method	Statistics	Prob.
PP – Fisher Chi – square	236. 562	0. 0000
PP – Choi Z – stat	– 3. 43171	0. 0003

附表3 变量 EX 的检验结果

Method	Statistics	Prob.
PP – Fisher Chi – square	294. 812	0. 0000
PP – Choi Z – stat	– 4. 87507	0. 0003

附录6　海外直接投资政策分析仿真数据之一

年份	农林产品需求	农林产品供给	海外投资产量	海外投资前农林产品价格	海外投资后农林产品价格	海外投资农林产品的单位成本
1	10000	13000	0	0.000	0.000	0.000
2	257250	55569	27004	2.087	1.959	13.793
3	589550	511580	38142	6.292	6.118	11.444
4	636150	526060	54991	6.538	6.294	11.194
5	695910	602900	40929	6.979	6.802	13.336
6	713250	613860	50046	6.961	6.752	11.230
7	733030	634560	50782	6.958	6.752	10.645
8	746940	645800	51876	6.881	6.677	10.275
9	761770	658960	51594	6.810	6.612	10.098
10	776300	671190	51823	6.733	6.541	9.872
11	791620	684240	49914	6.655	6.475	10.063
12	807590	697740	56539	6.610	6.412	8.738
13	824440	711980	58389	6.553	6.354	8.333
14	842220	726990	53816	6.479	6.301	8.919
15	861020	742850	49280	6.411	6.253	9.624
16	880940	759640	49347	6.364	6.210	9.512
17	902080	777450	59652	6.353	6.172	7.803
18	924560	796360	62493	6.324	6.140	7.399
19	948480	816470	53700	6.268	6.115	8.572
20	973990	837900	64631	6.274	6.095	7.105
21	1001200	860770	60256	6.243	6.081	7.620
22	1030400	885200	57070	6.223	6.074	8.063
23	1061500	911340	63976	6.236	6.074	7.225
24	1095000	939350	62828	6.236	6.081	7.410
25	1130900	969400	80550	6.288	6.096	5.836
26	1169500	1001700	81614	6.308	6.118	5.832
27	1211000	1036400	72134	6.312	6.149	6.700
28	1255700	1073800	83483	6.371	6.189	5.895

年份	农林产品需求	农林产品供给	海外投资产量	海外投资前农林产品价格	海外投资后农林产品价格	海外投资农林产品的单位成本
29	1304000	1114100	77957	6.403	6.237	6.447
30	1356100	1157600	85696	6.472	6.296	6.008
31	1412500	1204600	91775	6.548	6.364	5.765
32	1473400	1255400	106000	6.649	6.443	5.145
33	1539400	1310400	117690	6.755	6.533	4.792
34	1610900	1370000	125990	6.866	6.635	4.644
35	1688500	1434700	133910	6.988	6.750	4.548
36	1772700	1504800	136270	7.113	6.878	4.667
37	1864200	1580900	131450	7.239	7.019	5.068
38	1963700	1663600	156410	7.430	7.176	4.477
39	2071900	1753600	156080	7.594	7.348	4.731
40	2189600	1851400	186280	7.822	7.537	4.194
41	2317800	1958000	203710	8.046	7.743	4.070
42	2457500	2074100	223650	8.291	7.967	3.947
43	2609700	2200500	248240	8.560	8.212	3.797
44	2775800	2338400	241120	8.805	8.477	4.188
45	2956900	2488800	332880	9.204	8.764	3.259
46	3154600	2653000	345390	9.518	9.075	3.384
47	3370500	2832200	406890	9.918	9.411	3.104
48	3606300	3027800	388390	10.243	9.773	3.523
49	3864000	3241600	439310	10.679	10.163	3.383
50	4145500	3475200	450110	11.096	10.583	3.595

附录7　海外直接投资政策分析仿真数据之二

年份	海外投资单位农林产品的补贴额	投资前对外依存度	投资后对外依存度	税后成本	半税率后成本
1	0.000	0.000	0.000	0.000	0.000
2	-9.332	0.784	0.710	14.301	13.651
3	-7.753	0.132	0.124	11.520	10.997
4	-5.833	0.173	0.159	10.941	10.443
5	-4.501	0.134	0.126	12.654	12.079
6	-4.482	0.139	0.130	10.346	9.875
7	-3.671	0.134	0.126	9.521	9.088
8	-3.694	0.135	0.127	8.923	8.517
9	-2.959	0.135	0.126	8.513	8.126
10	-3.607	0.135	0.127	8.080	7.713
11	-3.860	0.136	0.128	7.997	7.633
12	-3.031	0.136	0.127	6.742	6.435
13	-3.082	0.136	0.127	6.242	5.958
14	-1.920	0.137	0.129	6.486	6.192
15	-2.068	0.137	0.130	6.795	6.486
16	-2.764	0.138	0.130	6.521	6.224
17	-2.302	0.138	0.130	5.193	4.957
18	-1.630	0.139	0.130	4.781	4.564
19	-1.639	0.139	0.132	5.378	5.133
20	-1.903	0.140	0.131	4.328	4.131
21	-0.361	0.140	0.132	4.506	4.301
22	-1.083	0.141	0.133	4.629	4.418
23	0.021	0.141	0.133	4.027	3.844
24	-0.341	0.142	0.134	4.010	3.827
25	0.035	0.143	0.133	3.066	2.927
26	-0.725	0.143	0.134	2.975	2.840
27	0.834	0.144	0.136	3.318	3.167
28	-0.065	0.145	0.136	2.834	2.705

年份	海外投资单位农林产品的补贴额	投资前对外依存度	投资后对外依存度	税后成本	半税率后成本
29	−0.193	0.146	0.137	3.009	2.873
30	0.021	0.146	0.138	2.723	2.599
31	0.622	0.147	0.138	2.536	2.421
32	1.383	0.148	0.138	2.198	2.098
33	1.552	0.149	0.138	1.987	1.897
34	2.156	0.150	0.139	1.870	1.785
35	1.886	0.150	0.139	1.778	1.697
36	2.566	0.151	0.140	1.771	1.691
37	2.017	0.152	0.142	1.868	1.783
38	2.659	0.153	0.142	1.602	1.529
39	3.355	0.154	0.143	1.643	1.569
40	3.293	0.154	0.142	1.414	1.350
41	4.171	0.155	0.143	1.333	1.272
42	4.355	0.156	0.143	1.255	1.198
43	4.166	0.157	0.143	1.172	1.119
44	4.876	0.158	0.145	1.255	1.198
45	5.768	0.158	0.142	0.948	0.905
46	5.578	0.159	0.143	0.956	0.912
47	6.285	0.160	0.143	0.851	0.812
48	7.239	0.160	0.145	0.938	0.895
49	7.704	0.161	0.145	0.874	0.835
50	7.902	0.162	0.146	0.902	0.861

后 记

本书是教育部人文社科项目"中国海外木材资源获取的风险测度与优化控制研究"（编号：13YJC790038）的研究成果，在即将出版之际，特向在撰写过程中给予我指导和帮助的各位老师、领导、同事、朋友和亲人致以真诚的谢意。

首先，在专著写作过程中，河北农业大学商学院的刁钢副教授、北方工业大学经济管理学院的尚会英副教授，以及研究生龚程昕、韩佩在课题方案设计、资料收集、专著撰写中都做出了巨大的贡献，并完成了部分章节的写作。没有他们的贡献，本书的写作是不可想象的，在此表示诚挚的谢意。

其次，我要感谢参与课题研究的各位老师和同事。他们在课题的选题和研究方案的设计阶段，提出了非常宝贵的意见，给课题的研究指明了方向；在资料搜集、专著撰写、修改和定稿的过程中，各位老师亦倾注了大量的心血，其科学严谨的态度使我深受感动。

当然，由于研究能力和知识储备的局限，本书的研究在许多方面未能深入，至今仍存在诸多欠缺与不足，对此我深感惭愧。今后我当在现有基础上继续本课题的研究，使之能够更加深入，臻于完善。

此外，知识产权出版社的江宜玲编辑也为书稿提出了大量宝贵意见，并为本书的出版提供了大力帮助，在此亦深表谢意。

感谢所有帮助过、支持过课题研究和本书撰写的人们！

郝 凯

2019 年 8 月于北京